Scriptor Praxis

STEFAN SEITZ (HRSG.)

Interkulturelle Konflikte

Cornelsen

Die Autorinnen und Autoren

Prof. Dr. Stefan Seitz ist Leiter des Praktikumsamtes an der Katholischen Universität Eichstätt-Ingolstadt und bildet Studierende aller Schularten als Schulpädagogen aus. Er ist als Autor zahlreicher Veröffentlichungen sowie als Lehrer- und Schulleiterfortbildner tätig.

Dr. Petra Hiebl ist Grundschulpädagogin. Nach langjähriger Tätigkeit an der Akademie für Lehrerfortbildung und Personalführung in Dillingen ist sie seit 2010 Forschungsrätin am Lehrstuhl für Grundschulpädagogik und -didaktik an der Katholischen Universität Eichstätt-Ingolstadt.

Karin Leibl ist Mittelschullehrerin in Ingolstadt. Mehrere Jahre arbeitete sie in zweisprachigen Klassen und leitete eine Schule mit einem Migrationsanteil von 85%. Neben ihrer Unterrichtstätigkeit ist sie als Fortbildnerin, Mandatsträgerin in einem Berufsverband und als Personalrätin tätig.

Sabine Reichel ist Konrektorin an einer Nürnberger Grundschule. Sie ist als Autorin für verschiedene Schulverlage tätig und gibt zudem Seminare für den Lehrstuhl Schulpädagogik an der FAU (Friedrich-Alexander-Universität).

Felix Reichel ist Lehrer und zertifizierter Medienexperte an einer Nürnberger Mittelschule. Mehrere Jahre war er am Lehrstuhl für Schulpädagogik mit Schwerpunkt Mittelschule als wissenschaftlicher Mitarbeiter tätig.

Dr. Karin Schreiner MA ist interkulturelle Trainerin und arbeitet für international tätige Unternehmen und Institutionen. Sie unterrichtet Interkulturelle Konfliktlösung an der Universität Wien und Interkulturelles Management an Fachhochschulen in Österreich.

Margit Yesiltas ist Lehrerin an einer Mittelschule in Nürnberg. Sie unterrichtet Sprachlerner, berät und bildet Lehrkräfte in diesem Bereich fort und hat einen Lehrauftrag zu Interkultureller Arbeit an Mittelschulen an der Universität Erlangen-Nürnberg. Neben der Tätigkeit in der Lehrplankommission für Deutsch als Zweitsprache ist sie als Lehrbuchautorin aktiv.

Kerstin Zischler ist seit 2000 Lehrerin an Mittelschulen und leitet seit 2011 eine Übergangsklasse an der Mittelschule Neuburg. Daneben ist sie Stadträtin in einer multikulturellen Kleinstadt.

Projektleitung: Gabriele Teubner-Nicolai, Berlin
Redaktion: Doreen Wilke, Berlin
Umschlagkonzept: Kerstin Zipfel, München
Umschlaggestaltung: LemmeDESIGN, Berlin
Umschlagfoto: Fotolia / Unclesam
Layout / technische Umsetzung: LemmeDESIGN, Berlin

www.cornelsen.de

1. Auflage 2017

Druck: AZ Druck und Datentechnik GmbH, Kempten

ISBN 978-3-589-15539-2

PEFC
PEFC/04-31-2260

PEFC zertifiziert
Dieses Produkt stammt aus nachhaltig bewirtschafteten Wäldern und kontrollierten Quellen.

www.pefc.de

Inhaltsverzeichnis

Vorwort

Unsere Gesellschaft hat sich in den letzten Jahrzehnten immer mehr zu einer multikulturellen Gesellschaft entwickelt, in der sich Menschen unterschiedlichster Nationen, Kulturen und Religionen begegnen. Diese Entwicklung nimmt ihren Anfang in der Zeit der Gastarbeiteranwerbung in den späten 50er sowie frühen 60er Jahren des letzten Jahrhunderts, gefolgt von der Welle deutschstämmiger Aussiedler der 80er und 90er Jahre und kulminiert in der derzeitigen Situation massiver Flüchtlingsbewegungen, ausgelöst durch internationale Krisen und Kriegssituationen. Der Ort, an dem diese Menschen unweigerlich aufeinandertreffen, sind unsere Bildungseinrichtungen, insbesondere die Schulen. Hier finden sich alle Kinder und Jugendlichen im schulpflichtigen Alter „zwangsläufig" ein – ein „Sich begegnen", das im realen Schulalltag nicht immer harmonisch, friedlich und verständnisvoll abläuft. Verschiedenartige Persönlichkeitsstrukturen, differierende Wertvorstellungen, unterschiedliche familiäre Erziehungsmuster und kulturelle Gepflogenheiten und hieraus resultierende Verletztheiten prallen hier mitunter aufeinander. Man kennt sich kaum und weiß zu wenig voneinander, woraus sich sehr schnell Vorurteile aufgrund rein äußerlicher Wahrnehmungen bilden und zu starren Grundüberzeugungen über den jeweils anderen verfestigen. Die hieraus oftmals resultierenden Konflikte lassen sich somit im Schulalltag trotz aller pädagogischen Bemühungen nie ganz vermeiden.

Gerade die Schule hat aber als einzige verpflichtende Institution für alle Kinder und Jugendlichen – in einer besonders bildungsbedeutsamen Lebensphase – die besondere Chance, als Ort der Begegnung, des wechselseitigen Lernens voneinander und des interkulturellen Austausches diese unterschiedlichen kulturellen Hintergründe ins Zentrum des täglichen Zusammenseins zu stellen. Erst ein konkretes Wissen über den jeweils anderen kann dazu führen, unsere Gesellschaft dauerhaft auf eine menschliche, empathische und kooperative Grundlage zu stellen. Diese Einsicht über den Anderen trägt zudem – auf die Lebensspanne des einzelnen Individuums bezogen – zu einer vertieften „Weltsicht", zu einem besseren Verstehen der Probleme der anderen und hierüber letztlich auch zu einem weltweiten globalen Miteinander bei. Hierfür müssen die in unseren Schulen tätigen Lehrkräfte die notwendigen Grundlagen schaffen – durch ihre persönliche Einstellung, durch konkrete Formen des interkulturellen Lernens und Austausches, durch das Schaffen von gemeinsamen Erfahrungs- und Begegnungsräumen mit den Mitschülern, durch ganz spezielle Maßnahmen der Prävention von interkulturellen Konflikten sowie durch konkrete Interventionsmaßnahmen im Konfliktfall.

Generell gilt: Je mehr gruppenstabilisierende und persönlichkeitsstärkende Maßnahmen im Kontext des Schulalltags stattfinden und je früher ein möglicher Konflikt unterbunden bzw. konstruktiv bewältigt wird, desto weniger besteht die Gefahr einer Eskalation. Ein bewusstes Wahrnehmen möglicher Unterschiede, ein Herstellen von Vertrautheit und Geborgenheit in einem harmonischen Klassenklima, eine persönliche Offenheit und Bereitschaft, derartige Situationen anzunehmen und lösen zu wollen, tragen letztlich dazu bei, das sich auch aus (kulturellen) Konflikten ergebende Potenzial zu nutzen und konstruktiv in den Schulalltag bzw. das gemeinsame Miteinander einzubinden.

Die vorliegende Publikation bietet eine Vielzahl von praxiserprobten Anregungen, um den multikulturellen Schulalltag souverän zu bewältigen. Relevante Hintergrundfaktoren zur gesellschaftlichen Gesamtsituation und zu Begriffen wie „Würde", „Respekt" und „Ehre" werden hierbei gleichermaßen thematisiert wie konkrete Möglichkeiten interkulturellen und kooperativen Lernens, der Elternarbeit mit einer multikulturellen Elternschaft sowie Formen der Prävention und Intervention in Konfliktsituationen.

Aus Gründen der besseren Lesbarkeit wird in diesem Buch meist die männliche grammatische Form verwendet. Es sind aber damit auch immer Frauen und Mädchen gemeint, also: Lehrerinnen, Schülerinnen etc.

Migration und Sozialisation

Stefan Seitz

1.1 Aktuelle Daten zur Migrationssituation in Deutschland

1.1.1 Zum Migrationshintergrund in Zahlen

Im Jahr 2014 hatten in Deutschland 16,4 Millionen Menschen einen Migrationshintergrund, was 20,3 % der Gesamtbevölkerung entspricht (2013: 19,7 %). Mehr als die Hälfte dieser Einwohner (56 %) mit Migrationshintergrund besitzen die deutsche Staatsbürgerschaft (9,2 Millionen), 44 % zählen als Ausländer (7,2 Millionen).

66,4 %, also zwei Drittel der Personen mit Migrationshintergrund (10,9 Millionen), sind selbst Migranten der „1. Generation", weshalb man diese Gruppe auch „Bevölkerung mit eigener Migrationserfahrung" nennt. Die restlichen 33,6 % sind Migranten in zweiter oder dritter Generation, sie bilden die Gruppe der in Deutschland geborenen „Menschen ohne eigene Migrationserfahrung".

Im Zusammenhang mit diesen Zahlen ist es interessant, die Entwicklung der Zuwanderung bzw. Zunahme der ausländischen Bevölkerung seit den 1960er-Jahren näher zu betrachten, als die Bundesrepublik damit begann, Arbeitskräfte im Ausland anzuwerben. Hierzu soll folgende Tabelle eine Übersicht bieten:

Stichtag	Bevölkerung insgesamt	Ausländische Bevölkerung	Anteil der ausländischen Bevölkerung an der Gesamtbevölkerung
06.06.1961	56 174 800	686 200	1,22 %
27.05.1970	60 650 600	2 600 600	4,29 %
31.12.1975	61 644 600	3 900 500	6,33 %
31.12.1980	61 657 900	4 566 200	7,41 %
31.12.1985	61 020 500	4 481 600	7,34 %
31.12.1990	79 753 200	5 582 400	7,00 %
31.12.1995	81 817 500	7 342 800	8,97 %
31.12.2000	82 259 500	7 267 600	8,83 %
31.12.2005	82 438 000	7 289 100	8,84 %

Stichtag	Bevölkerung insgesamt	Ausländische Bevölkerung	Anteil der ausländischen Bevölkerung an der Gesamtbevölkerung
31.12.2010	81 751 600	7 199 000	8,81 %
06.06.2014	80 925 000	7 239 100	8,95 %

Abb. 1: Bevölkerung insgesamt und ausländische Bevölkerung 1961 bis 2014 (STATISTISCHES BUNDESAMT 2015b, S. 26–27)

Nach einem sprunghaften Anstieg des Ausländeranteils in den 1960er- und 1970er-Jahren wächst dieser nur noch verhältnismäßig schwach an, dennoch in 15 Jahren immerhin um einen Prozentpunkt.

Neben dem hier aufgezeigten Wachstum der ausländischen Bevölkerung sei noch auf die Entwicklung der Anzahl an Personen mit Migrationshintergrund verwiesen: Betrachtet man hier die Entwicklung insbesondere in den letzten zehn Jahren, wird erwartungsgemäß deutlich, dass der Anteil der Personen ohne Migrationshintergrund an der Gesamtbevölkerung abnimmt. So hatten 2005 81,4 % der Bevölkerung keinen Migrationshintergrund, 2014 waren es noch 79,7 %. Umgekehrt wächst also der Anteil der Menschen mit Migrationshintergrund und steigt von 18,6 % (2005) bis 2014 auf den – anfangs bereits genannten – prozentualen Anteil von 20,3 % an.

1.1.2 Zur Einbürgerungssituation

Die Zahl der Einbürgerungen wird insbesondere durch die Einbürgerungsquote in ein Verhältnis zur Zahl der ausländischen Bevölkerung im Inland gesetzt. Bei der Interpretation dieser Quote ist vor allem zu beachten, dass ihre Berechnung alle ausländischen Staatsangehörigkeiten einbezieht und nicht differenziert, ob aufgrund der rechtlichen Voraussetzungen ohnehin ein Anspruch auf eine Einbürgerung besteht, wie dies etwa bei Aussiedlern der Fall ist.

Bei den Einbürgerungen vergangener Jahrzehnte fällt vor allem eine hohe Zahl Mitte der 1990er Jahre auf:

Stichtag	Bevölkerung insgesamt	Ausländische Bevölkerung	Einbürgerungen	Einbürgerungsquote
31.12.1981	61 712 700	4 721 100	**35 878**	0,76
31.12.1985	61 020 500	4 481 600	**34 913**	0,78
31.12.1990	79 753 200	5 582 400	**101 377**	1,82

Stichtag	Bevölkerung insgesamt	Ausländische Bevölkerung	Einbürgerungen	Einbürgerungsquote
31.12.1995	81817500	7342800	**313606**	4,27
31.12.2000	82259500	7267600	**186672**	2,57
31.12.2005	82438000	7289100	**117241**	1,61
31.12.2010	81751600	7199000	**101570**	1,41
30.09.2014	81083600	7401500	**108422**	1,46

Abb. 2: Bevölkerung insgesamt, ausländische Bevölkerung und Einbürgerungen 1981 bis 2014 (Statistisches Bundesamt 2015c, S. 16)

Weiterhin kann festgehalten werden, dass 2014 die meisten eingebürgerten Personen bisher eine Staatsangehörigkeit eines europäischen Staates hatten. Aufgeschlüsselt nach der bisherigen Staatsangehörigkeit ergeben sich für 2014 folgende Zahlen: 64390 Menschen wurden mit einer bisher europäischen Staatsbürgerschaft eingebürgert, ihr Durchschnittsalter betrug 30,7 Jahre. Aus Afrika bekamen 11169 Menschen (Durchschnittsalter 32,1 Jahre) die deutsche Staatsbürgerschaft. 4645 hatten bisher eine amerikanische Staatsbürgerschaft (Durchschnittsalter 37,2 Jahre) und 26525 eine asiatische (Durchschnittsalter 31,5 Jahre). Schließlich wurden noch 125 Menschen aus Australien und Ozeanien eingebürgert (Durchschnittsalter 36,5 Jahre). Sonstiger Ausprägung (staatenlos, ungeklärt usw.) waren 1568 Einbürgerungen (Durchschnittsalter 27,4 Jahre).

1.1.3 Aktuelle Verteilung einzelner Nationalitäten

Quantitativ besonders bedeutsam für die Migration in Deutschland ist Europa, das im Jahr 2014 69,1 % der 10,9 Millionen ausländischen oder eingebürgerten Zuwanderer stellt. 36,9 % dieser Menschen sind dabei aus Mitgliedsstaaten der Europäischen Union (EU) gekommen.

„Die meisten Personen mit Migrationshintergrund stammen [2014] aus der Türkei (17,4 %), gefolgt von Polen (9,9 %), der Russischen Föderation (7,3 %) und Italien (4,7 %). Kasachstan ist mit 5,6 % das einzige wichtige nicht-europäische Herkunftsland. Mit 1,4 Mio. kommen die meisten (Spät-)Aussiedler aus den Nachfolgestaaten der ehemaligen Sowjetunion – vor allem aus Kasachstan (568000) und der Russischen Föderation (555000); daneben sind Polen (570000) und Rumänien (209000) wichtige Herkunftsländer.“ (Statistisches Bundesamt (Hrsg.), Bevölkerung mit Migrationshintergrund – Ergebnisse des Mikrozensus – Fachserie 1 Reihe 2.2 – 2014, Wiesbaden 2015, S. 7)

1.1.4 Schüler mit Migrationshintergrund in unserem Schulsystem

Grundsätzlich lässt sich hier schon feststellen, dass Personen mit Migrationshintergrund (durchschnittlich 35,4 Jahre) deutlich jünger sind als jene ohne Migrationshintergrund (46,8 Jahre). Ein genauerer Blick auf die Altersverteilung zeigt folgende Hintergründe:

Bevölkerung im Alter von … bis unter … Jahren

Bevölkerung im Alter von … bis unter … Jahren	Gesamtbevölkerung (in 1 000)	Menschen mit Migrationshintergrund (in 1 000)	Prozentualer Anteil der jeweiligen Altersstufe mit Migrationshintergrund zur Gesamtbevölkerung
00–05	3419	1182	34,6 %
05–10	3466	1224	35,3 %
10–15	3690	1157	31,4 %
15–20	4008	1111	27,7 %
20–25	4493	1074	23,9 %
25–35	10062	2528	25,1 %
35–45	10284	2665	25,9 %
45–55	13243	2186	16,5 %
55–65	10880	1660	15,3 %
65–75	8717	965	11,1 %
75–85	6554	505	7,7 %
85–95	1995	123	6,2 %
95 und mehr	86	—	—
insgesamt	**80897**	**16386**	**20,3 %**

Abb. 3: Demographische Angaben zur Bevölkerung mit und ohne Migrationshintergrund (Statistisches Bundesamt 2015a, S. 38–39)

Näherungsweise kann man also festhalten: Je jünger die Menschen in Deutschland sind, desto höher ist der Anteil an Gleichaltrigen mit Migrationshintergrund: Im Durchschnitt hatten 2014 20,3 % der Bevölkerung einen Migrationshintergrund. Bei den beiden Altersstufen der Sekundarstufe lag der Anteil hingegen schon bei etwa 30 % (siehe Abb. 3) – beim Alter der Primarstufe waren es sogar über 35 %. Man kann damit also durchaus davon ausgehen, dass durchschnittlich ein Drittel aller Schüler einen Migrationshintergrund aufweist. Der Anteil von Schülern mit Migrationshintergrund an der gesamten Schülerzahl ist also deutlich höher als der Anteil der Menschen mit Migrationshintergrund an der Gesamtbevölkerung.

Dabei ist noch hinzuzufügen, dass die Personen mit Migrationshintergrund und zusätzlich eigener Migrationserfahrung erwartungsgemäß abnehmen, je jünger sie sind. Konkret bedeutet das, dass ein Großteil der Schüler mit Migrationshintergrund keine eigene Migrationserfahrung besitzt, da sie meist „Migranten der zweiten oder dritten Generation" sind, also vielfach bereits in Deutschland geboren wurden.

1.2 Der Begriff der Sozialisation

1.2.1 Theoretische Grundlagen

Der Mensch weist mit seiner Geburt noch erhebliche Mängel auf. Nicht nur in physischer, sondern auch in emotionaler wie sozialer Hinsicht gilt es, diese Defizite schrittweise auszugleichen und mit der Umwelt in Interaktion zu treten. Dies bedeutet einen langen und vielschichtigen Prozess, im Laufe dessen der Mensch sein eigenes Ich ausbilden und entwickeln muss. Er lernt, sich innerhalb der gesellschaftlichen Werte und Normen zu bewegen und sich als eigenständiges Individuum zu behaupten. Diesen Prozess umfasst der Begriff der „Sozialisation".

Erfasst wird hierdurch also zum einen der Vorgang der Vergesellschaftung (Internalisierung von deren Werten, Normen und sozialen Rollen), zum anderen auch jener der Individuation durch die spezifische Art der Auseinandersetzung eines menschlichen Organismus mit seiner sozio-kulturellen Umwelt. Dieser Prozess erfolgt stets in Relation zur eigenen Kultur, zum eigenen sozialen Milieu sowie zur gesellschaftlichen Epoche.

Sozialisation im Kontext gesellschaftlicher Rahmenbedingungen

Sozialisation darf dabei nicht gleichgesetzt werden mit dem Begriff der Erziehung. Letztere ist vielmehr ein Teil der Sozialisation, der intentional erfolgt, während Sozialisation weiter gefasst ist, indirekt erzieherisch auf das Individuum wirkt und nicht notwendigerweise gewollt und geplant sein muss.

Sozialisation als sozial verantwortete Freiheit

Im Vordergrund jeglicher Sozialisation steht die Freiheit des Einzelnen, Freiheit aber im Sinne von sozial verantworteter Freiheit und nicht von Willkür. Er soll zu einem emotional stabilen und eigenständigen Wesen werden, das sich die Welt über seine intellektuelle Leistungsfähigkeit erobert. Seine ursprüngliche Weltoffenheit wird dabei im Laufe des eigenen Sozialisationsprozesses mit Hilfe der sozialen Ordnung in eine sozial gegebene, relative Weltgeschlossenheit transformiert, indem das Kind den gesellschaftlich vermittelten Wissensvorrat mit seinem komplexen Werte- und Normensystem ganz oder zumindest in Ausschnitten internalisiert. Es geht also um Selbstaktualisierung und Anpassung, um den Aufbau von Ich-Identität und sozialer Kompetenz.

Unterschiedliche Instanzen der Sozialisation

Das Kind durchläuft bei dieser Identitätsentwicklung mehrere Sozialisationsinstanzen, die ihm den sozialen Kontext bieten, in dem es „über eigenaktive Erkundungs- und Erschließungsprozesse" (HURRELMANN 1989, S. 164) Realitäts- und Problemlöseerfahrungen sammeln kann. Während zunächst in den Anfangsjahren die Fremdsozialisation dominiert, wechselt diese mit fortschreitendem Alter und der eigenen Erkundungs- und Erprobungsfähigkeit immer mehr zur „Selbstsozialisation" (HURRELMANN 1989, S. 164). So wird die Anfangsphase der primären Sozialisation maßgeblich von der Familie bestimmt und lässt ihr eine tragende Bedeutung zukommen. Elementare Fähigkeiten zur Bewältigung zukünftiger Anforderungen und Konfliktsituationen erwirbt das Kind gerade im Lernfeld seines primären Bezugssystems. Sensitivität und Responsibilität sind hier eine wichtige Grundlage für den Aufbau erster Kompetenzen. Die Familie ist es, die den Heranwachsenden auch mit den gesellschaftlichen Ziel-, Normen- und Wertvorstellungen im Hinblick auf die jeweils vorherrschende Kultur vertraut machen soll, ihn also als soziales Wesen erziehen soll, das diese Werte internalisiert, sich in die Gemeinschaft integriert und den Gemeinschaftsregeln Folge leistet. Hier werden dem Kind über die signifikanten Anderen die elementaren Grundhaltungen vermittelt, die das Rüstzeug für seinen weiteren Lebensweg bilden.

Die Familie als zentrale Sozialisationsinstanz

Die Familie wiederum wird von der jeweiligen Gesellschaft mit ihrem Normen- und Wertesystem sowie der Stellung der Familie in der Sozialordnung dieser Gesellschaft determiniert. Dies meint, dass auch kulturelle Faktoren eine wesentliche Bedeutung für die Sozialisation des Kindes besitzen. „Die auf die Persönlichkeitsentwicklung einwirkenden Sozialisationsfaktoren sind eingebettet in eine bestimmte Kultur; und sie werden gemäß diesen kulturellen Gegebenheiten vom Individuum wahrgenommen und verarbeitet. Kulturelle Besonderheiten sind dabei nicht nur Bedingungsfaktoren in der Sozialisation, sondern auch ein Ergebnis von Sozialisationsprozessen." (TROMMSDORF 1989, S. 6 f.)

Wie schwierig sich dieser Sozialisationsprozess dementsprechend gestalten kann, wenn es Eltern mit Migrationshintergrund selbst an festen Bezugsmustern fehlt oder aber ein Pendeln zwischen Herkunfts- und Aufnahmekultur erforderlich wird, lässt sich bereits erahnen.

1.2.2 Theorien einer bikulturellen Sozialisation

Früher gängige Sozialisationstheorien, wie etwa das Modell von SCHRADER/NIKLES/GRIESE (1979), gingen davon aus, eine bikulturelle Sozialisation erfolge stets im Spannungsfeld zwischen Akkulturation und Assimilation, also letztlich zwischen Aufbau einer neuen Kultur und Anpassungsprozessen. Sie unterscheiden dabei danach, ob ein Kind erst im Schulkindalter seine Heimat verlassen hat und vorher im Heimatland enkulturiert wurde, ob es bereits im Vorschulalter migrierte oder ob es schließlich bereits im Kleinstkindalter in der „neuen" Heimat aufgewachsen ist bzw. schon dort geboren wurde.

Modelle bikultureller Sozialisation

Ausgehend von diesen drei Typen entwickeln SCHRADER ET AL. die These, „daß sich nur der assimilieren kann, der bereits unter dem Einfluß einer Mischkultur enkulturiert worden ist" (SCHRADER/NIKLES/GRIESE 1979, S. 69).

Ein anderer Sozialisationsansatz von BOOS-NÜNNING (1976a:110 ff.; 1976b) hingegen baut auf der Theorie des symbolischen Interaktionismus nach GOFFMAN und MEAD auf, demzufolge der Einzelne sein Schicksal selbst mitzugestalten in der Lage ist und deshalb eine Balance zwischen der vertikalen bzw. personalen Zeitdimension (eigene biographische Entwicklung im zeitlichen Fortlauf) sowie der horizontalen bzw. sozialen Zeitdimension (alle gleichzeitig nebeneinander aktualisierbaren Rollen) anstreben soll. Der zentrale Gedanke des Aufbaus der Ich-Identität beruht somit darauf, dass es den Individuen gelingt, Rollen neu zu interpretieren und in ihrer Übernahme zu balancieren. Sie müssen es schaffen, positiv bewertete Normen beider Kulturen in sich zu vereinigen und im richtigen Augenblick auch adäquat anzuwenden, aber auch die negativen Seiten beider Gesellschaften zu erkennen und zu artikulieren.

Multidimensionalität der Mensch-Umwelt-Interaktion

Schon die Verschiedenartigkeit der erwähnten beiden Sozialisationsansätze, die selbst wiederum verschiedene Optionen einer möglichen Verarbeitung und Aufnahme der neuen Umweltmuster in das eigene Identitätskonzept propagieren, lässt erkennen, dass es nie möglich ist, allein anhand des Wanderungszeitpunktes im Lebensalter, der Herkunftsregion o. Ä. unilinear auf die neue Lebensform sowie Weitergabe dieser Lebensmuster an die Kinder zu schließen. Diese Faktoren sind zweifellos wesentliche prägende Komponenten, die beim Persönlichkeitsaufbau eines Menschen in der einen oder anderen Form partizipieren. Immer aber ist das Gesamt der Mensch-Umwelt-Interaktion ausschlaggebend und erst seine Details ergeben die letztendliche Bewegung in die eine oder andere Richtung.

So wurde denn auch die frühere Vorstellung, bikulturelle Sozialisation verlaufe in bestimmten Phasen, mittlerweile modifiziert. Heutzutage hält man eine ständige Auseinandersetzung des zu Sozialisierenden mit den ihm begegnenden gesellschaftlich und kulturell unterschiedlich gehandhabten, räumlich abgegrenzten Bezugssystemen für wahrscheinlicher. „In einem vernetzten System unterschiedlicher Hierarchieebenen wirken eine Vielzahl von Faktoren aus Aufnahme- und Herkunftsgesellschaft direkt und indirekt auf die Persönlichkeit des jungen Migranten ein. Aufgrund der Erfahrungen, die das Kind in den einzelnen Lebensbereichen (Eltern, Schule, Beruf, Kontakte, Normen und Werte) sammeln konnte, entwickelt es ein differenziertes Muster von Einstellungen und Bewertungen. Je nach Wanderungsbiographie, Einfluß einzelner Sozialisationsinstanzen und kultureller Organisationsform des Raumes orientiert es sich in seinen Umweltbeziehungen mehr an den sozialen Netzwerken von der elterlichen Minderheitenkultur oder der Gesellschaft des Gastlandes.“ (KLINGSHIRN 1989, S. 93)

Abhängigkeit der Sozialisation vom Wanderungszeitpunkt

In jedem Falle aber stellt die veränderte Lebenswelt Schüler mit Migrationshintergrund vor ganz andere und erschwerende Voraussetzungen im Zuge der Persönlichkeits- und Identitätsbildung als Schüler aus dem deutschen Kulturkreis, die sich schon immer hierzulande in der deutschen Lebenswelt bewegen. Hierdurch steigt auch das Potenzial möglicher Identitätsbrüche, die wiederum die Gefahr vermehrter Aggressionen auch nach außen in sich bergen.

1.2.3 Herausforderungen für Familien mit Migrationshintergrund in der Fremde

Auch wenn sich für Familien mit Migrationshintergrund keineswegs automatisch Schwierigkeiten beim Leben in Deutschland ergeben müssen, so birgt ein Leben in einem neuen Kulturkreis, in einem neuen Land und einer neuen Gesellschaft doch so manche Risiken in sich. Diese möglichen kulturellen Barrieren erstrecken sich dabei oft auf mehrere Generationen und beeinflussen vielfach das tägliche familiäre Zusammenleben in mehr oder minder starker Form.

Familiäre Problemhäufung in der Fremde

Hierbei lassen sich mehrere Ebenen ausmachen, die sich hinsichtlich ihrer Zielrichtung differenzieren lassen. So gibt es zum einen mögliche Barrieren, die von der Familie zur Außenwelt gehen, z. B. eine mögliche rechtliche Benachteiligung (je nach Aufenthaltsstatus) im Vergleich mit Einheimischen, eine ungünstige und beengte Wohnsituation, eine vielfach defizitäre und schlecht bezahlte Arbeitssituation – sofern überhaupt eine Erwerbsstelle vorhanden ist – sowie insbesondere auch die vielfach vorhandenen sprachlichen Defizite. Nicht zuletzt diese Sprachbarriere ist es, die mitunter zur Isolation beiträgt und Kontakte auf die eigenen Landsleute beschränkt. Bestehende Untersuchungen zeigen bereits, dass Familien, in denen kein Deutsch gesprochen wird, „den Bildungs- und den Spracherfolg ihrer Kinder deutlich beeinträchtigen" (HEIMKEN 2015, S. 60). So ergab eine 2015 veröffentlichte Untersuchung zwar, dass in etwa die Hälfte der Jugendlichen mit Migrationshintergrund mit ihren Eltern fast immer deutsch sprechen, für sogar etwa 90 % gilt das schon in der Kommunikation mit ihren Geschwistern. Wird aber zu Hause selten deutsch gesprochen, konnten die Kinder erwartungsgemäß nur niedrige Sprachkompetenzwerte erreichen. Trotz einer generellen Tendenz der nachwachsenden Generationen, miteinander auf Deutsch zu kommunizieren, wurde dennoch festgestellt, dass es in etwa 7 % der Familien eine Tendenz zur generationsübergreifenden sprachlichen Abschottung gegenüber dem Einwanderungsland gibt (vgl. HEIMKEN 2015, S. 63).

Forschungen zum deutschen Sprachgebrauch in Migrantenfamilien

Wer in Deutschland geboren wurde oder als Kleinkind einwanderte, dem wird durch die Sprachsozialisation des Kindergartens meist eine normale Schullaufbahn ermöglicht. Für Kinder und Jugendliche, die im Schulalter nach Deutschland kommen, gestaltet sich die Ausgangssituation problematischer, auch wenn die Angleichung an das Sprachniveau oft nur ein vorübergehendes Problem darstellt (vgl. HEIMKEN 2015, S. 96 f.).

Ebenso schlecht ist die Situation der sogenannten sprachlosen Flüchtlinge und Asylanten, die vielfach ohne jegliche Deutschkenntnisse, in vielen Fällen auch ohne Englischkenntnisse nach Deutschland kommen und sich zunächst überhaupt nicht verständigen können.

Die Sprachmisere – „hausgemacht" oder „naturbedingt"

Die Ursachen für diese Sprachmisere lassen sich nicht unilinear auf einen Faktor zurückführen. Neben der Unterschiedlichkeit der Sprachfamilien im Vergleich zum Deutschen ist bei manchen Migranten auch die Tendenz erkennbar, sich gleich zu Beginn ihrer Ankunft nicht intensiv genug um das Erlernen der deutschen Sprache zu kümmern. So hält man vielfach starr an der eigenen Identität fest und weigert sich mitunter, die deutsche Sprache zu erlernen. Insbesondere die türkische Ethnie ist ein Beweis für die Erzeugung einer sprachlichen „Inselsituation". Durch das zahlenmäßige Ansteigen der eigenen Landsleute ist man oft nicht mehr dazu gezwungen, sich dem Deutschen zuzuwenden. Vielmehr spricht man durch den Umgang mit anderen Türken nur türkisch. Die Sprachbeherrschung ist in jedem Fall umso besser, je höher das Ausbildungsniveau und je langfristiger die Aufenthaltsdauer ist, je weniger Landsleute im gleichen Haus wohnen und je mehr Kontakte zu Deutschen bestehen.

Versäumnisse des deutschen Lernumfeldes

Nicht zuletzt trägt aber auch das deutsche Gesellschaftssystem eine erhebliche Teilschuld an diesen geringen Sprachkenntnissen, da es nach wie vor noch zu wenig gezielte Sprachförderung auf breiter Basis gibt bzw. der Umfang der Sprachschulung vielfach auf ehrenamtliche Helfer abgewälzt wird. Diese defizitäre Sprachsituation wirkt sich auch entsprechend negativ auf die Schülergeneration aus, da zum einen das häusliche Vorbildverhalten und die Übung im Gebrauch der deutschen Sprache fehlen, zum anderen aber auch kaum schulische Hilfestellung von manchen Eltern gewährt werden kann, wenn es um Verständnisfragen geht. So bleibt die Familiensprache die bevorzugte Denk- und Arbeitssprache, durchkreuzt mit deutschen Ausdrücken.

Finden die Kinder endlich über die Schule und mögliche Außenkontakte mit deutschen Kindern im Freizeitbereich den grundlegenden Zugang zum Deutschen, so entsteht daraus auf Dauer das neuerliche Problem, dass sie ihre Heimatsprache immer mehr verlernen, sich in ihr oft nicht mehr adäquat ausdrücken können und somit in beiden Sprachen gewissermaßen auf halber Strecke stehenbleiben, ein Monitum, das im Fachjargon mit „doppelseitiger Halbsprachigkeit" umschrieben wird.

Resultierend aus den erwähnten Isolationstendenzen und dem eingeschränkten Sprachvermögen ergeben sich vielfach erhebliche Schulprobleme, da Schüler mit Migrationshintergrund dem Unterrichtsfortgang nicht in der geeigneten Weise folgen können.

Auch die deutschen Lehrer sind oft überfordert, weil sie mit der fremden Kultur in der Regel nicht vertraut sind und deshalb die Folgen ihres an deutschen Maßstäben konzipierten Unterrichts für diese Schüler gar nicht erahnen können.

Überforderung auf allen Seiten

Des Weiteren ergeben sich potenzielle Schwierigkeiten, die die Familie im Hinblick auf das Verhältnis der einzelnen Mitglieder zueinander erfassen (= innerfamiliäre Problemfelder), wenn etwa Eltern verstärkt auf die Mithilfe ihrer Kinder angewiesen sind. Schließlich können sich auch Schwierigkeiten ergeben, welche die psychischen Vorgänge im einzelnen Individuum betreffen (= intraindividuelle Problemfelder), beispielsweise migrationsbedingte Familientrennungen, das Aufgeben traditioneller Werte und vertrauter Sitten oder auch der Eintritt von einer eher ländlich geprägten und wenig technisierten Welt in ein pluralisiertes und technisch komplexes Gesellschaftssystem mit anders gearteten Erwartungen an den Einzelnen sowie neuartigen Rollen- und Autoritätsstrukturen, gerade auch zwischen den Geschlechtern.

Auf der Basis dieser Fülle an möglichen problematischen Hintergrundfaktoren spielt sich nunmehr das schulische Miteinander einer höchst heterogenen Schülerschaft ab.

Literatur

BOOS-NÜNNING, U. (1976): Determinanten der Schulorientierung und des Schulerfolgs ausländischer Kinder. In: BOOS-NÜNNING, U. / M. HOHMANN / REICH, H.: Schulbildung ausländischer Kinder. Integration ausländischer Arbeitnehmer: Eichholz: Bonn, S. 65–123.

BSAS (BAYERISCHES STAATSMINISTERIUM FÜR ARBEIT UND SOZIALORDNUNG/LANDESHAUPTSTADT MÜNCHEN) (1980): Ausländische Jugendliche in bayerischen Großstädten. Ergebnisse einer Umfrage in Augsburg, München und Nürnberg. München.

HEIMKEN, N. (2015): Migration, Bildung und Spracherwerb. Bildungssozialisation und Integration von Jugendlichen aus Einwandererfamilien. Springer VS: Wiesbaden.

HURRELMANN, K. (1986): Einführung in die Sozialisationstheorie. Über den Zusammenhang von Sozialstruktur und Persönlichkeit. Beltz: Weinheim/Basel.

HURRELMANN, K. (1989): Gelingende und mißlingende Sozialisation im Lebenslauf. In: WEYMANN, A. (Hrsg.): Handlungsspielräume. Untersuchungen zur Individualisierung und Institutionalisierung von Lebensläufen in der Moderne. Enke: Stuttgart, S. 163–171.

KLINGSHIRN, U. (1989): Türkische Jugendliche in Deutschland – Lebenssituationen zwischen Integration und Rückkehr. In: SCHAFFER, F. (Hrsg.): Türkische Arbeiterwanderung und Stadtentwicklung: Tendenzen in der Bundesrepublik Deutschland und in der Türkei – Projektstudien Universität Augsburg, S. 89–109.

MARX, R. (2015): Aufenthalts-, Asyl- und Flüchtlingsrecht: Handbuch. Nomos: Baden-Baden (5. Aufl.).

NEUMANN, U. (1980): Erziehung ausländischer Kinder. Erziehungsziele und Bildungsvorstellungen in türkischen Arbeiterfamilien. Schwann: Düsseldorf.

SEN, F. / GOLDBERG, A. (1994): Türken in Deutschland. Leben zwischen zwei Kulturen. Beck: München.

STATISTISCHE VERÖFFENTLICHUNGEN DER KULTUSMINISTERKONFERENZ (2002): Ausländische Schüler und Schulabsolventen 1991 bis 2000 (Nr. 163).

TROMMSDORF, G. (1989): Kulturvergleichende Sozialisationsforschung. In: TROMMSDORF, G. (Hrsg.): Sozialisation im Kulturvergleich. Enke: Stuttgart.

SCHRADER, A. / NIKLES, B. / GRIESE, H. (1979): Die Zweite Generation. Sozialisation und Akkulturation ausländischer Kinder in der BRD. Athenäum: Königstein (1. Aufl. 1976).

STÜWE, G. / PETERS, F. (1984): Lebenszusammenhänge von Ausländern und pädagogische Problematik. In: STÜWE, G. / PETERS, F. (Hrsg.): Lebenszusammenhänge von Ausländern und pädagogische Problematik. Zur Kritik traditioneller Lernorte und Beispiele aktivierender Sozialarbeit. AJZ: Bielefeld, S. 1–18.

STATISTISCHES BUNDESAMT (Hrsg.): Bevölkerung mit Migrationshintergrund – Ergebnisse des Mikrozensus – Fachserie 1 Reihe 2.2 – 2014. Wiesbaden 2015(a).
Diese Publikation ist online frei zugänglich unter:
https://www.destatis.de/DE/Publikationen/Thematisch/Bevoelkerung/MigrationIntegration/Migrationshintergrund.html

Statistisches Bundesamt (Hrsg.): Ausländische Bevölkerung – Ergebnisse des Ausländerzentralregisters – Fachserie 1 Reihe 2 – 2014. Wiesbaden 2015(b).
Diese Publikation ist online frei zugänglich unter:
https://www.destatis.de/DE/Publikationen/Thematisch/Bevoelkerung/MigrationIntegration/AuslaendBevoelkerung.html

Statistisches Bundesamt (Hrsg.): Einbürgerungen – Fachserie 1 Reihe 2.1 – 2014. Wiesbaden 2015(c).
Diese Publikation ist online frei zugänglich unter:
https://www.destatis.de/DE/Publikationen/Thematisch/Bevoelkerung/MigrationIntegration/Einbuergerungen.html

Zimmermann, E. (1995): Gesundheitliche Lage und psychosoziale Probleme ausländischer Kinder in der Bundesrepublik Deutschland. In: Koch, E. / Oezek, M. / Pfeiffer, W. (Hrsg.): Psychologie und Pathologie der Migration. Deutsch-türkische Perspektiven. Lambertus: Freiburg i. B., S. 246–256.

Interkulturelle Konflikte: Konflikte zwischen den Kulturen lösen

2

Karin Schreiner

2.1 Konflikte und Kulturen

Ein Konflikt kennzeichnet zwei scheinbar unvereinbare Standpunkte oder Handlungswünsche beteiligter Personen, die einander gegenüberstehen. Der eine Handlungswunsch schließt den der anderen Person aus. Bei einem interkulturellen Konflikt ist die Kultur oder die kulturelle Herkunft der Beteiligten ein tragendes Element im Konflikt. Den hier verwendeten Kulturbegriff möchte ich kurz erläutern.

Die Definition von Kultur hat sich in den letzten Jahrzehnten sehr gewandelt. Im Zuge der Gründung von Nationalstaaten galt Kultur als Bezeichnung für abgeschlossene und in sich homogene Gruppen, während sie heute als etwas Dynamisches und Offenes verstanden wird, das sich nicht mehr auf nationalstaatliche Grenzen beschränken lässt. In den 1980er-Jahren stand das gegenseitige Verständnis von Kulturen im Mittelpunkt. Man wollte die jeweiligen Nationalkulturen besser verstehen, um im Geschäftsleben den Umgang miteinander zu verbessern. Heute spricht man immer öfter von „Transkulturalität", um die erlebte Verflechtung von einzelnen Nationalkulturen zu beschreiben. Gemeint ist damit ein gesellschaftlicher Zustand als Folge weltweiter demografischer Veränderungen durch Migrationsbewegungen und internationalem Austausch. In diesem Zustand bezeichnet Kultur eine konstante dynamische Veränderung und Inhomogenität. Kulturelle Erscheinungsformen lassen sich nicht mehr auf einzelne Nationalkulturen zurückführen, sondern es entstehen neue Umgangsformen, die ihre Wurzeln in mehreren Kulturen haben (weiterführende Literatur: Thomas 2008; Terkessidis 2010; Dreyer / Hössler 2011; Yousefi 2014).

Das ergibt ein hohes Konfliktpotenzial in Bezug auf kulturell unterschiedliche Wertehaltungen, denn sozio-kulturelle Verflechtungen vollziehen sich nicht gleichmäßig. In Einwanderungsgesellschaften entstehen Gruppierungen, die sich abgrenzen, unter sich bleiben und ihre eigenen Werte, importiert aus der Herkunftskultur, weiterleben. Andere Gruppen hingegen öffnen sich und lassen eine kulturelle Anpassung im Sinne der Transkulturalität zu. Für jede dieser Gruppen bilden Werte die Grundlage für den sozialen Zusammenhalt.

2.2 Wertekonflikte im kulturellen Kontext

Werte stützen eine Gemeinschaft und dienen den einzelnen Mitgliedern als Orientierung. Sie bilden die Basis für die soziale Identität eines Menschen. Das interkulturelle Konfliktpotenzial liegt in diesem Zusammenhang darin, dass diese Gruppen aus ihrer jeweiligen kulturellen Realität heraus agieren und argumentieren und ihre Handlungswünsche einander ausschließen. Folgendes Beispiel illustriert diese Situation:

> In einer interkulturellen Familie, die in Hamburg lebt, pflegt der aus Ägypten stammende Vater intensive Kontakte mit seiner Familie in Kairo. Als er von seinem Bruder erfährt, dass dieser arbeitslos geworden ist, beginnt er, jeden Monat fast sein gesamtes Gehalt seinem Bruder in Kairo zu überweisen. Das Geld, das seine deutsche Frau und seine drei Kinder in Hamburg nun zur Verfügung haben, ist knapp, da es auf das Einkommen der Mutter reduziert ist. Für die Kinder, die im Alter zwischen 10 und 16 Jahren sind, bedeutet das, dass ihr Taschengeld so drastisch reduziert wird, dass an ein Ins-Kino-Gehen oder an andere Vergnügungen nicht mehr zu denken ist. Vor allem der älteste Sohn rebelliert gegen den Vater und versteht nicht, weshalb ihm sein Bruder in Kairo wichtiger ist als die enge Familie hier. Es kommt zu einem offenen Konflikt zwischen Vater und Sohn.

In Ägypten ist es weitgehend üblich, einander innerhalb der Familie zu unterstützen, auch finanziell. Lebt ein Familienmitglied im europäischen Ausland, gilt es als selbstverständlich, Geld nach Hause zu schicken. Diese Haltung ist in Mitteleuropa weitgehend fremd. Die familiären Beziehungen sind viel loser, vor allem in Bezug auf Geldangelegenheiten. Ein Konflikt ist in dieser Familie unausweichlich, solange sich die Familienmitglieder nicht über die Unterschiede in den familiären Verpflichtungen unterhalten, die der Haltung und Handlung in diesem Fall zu Grunde liegen, und einen Kompromiss anstreben – etwa dass diese hohe Summe an Geld an den Bruder in Ägypten nur für einen kurzen Zeitraum, langfristig jedoch eine kleinere Summe geschickt wird. Die Kenntnis der kulturellen Hintergründe kann das gegenseitige Verständnis erhöhen. Der Vater sollte mit seinen Kindern über diese Solidarität innerhalb der ägyptischen Großfamilie ausführlich sprechen.

Die Bedeutung des sozialen Umfelds gerade im Migrationsmilieu wird oft unterschätzt. Es kann zu Konflikten kommen, wenn der Zusammenhalt in einer interkulturellen und interreligiösen Familie fehlt. Dazu folgendes Beispiel:

> Eine Familie, sie Deutsche, er ist aus Afghanistan eingewandert, und ihre dreizehnjährige Tochter, lebt in Berlin. Die Mutter erzählt:
> „In unserer Familie ist Religion sehr wichtig, mein Mann ist Muslim, ich bin Christin. Deshalb erziehen wir unsere Tochter interreligiös, das heißt sowohl christlich als auch muslimisch.

Sie soll beide Religionen kennenlernen und sich eines Tages entscheiden können. Aber wir hatten am Anfang viele Diskussionen und stritten uns auch oft, denn die Familie meines Mannes machte viel Druck, unsere Tochter rein muslimisch zu erziehen. Wir haben uns durchgesetzt. Wir möchten, dass sich unsere Tochter frei und ohne Druck von außen entwickeln kann. Aber es war ein konfliktreicher, steiniger Weg bis dahin. Wir diskutierten sehr viel darüber."

Die offene Auseinandersetzung innerhalb der Familie mit diesen Themen ist die Grundlage für das Funktionieren einer interkulturellen und interreligiösen Familie. In dieser Familie konnte ein Kompromiss gefunden werden, der den Zusammenhalt stärkte. Gegenüber der Herkunftsfamilie des Mannes erfolgte jedoch eine bewusste Abgrenzung, damit Raum für die Religion und Lebensweise der Mutter geschaffen wurde.

Nicht immer besteht diese Offenheit anderen Werten gegenüber. Oft kommt es zu Konflikten, weil an Werten aus der Herkunftskultur festgehalten wird, obwohl in der neuen kulturellen Umgebung diese Werte in der Kultur der Mehrheitsgesellschaft keine Rolle spielen.

Beispiel: Eine Jugendliche mit türkischem Migrationshintergrund war mit ihrem Vater mehrmals in der Arbeitsmarktberatung wegen einer handwerklichen Lehre. Endlich wurde bei einer Firma ein Ausbildungsplatz gefunden, mit dem sowohl die Tochter als auch der Vater einverstanden waren. Als sich dann aber herausstellte, dass die Tochter die Mittagspause im Kaffeehaus verbringen sollte, lehnte der Vater ab und verweigerte die Lehrausbildung mit den Worten: „Meine Tochter geht nicht ins Kaffeehaus."

Für den Vater war Ins-Kaffeehaus-Gehen synonym für „sich einer potenziellen Gefahr aussetzen" oder „sich üble Nachrede einhandeln" und damit den Ruf der Familie gefährden. Das führt in diesem kulturellen Kontext dazu, dass vor allem Mädchen und junge Frauen aus Angst, den guten Ruf der Familie zu schädigen, sich von vornherein nicht in Situationen begeben, die den Ehrverlust zur Folge haben. Ehre definiert sehr genau die Verhaltensweisen in einer Gemeinschaft. Ehrenhaftes Verhalten zeigt sich im Respekt gegenüber Älteren, wie im Beispiel der Tochter dem Vater gegenüber, aber auch zwischen den Geschlechtern im Sinne des Ehrenkodex, der von Frauen ein Verhalten nach den Regeln der Sittsamkeit, von Männern die Rolle des Beschützers (der Mädchen und Frauen im Speziellen und der Familie im Allgemeinen) verlangt.

Um diesen Wertekonflikt zwischen Familienehre und dem Anspruch auf Berufsausbildung zu lösen, müssten sich Vater und Tochter ausgiebig auseinandersetzen und einen Kompromiss finden, der beiden Haltungen gerecht wird, zum Beispiel indem die Tochter zu Mittag mitgebrachtes Essen in der Firma isst.

Unterschiede in Wertehaltungen sind nicht immer leicht erkennbar, denn sie liegen sehr tief und haben auch mit dem sozialen und historischen Gedächtnis zu tun, das Menschen in kulturellen Kontexten prägt. Gemeinsame Erinnerungen an wichtige historische Ereignisse bilden den Zusammenhalt einer kulturellen Gruppe auf emotionaler Ebene. Die Verständigung über solche Ereignisse und die damit verbundenen Werte erfolgt unausgesprochen und gibt eine Norm für Verhaltensweisen vor. Im interkulturellen Kontext kann es auf dieser Basis zu Konflikten kommen, deren Hintergrund oft schwer zu identifizieren ist.

Beispiel: Der Wert des Brotes

Ein amerikanischer Austausch-Schüler erzählte:

„Es gab einmal einen heftigen Streit mit meiner österreichischen Gastfamilie. Wir waren alle in Italien auf Urlaub. Nach einem Picknick in einer schönen Bucht am Meer sammelte ich das übrig gebliebene Brot ein und warf es weg – ich dachte, die Vögel würden es bestimmt wollen. Meine Gast-Mutter starrte mich plötzlich entgeistert an und rief: ‚Warum wirfst du das Brot weg?' Ich erwiderte: ‚Wir brauchen es doch nicht mehr …' Sie schrie mich an und meinte, ich hätte keine Ahnung, was Hunger sei, wie schlimm die Zeiten damals im Krieg gewesen wären usw. Ich war sehr erschrocken, aber konterte und entgegnete, in den USA würde viel Essen weggeworfen werden und keiner sage etwas dagegen. Da brach der Konflikt erst so richtig los und eskalierte wie ein Feuersturm. Erst einige Zeit danach sprachen wir alle in Ruhe ausführlich darüber. Die österreichische Familie erklärte mir, wie groß der Hunger in Wien in der Nachkriegszeit gewesen wäre und dass deshalb Brot-Wegwerfen bis heute ein absolutes Tabu sei …"

Untersuchungen zum kollektiven Gedächtnis zeigen, wie das kollektive Gedächtnis in das soziale Leben und in den sozialen Kontext eingebunden ist und sich davon nährt. Der sorgsame Umgang mit Essen, wie im Beispiel, wurde über Erzählungen von der Nahrungsmittelknappheit während des Zweiten Weltkriegs und in der Nachkriegszeit immer wieder erinnert und setzte sich im sozialen Gedächtnis fest. Ein Wert, der für einen amerikanischen Schüler, der einen ganz anderen Bezug zum Zweiten Weltkrieg hat, unverständlich ist und den er so nicht kennen kann. Der Konflikt konnte nur durch ein aufklärendes Gespräch über die dahinterliegenden Werte aufgelöst werden.

Kollektives Gedächtnis manifestiert sich auch in der kulturellen Bewertung von Männer- und Frauenbereichen und kann zu Konflikten führen. In vielen kulturellen Kontexten wird als Tätigkeitsbereich der Frau traditionell der Innenraum, dem Mann der Außenraum zugeschrieben. Natürlich veränderten sich mit der Zeit diese Zuschreibungen in vielen Kulturen, vor allem im städtischen Bereich. Wie sehr diese Wertungen in die Gegenwart hineinspielen, sieht man immer wieder in Fällen aus dem heutigen Migrationsalltag, wenn es zu Konflikten kommt. Hier ein Beispiel von Elif, einer Jugendlichen kurdischer Herkunft, die in der Schweiz lebt:

> Elif erzählte: „Meine Eltern sehen natürlich, dass ich für die Schule viel arbeite. Bei uns ist es ja so, dass die Mädchen zu Hause im Haushalt helfen. Sie müssen kochen, putzen und die Wäsche für die Jungs – ich habe drei Brüder und eine Schwester – waschen. Ich mache das zwar, aber ich sage auch, wenn ich keine Zeit habe, weil ich Schulaufgaben machen muss. Darüber streiten wir aber oft, denn für meine Eltern ist es wichtiger, dass ich die Hausarbeit gut verrichte. Ich finde das ungerecht, denn meine beiden Brüder dürfen zum Fußball-Spielen gehen, während meine Schwester und ich zu Hause putzen. Ich bin der Meinung, dass auch die Eltern lernen müssen, sich zu öffnen, sie müssen sich mit uns Kindern ändern. Das ist schwierig und führt zu Konflikten. Es hat auch etwas mit Angst zu tun. Die Eltern fürchten, dass ihre Kinder sich von ihnen entfernen, dass sie ihre Traditionen verlieren. In der Schweiz gibt es viele Freiheiten und manche Eltern fragen sich, was ihre Kinder damit anfangen werden." (BURKARD/RUSSO 2004, S. 88)

Ein anderer Fall:

> Frauenarbeit: Eine Beraterin erzählte:
> „Endlich konnte ich meinem Klienten, einem jungen Mann aus Afghanistan, eine Arbeitsstelle vermitteln. Da sein Ausbildungsgrad sehr niedrig war, kam er nur für Arbeiten im Reinigungsbereich infrage. Aber es war eine gute Firma und er hätte Aussichten auf eine langfristige Anstellung gehabt. Der junge Mann war hingegen entrüstet und rief: ‚Was? Ich soll Frauenarbeit machen? Nein, das mach ich nicht. Das kann ich nicht machen. Wie stehe ich denn dann vor meinen Landsleuten da?'"

Kulturelle Wertehaltungen sitzen auf der emotionalen Ebene besonders tief und sind oft nicht leicht zu identifizieren. Bei Konflikten kann es sein, dass Hilfe in Form einer Mediation nötig ist, um diese Ebene in ausführlichen Gesprächen mit beiden Parteien freizulegen und die unterschiedlichen kulturellen Kontexte und das jeweilige soziale Gedächtnis aufzuzeigen.

Interkulturelle Wertekonflikte können nur aufgelöst werden, wenn die zu Grunde liegenden Wertehaltungen offengelegt und analysiert werden. Es muss ein Weg gefunden werden, der beiden Wertehaltungen Raum gewährt. Es braucht oft viel Geduld und Beharrlichkeit, um auf diese tiefere Ebene im Konflikt zu kommen. Folgender Dialog eines Jugendlichen mit türkischem Migrationshintergrund und seiner Freundin aus Deutschland illustriert, wie das im Gespräch geschehen kann:

> „Warum willst du mich immer abholen und nach Hause bringen, wenn wir uns treffen? Ich kann doch allein fahren."
> „Meine Eltern sagen immer zu mir, ein anständiges Mädchen darf nicht allein auf der Straße gehen. Das gehört sich nicht. Sie fragen mich immer, ob ich dich auch nach Hause begleitet hätte."

„Und dir? Ist dir das auch wichtig? Mir kommt es komisch vor. Du behandelst mich wie ein Kleinkind. Ich bin das nicht gewohnt."
„Ich muss dich beschützen. In der Türkei ist das so. Der Junge muss dafür sorgen, dass seine Freundin sicher nach Hause kommt. Er ist ihr Beschützer. Ich bin so erzogen worden."
„Was meinst du mit Beschützer? Wovor musst du mich beschützen?"
„Bei uns werden Jungs dazu erzogen, auf ihre Schwestern aufzupassen und später ihre Freundinnen zu beschützen. Es darf dem Mädchen nichts passieren, sie darf nicht in schlechte Gesellschaft kommen. Sonst ist ihre Ehre verletzt. Das müssen die Männer in der Familie verhindern. Denn es geht ja um die Familienehre. Das ist bei uns so."
„Ja, aber ich bin erzogen worden, alles allein zu meistern. Niemanden zu brauchen. Meine Mutter sagte immer zu mir: ‚Pass auf, dass du von niemandem abhängig bist.' Dieses Muster steckt tief in mir."
„Aber Beschützen bedeutet für mich nicht, dass du von mir abhängig bist. Aber ich weiß jetzt, wie du es siehst."
„Was machen wir jetzt? Soll ich mich von dir wie ein kleines Kind immer begleiten lassen?"
„Sei nicht spöttisch ... Wo könnte denn für dich der Vorteil sein? Wir könnten uns unterhalten, wenn wir gemeinsam heimfahren, wir könnten auch noch gemeinsam ins Kino gehen ..."
„Ja, wenn ich es so betrachte ..."

Dieses Beispiel zeigt, wie die Beteiligten im Gespräch auf tiefer liegende Ebenen kommen können, um grundsätzlich unterschiedliche Betrachtungsweisen einer Situation und damit zu Grunde liegende Wertehaltungen freizulegen. Dabei versuchen die Beteiligten, die jeweiligen kulturellen Wertehaltungen zu erklären, sie sprechen über ihre eigenen Emotionen wie Ängste oder Befürchtungen und beide suchen nach einer gemeinsamen Vorgehensweise. Diese Betrachtung ermöglicht ein tieferes Verständnis von unterschiedlichen Wertehaltungen in kulturellen Kontexten und ist die Basis dafür, die andere Person so zu akzeptieren, wie sie ist. Denn ändern kann man den Konfliktpartner nicht.

2.3 Unlösbare Wertekonflikte

Nicht immer lassen sich unterschiedliche Werte miteinander vereinbaren. Gerade im interkulturellen Bereich häufen sich auch im Schulalltag gewisse Themen, die immer wieder Auslöser für unlösbare Konflikte sind. Dazu gehören Vorstellungen vom Verhalten in der Schule, von Freiräumen der Kinder oder Rollenkonflikte in unterschiedlichen kulturellen Kontexten.

Wie sich Kinder verhalten sollen, ist von der jeweiligen Kultur abhängig und birgt im interkulturellen Schulalltag viel Konfliktpotenzial. Für die Beteiligten ist es wichtig herauszufinden, welche Werte im Zentrum stehen.

Interkultureller Alltag in der Schule: Verhalten gegenüber Lehrkräften:
„Hua ist neu in der 5. Klasse. Sie spricht gut Deutsch, das lernte sie bereits in ihrer Heimat China. Aber hier in Hamburg versteht sie nicht alles, viele Ausdrücke hat sie noch nie gehört. Die Klassenlehrerin weist sie darauf hin, dass sie immer fragen kann, wenn sie etwas nicht versteht. Aber Hua kann das nicht. Sie wundert sich über ihre Klassenkollegen, die wegen jeder Kleinigkeit Fragen stellen und sich alles lang und breit erklären lassen. In ihrer Schule zu Hause war das ganz anders. Niemand stellte Fragen. Man hörte dem Lehrer zu und wenn man etwas nicht verstanden hatte, fragte man später seine Klassenkollegen. Hua hat jetzt ein Problem, weil ihre Klassenlehrerin mit ihr sehr schimpfte, da sie etwas Wichtiges nicht verstanden hatte. Sie kann aber nicht fragen …“

China gehört zu den konfuzianisch geprägten Ländern Asiens, in denen Fleiß und Disziplin im Schulalltag zentrale Werte sind. Von klein auf wird man darin geübt, seiner Rolle und den damit verbundenen Erwartungen zu entsprechen. Kinder haben in diesem kulturellen Kontext die Aufgabe, das zu tun, was Eltern und Lehrkräfte von ihnen verlangen. In der Schule verhalten sich Kinder sehr respektvoll den Lehrkräften gegenüber. Dazu gehört, dass keine Fragen gestellt werden. Man hört gut zu und lernt auswendig, was die Lehrkraft vorgetragen hat. Kinder zeigen Fleiß, indem sie gut lernen und auf alle Fragen, die im Unterricht gestellt werden, antworten können.

Dem steht die westliche Auffassung von Lernen als Hinführen zu Neigungen und Erarbeiten von Inhalten gegenüber. In der Schule gibt es kaum Frontalunterricht. Kinder erarbeiten sich in Projektgruppen Inhalte zu gewissen Themen und lernen auch, Inhalte kritisch zu hinterfragen. In diesem Kontext wird mit Kindern als gleichberechtigten Partnern umgegangen. Das Verhältnis zwischen Lehrkräften und Schülern ist egalitär, oft ist es üblich sich zu duzen, vor allem in der Grundschule, und Schüler dürfen alle Fragen stellen. Der Konflikt ist für Hua in diesem Fall unlösbar.

Kinder mit asiatischem Migrationshintergrund kämpfen oft mit den anderen Vorstellungen von Erziehung ihrer Eltern. Im Heimatland der Eltern herrschen ganz andere Erziehungsmuster vor – Strenge und Autorität. Der Freiraum, den Kinder und Jugendliche in Deutschland haben, ist in vielen Ländern unbekannt. Sinae, ein 14-jähriges Mädchen, das in Zürich geboren wurde und deren Eltern aus Südkorea stammen, erzählte:

„Das Familienbild nach außen muss für die meisten Koreaner perfekt sein. Sobald ein Familienmitglied keinen Erfolg nachweisen kann, ist die ganze Familie schlecht angesehen. Drum müssen die Kinder immer top sein. Für meine Eltern war es wichtig, dass ich in der Schule gut war, also gab es immer Streit, wenn ich ausgehen wollte. (…) Ich denke, das Hauptproblem bei den Asiaten liegt in der Erziehung. Man muss sich den Eltern unterwerfen, man muss ihnen immer mit Respekt begegnen, immer! Bei uns ist es unmöglich, den Eltern zu widersprechen, das ist respektlos. Wir hatten viele Konflikte, weil wir darüber nicht miteinander reden konnten." (BURKARD/RUSSO 2004, S. 63)

Die Forderung nach Respekt geht auf Konfuzius zurück, der auch in Südkorea die Kindererziehung prägt. Eltern, älteren Personen und Lehrkräften begegnet man immer mit Respekt und Gehorsam. Das Mädchen Sinae aus dem Beispiel kennt aber auch die andere Seite, da sie in der Schweiz aufgewachsen ist und weiß, wie hier Kinder erzogen werden und welche Freiräume sie haben. Der Konflikt ist für sie so lange unlösbar, wie ihre Eltern auf den südkoreanischen Werten beharren und sie nach diesem Muster erziehen.

Rollenkonflikte kommen im interkulturellen Kontext sehr oft vor. Sind schon Rollenkonflikte in monokulturellen Familien eine häufige Quelle für Konflikte, so kommt im kulturellen Kontext dazu, dass sich die Betroffenen in ihrem Rollenverhalten an unterschiedliche Kontexte anpassen müssen. Dazu folgende Situation:

Eine Jugendliche erzählte:
„Mein Vater ist, sobald wir in seinem Heimatland Ägypten sind, immer gleich in seiner typischen ‚Macho'-Rolle: Er fühlt sich für alles verantwortlich, checkt und organisiert alles – er ist der ‚Macher'. Vor den anderen beachtet er mich und meine Mutter dann kaum. Wir sind für ihn wie Luft. Er ist dort wie ein anderer Mensch. Wir streiten dann mit ihm viel, denn hier in Deutschland ist er zu uns ganz anders – er ist verständnisvoll, nimmt mich liebevoll in den Arm und wir diskutieren viel. Ich mag ihn nicht so, wie er in Ägypten ist. Diese Seite von ihm ist mir fremd."

Das Beispiel zeigt die Dynamik zwischen Herkunftsfamilie und neuer Familie in der Migration auf. In der Ursprungsfamilie fällt der Vater wieder in seine alte Rolle. Möglicherweise muss er eine patriarchale Männerrolle vertreten, um bei Familie und Freunden anerkannt zu sein – eine Rolle, die seine Tochter und seine Frau gar nicht an ihm kennen.

Der Blick auf unterschiedliche soziale und kulturelle Kontexte hilft, die vielen Seiten der Identität zu sehen und das konkrete Verhalten mit dem jeweiligen Kontext in Verbindung zu bringen. Auch wenn der Konflikt bestehen bleibt, kann die Tochter durch den neuen Blickwinkel ihren Vater und sein Verhalten in seinem Heimatland anders sehen.

Bei diesen Beispielen wird deutlich, dass Konflikte immer kontextabhängig sind. Daher ist es von Vorteil, bei einem Konflikt immer die spezifische Situation, in der er auftritt, genau zu betrachten. Denn in unterschiedlichen Kontexten zeigt sich unterschiedliches Verhalten. Damit können personifizierte Zuschreibungen im Sinne von Du-Botschaften wie „Du bist … unfähig, schwach, mangelhaft usw." vermieden werden. Ein Verhalten wird mit einer konkreten Situation in Verbindung gebracht. Mit dem Blick auf den Kontext lässt sich sehen, wie vielschichtig die Identität einer Person ist, aber auch dass die einzelnen Schichten an entsprechende Kontexte gebunden sind.

2.4 Innere Konflikte

Ein weiterer Aspekt wird bei dieser Betrachtungsweise deutlich: Um interkulturelle Konflikte zu vermeiden, ist es wichtig, der anderen Person genügend Raum zu geben, die verschiedenen Seiten ihrer Identität leben und ausdrücken zu können. Die Vielschichtigkeit einer kulturellen Identität kann auch als innerer Konflikt erlebt werden. Man weiß nicht, wohin man gehört, fühlt sich innerlich zerrissen, steht zwischen zwei Kulturen.

Unsere Identität ist allerdings immer vielschichtig, egal ob wir mono- oder bikulturell sind. Die Bezugnahme auf den jeweiligen Kontext entscheidet, welche Seite der Identität gerade in den Vordergrund kommt. Innere Konflikte können entstehen, wenn das Gefühl entsteht, zwischen zwei Kulturen zu stehen, wie folgendes Beispiel zeigt:

> Der Junge Zvonimir aus Kroatien erzählte:
> „Ich fühle mich eigentlich nirgends richtig zu Hause, nicht in Kroatien und nicht hier. In Zürich vielleicht noch mehr. Wenn ich in die Ferien gehe und mich von meinen Kollegen hier verabschieden muss und dann dort ankomme – das finde ich immer besonders schwierig, dieses Weggehen und Ankommen. Hier ist mein Alltag, hier sind meine Kollegen und meine Ausbildung, meine Familie natürlich. Aber auch in Kroatien habe ich eine Familie, zu der ich gehöre. Und dort sprechen sie alle meine Muttersprache. Wenn ich von Kroatien weggehe, zurück in die Schweiz, fällt mir das auch jedes Mal schwer. Das finde ich manchmal kompliziert, diese verschiedenen Gefühle an den verschiedenen Orten." (BURKARD / RUSSO 2004, S. 77)

Um den inneren Konflikt zu lösen, ist es nötig, sich mit den verschiedenen Seiten der Identität zu versöhnen. Dadurch erhalten sie Raum, um ein Sowohl-als-Auch zu leben, also die Integration beider oder mehrerer Seiten der Identität, und nicht bloß ein Entweder-Oder. Zvonimir aus dem Beispiel müsste an der inneren Versöhnung arbeiten, um die Frage nach seinen eigenen Wurzeln zu beantworten, aber auch um herauszufinden, welche Seite in welcher Situation zum Vorschein kommt.

Ein anderes Beispiel von Kalterina, die in Pristina, Kosovo-Albanien, geboren wurde und mit 3 Jahren in die Schweiz kam:

> Die 14-jährige Kalterina erzählte:
> „In der Schweiz kann ich viel mehr als in Kosovo so sein, wie ich bin. Jedenfalls kommt es mir so vor. Und ich muss mich ja nicht entscheiden, bin ich jetzt Schweizerin oder Kosovo-Albanerin. Ich erlebe es als Bereicherung, Doppelbürgerin zu sein. Ich glaube, ich fühle mich eher als Kosmopolitin.“ (BURKARD / RUSSO 2004, S. 106)

Auch die Sprache ist oft ein entscheidender Faktor für die kulturelle Identität, wie das nächste Beispiel zeigt:

> Eine 15-jährige Französin, die mit ihren Eltern seit fünf Jahren in Wien lebt, erzählte:
> „Ich habe sehr gut Deutsch gelernt. Für die Österreicher bleibe ich aber Französin, wegen meines Akzents. Ich spreche sehr gut Deutsch, aber ich habe einen starken Akzent. Ich bin draufgekommen, dass ich meinen Akzent nicht verlieren möchte. Denn das ist meine Identität. Meine Eltern haben mich sogar zu einem Sprech-Coach geschickt, aber ich merkte, dass ich meinen Akzent nicht verlieren möchte. Er gehört zu mir.“

2.5 Umgang mit Konflikten

Kulturelle Hintergründe und Wertehaltungen bei Konflikten wirken sich auch auf den Umgang mit Konflikten aus. Konfliktvermeidung geht beispielsweise mit ausgeprägten Höflichkeitsritualen einher. Man möchte Peinlichkeiten vermeiden und den anderen nicht bloßstellen. Der Wert des Gesicht-Wahrens steht hier im Vordergrund.

> Beispiel: Eine Japanerin, die in Berlin lebt, erzählte:
> „Wenn man in Japan streitet, hat man keine Chance mehr, man kann danach keine normale Beziehung haben. Einmal hatte ich eine Auseinandersetzung mit dem Vater eines Kindes in der Schule. Er meinte, dass sich die Kinder ruhig prügeln können. Ich hörte zuerst ruhig zu, und dann sagte ich ihm, dass die Kinder durchs Reden zusammenkommen sollen. In Japan wäre das nicht möglich gewesen. Man sagt nichts, bleibt höflich und sagt auf keinen Fall, was man denkt, denn sonst wird ja die Beziehung gestört.“

Gesicht-Wahren bedeutet, andere nicht zu kompromittieren. Es hat viel mit Etikette, Höflichkeitsritualen und Konformität mit der Bezugsgruppe zu tun. Deshalb tut man alles, um möglichst gruppenkonform zu sein und die eindeutig definierten Rollenmuster einzuhalten. Gesicht-Wahren bezieht sich auch auf die eigene Person: Man versucht Situationen zu vermeiden, die Beschämung hervorrufen könnten, zum Beispiel Älteren zu widersprechen, seinen Verpflichtungen gegenüber den Eltern nicht nachzukommen. Meinungsverschiedenheiten oder Konflikte werden daher vermieden.

Auch sehr hierarchische Strukturen können zu konfliktvermeidendem Verhalten führen. In Kulturen, in denen Hierarchien und der Wert des Gesicht-Wahrens hoch sind (vor allem in asiatischen Ländern), lautet daher der moralische Imperativ: Auf Grund der angestrebten harmonischen Beziehungen innerhalb der Bezugsgruppe wird ein Gesichtsverlust möglichst vermieden. Daher werden schwierige Situationen oft ignoriert.

Bei Konfliktvermeidung steht in der Regel die Beziehungsebene im Vordergrund. Das bewirkt, dass der Fokus nicht auf dem Konflikt liegt, sondern auf der Beziehung zwischen den Beteiligten. Entscheidend ist, wer welche Position in der Hierarchie einnimmt. Eine untergeordnete Position verpflichtet in jedem Fall zur Konfliktvermeidung.

Für einen direkten Umgang mit Konflikten ist die Ausgangsbasis eine offene und direkte Kommunikation auf egalitärer Ebene und die Betonung der Sachebene. Der offene Zugang ermöglicht ein Ausdiskutieren und Abwägen beider Standpunkte. Dies ist auch die Grundlage für eine Mediation. Der direkte Umgang mit Konflikten führt zu einer offenen Auseinandersetzung auf einer egalitären Ebene der Beteiligten.

Beispiel
Eine junge Französin erzählte, wie sie in der Schule gelernt hat, mit Konflikten umzugehen: „Wenn wir in der Klasse einen Konflikt haben, dann reden wir sofort darüber. Unser Lehrer fragt dann alle und wir klären die Sache auf. Wir diskutieren, wie es dazu kam, und reden sachlich darüber. Für mich ist das gut. Das beruhigt mich und dann ist der Konflikt für mich erledigt."

Direkte Konfliktlösung zeigt sich in der Tendenz zu ausgiebiger Diskussion und Auseinandersetzung, wobei alle Beteiligten gleichberechtigt zur Sprache kommen und alle Positionen angehört und abgewogen werden. Ziel ist ein Konsens, mit dem alle Beteiligten zufrieden sind.

2.6 Wahrnehmung im Konflikt

Unsere Wahrnehmung ist durch Aspekte wie Umwelt, Sozialisierung, Familienstrukturen, Familienstand, Geschlechterrollen, sozialen Status und vieles mehr geprägt. Was wir wahrnehmen, ist selektiv, das heißt, wir nehmen vor allem wahr, was in unserem kulturellen Kontext als wichtig erachtet wird.

Im Kontext von Konflikten ist auch noch ein anderer Aspekt der Wahrnehmung bedeutend: Was wir wahrnehmen, wird sogleich kategorisiert und emotional bewertet. Im Konflikt kann dies auf der emotionalen Ebene rasch zur Eskalation führen. Ein gut anwendbares Tool ist daher, den Wahrnehmungsvorgang zu unterteilen und die Beschreibung von Interpretation und Bewertung zu trennen:

1. Wie sehe ich den Vorfall? Die Beschreibung des Konflikts aus der Sicht beider Parteien ist einer der ersten Schritte in der Mediation. Dabei wird deutlich, worauf sich die Aufmerksamkeit der beiden Parteien richtet. Was sehe ich und was sehe ich nicht? Was sieht die andere Person?

2. Wie lege ich den Vorfall aus? Die eigene Interpretation steht der Interpretation der anderen Person gegenüber. Es gibt immer mehrere Möglichkeiten der Auslegung und es kommt darauf an, ob man auch die anderen Auslegungen gelten lässt.
3. Was empfinde ich bei diesem Vorfall? Die Bewertung betrifft die Emotionen der Beteiligten, aber auch moralische, ideologische oder politische Haltungen, die im Konflikt eine Rolle spielen können.

Diese drei Aspekte in der Konfliktbetrachtung unterliegen einer persönlichen Auswahl, die meistens unbewusst erfolgt. Bei einer Konfliktanalyse ist es daher das Ziel, diese unbewussten Aspekte auf die Bewusstseinsebene zu bringen. Im interkulturellen Kontext sollten zusätzlich die kulturellen Aspekte herausgearbeitet werden.

Beispiel: Sozialer Status
Die Familie von Muhamed, einem Asylwerber aus Syrien, hatte in Damaskus hohes Ansehen genossen und einen überaus guten Ruf. Als alte Händlerfamilie waren sie in der ganzen Region sehr angesehen, ihr Netzwerk war groß und jeder, der auf sich etwas hielt, wollte mit ihnen Geschäfte machen. Der Krieg zerstörte das Geschäft, einen Großteil der Familie und des Netzwerks. Einigen jüngeren Männern der Familie gelang die Flucht nach Deutschland. Muhamed, der nun in einem Asylheim auf die Bewilligung seines Antrags wartet, leidet darunter, dass er hier als ein Niemand gilt. Niemand weiß, wer er ist, aus welcher Familie er kommt, welchen Status er in Syrien hatte. Er wird behandelt wie alle, nämlich in seinen Augen schlecht. Er reagiert seit einiger Zeit aggressiv und fängt mit anderen Syrern oft Streit an. Die Betreuer verstehen sein Verhalten nicht und das führt erst recht zu Konflikten.

Jeder der Beteiligten blickt aus seiner eigenen Realität auf den Konflikt. Muhamed blickt und urteilt aus seinem syrischen Kontext heraus, in dem er und seine Familie etwas darstellten und von allen mit Respekt behandelt wurden. Seine Betreuer blicken aus der Perspektive des deutschen Kontexts, in dem alle Flüchtlinge gleich behandelt werden. Diese Situation bedarf der Erklärung der zu Grunde liegenden Wertehaltungen. Erst dann kann sich der Blickwinkel verändern und der Konflikt aus einer anderen Perspektive betrachtet werden. Der eigene Standpunkt wird somit relativiert und das kann zu einer neuen Sichtweise, einer neuen Bewertung und zur Erweiterung der Betrachtungsweise führen.

Beispiel: Weihnachten
Ein Paar, er Österreicher, sie Deutsche, hatte immer darüber Streit, wie sie den Heiligen Abend gestalten. Für ihn war es wichtig, dass nur beide zusammen feiern und am Christtag die gesamte Familie zusammenkommt. Das war in seiner Familie immer so. Sie wollte immer wegfahren und meinte, das Weihnachtsfest sei nicht so wichtig. Es ging jahrelang hin und her. Immer mit viel Streit und Emotionen. Jetzt haben sie nach längeren Gesprächen herausgefunden, was jeder von ihnen mit diesem Fest verbindet: unangenehme Kindheitserinnerungen, Kränkungen,

Sehnsüchte. Nun machen sie es so: Dieses Jahr gestaltet er das Weihnachtsfest, nächstes Jahr sie. Das ist eine gute Lösung für beide.

Rituale und Feste gehen auf die Kindheit zurück. Sie sind meistens emotional beladen und stehen für tief liegende Werte. Deshalb sind sie häufig Konfliktquellen. Dieses Paar konnte in mehreren Gesprächen das Wahrnehmungsmuster verändern. Die Trennung von Beschreiben, Interpretieren und Bewerten ermöglichte, die dahinterliegenden Emotionen freizulegen und die damit verbundenen Werte herauszuarbeiten. Im ersten Schritt beschrieben beide, wie sie das Weihnachtsfest gestalten möchten. Im zweiten Schritt interpretierten beide die zwei Versionen. Dabei traten mehrere Deutungsmuster zutage. Beide konnten nun die Version des anderen als eine Version unter anderen annehmen. Im letzten Schritt sprachen beide über ihre Gefühle, die sie mit ihrer Version verbinden. Dabei durchdrangen sie die Oberfläche und legten tiefer liegende Werte frei. Die Basis für ein gegenseitiges Verständnis war damit geschaffen.

Werden die Werte in ihrer emotionalen Bedeutung für den anderen nicht ernst genommen, kann dies zu Kränkungen und Verletzungen führen, die wiederum in Konflikte münden. Die Wahrnehmung der tieferen Schichten im Konflikt ist hier entscheidend, um den Konflikt auflösen zu können.

2.7 Dynamik von interkulturellen Konflikten

Wie entstehen Konflikte? Welche Abläufe bewirken eine Eskalation im Konflikt? Aus systemischer Sicht wird ein Konflikt als ein Kommunikationsprozess beschrieben, bei dem eine Handlung oder Sichtweise verneint wird und diese Verneinung ihrerseits abgelehnt wird (vgl. Simon 2012). Ein Konflikt ist also die Negation der Negation: Paul möchte die Puppe, Gerda verneint das und gibt sie nicht her, Paul verneint das ebenso und beharrt darauf, die Puppe zu bekommen. Das Hin und Her geht so lange, bis einer aufgibt oder das Streitobjekt uninteressant wird. Das bedeutet, wenn eine Veränderung in der Wahrnehmung eines der Beteiligten stattfindet, kann der Konflikt beendet werden. Ohne die Entscheidung von einem der beiden, die Situation aus einem anderen Blickwinkel zu betrachten, kann der Konflikt nicht gelöst werden.

Die 11-jährige Stefanie erzählte:
„Bei uns in der Klasse gab es vor kurzem einen Zwischenfall. Ein Junge, der neu bei uns ist und aus der Ost-Türkei kommt, wollte am ersten Tag unserer Lehrerin zur Begrüßung nicht die Hand geben. Unsere Lehrerin erklärte ihm, dass wir alle uns so begrüßen würden. Er sagte, während er zu Boden blickte, bei ihm zu Hause gäben die Jungs den Frauen nicht die Hand.

‚Gut', meinte die Lehrerin zu ihm, ‚darüber unterhalten wir uns später.' In der Pause gab es heftigen Streit zwischen uns allen. Wir Mädchen gingen auf den Jungen los und riefen zu ihm: ‚Was, du gibt uns nicht die Hand? So ein Blödsinn!' Die Jungs gruppierten sich um den Neuen und drohten: ‚Wenn du das nicht machst, kriegst du echten Ärger …' So ging es hin und her, bis uns unsere Lehrerin zur Ruhe rief."

Begrüßungsweisen sind natürlich kulturell sehr unterschiedlich und spiegeln die sozialen Strukturen sowie die Geschlechterrollen einer Gesellschaft wider. In vielen muslimischen Regionen herrscht eine strikte Geschlechtertrennung vor und Frauen und Männer, die einander nicht kennen, berühren sich nicht, auch nicht zur Begrüßung. Hier in Deutschland gelten andere Regeln und ein Händeschütteln zur Begrüßung zu verweigern gilt als sehr unhöflich. Der türkische Junge kannte diese Regel offenbar nicht und müsste erst mehr über die Umgangsregeln im Alltag erfahren. Er blieb aber bei seinem Prinzip, so wie er es zu Hause gelernt hat. Da er mit seiner Haltung gegen die vereinbarte Ordnung (wie man in Deutschland einander begrüßt) verstoßen hatte, war die Empörung der Klassenkameraden verständlich und führte zur Eskalation des Konflikts, weil beide Seiten von der Richtigkeit des eigenen Verhaltens in dieser Situation überzeugt waren. Verständnis für die andere Seite kann nur herbeigeführt werden, indem die Lehrerin das Thema mit der ganzen Klasse bespricht und über kulturell unterschiedliche Begrüßungsformen und die dahinterliegenden Werte erzählt. Nur so kann das Verständnis auf beiden Seiten erweitert werden. In der Folge müsste sie dann mit der Klasse, auch mit dem türkischen Jungen, besprechen, welche Begrüßungsweise sie künftig praktizieren wollen.

Wird nicht verhandelt und gelingt es nicht, beide Seiten anzuhören und zu einem Kompromiss zu kommen, eskaliert der Konflikt. Beide Parteien argumentieren weiter aus ihrer jeweiligen Realität bzw. Sichtweise heraus und beharren auf ihrem Standpunkt. Jeder fühlt sich im Recht, weicht nicht ab und verteidigt emotional den eigenen Standpunkt. In der Folge kommt es zu Beleidigungen und der Konflikt eskaliert (vgl. Glasl 2013). Genau in diesem Moment wird gegen die vereinbarte Ordnung verstoßen, die unausgesprochen der Ausgangspunkt für die Bewertung ist. Die vereinbarte Ordnung bezüglich des Umgangs miteinander geht auf kulturelle Normen des Zusammenlebens zurück. Im interkulturellen Kontext ist man natürlich nicht immer über die Normen und unausgesprochenen Vereinbarungen im Bilde (Gesicht wahren, Ehrenkodex, Hierarchien).

Beispiel: Nachbarn
Eine Familie aus Bosnien hat Verwandtenbesuch. Es ist Sommer, die Fenster stehen offen, die Familie feiert das Wiedersehen mit gemeinsamem Essen, Musik, Gesang und lautstarker Unterhaltung. Es wird später am Abend und ein Nachbar ruft über den Gang zur Familie hinüber: „Könnt ihr nicht leise sein? Das geht nicht. Zu laut. Es ist schon spät!" Die bosnische Familie entschuldigt sich und stellt die Musik leiser. Sie reden weiter, lachen, singen. Der Nachbar wird wütend, hämmert an die Wohnungstür der bosnischen Familie und schreit: „Ruhe! Sonst ruf ich die Polizei!" Er fügt noch ein paar Beleidigungen hinzu. Darauf wird der Bosnier ungehalten und ruft zurück, ebenfalls Beleidigungen. Beide gehen auf den Gang und brüllen sich an. Am Ende geraten sie sich fast in die Haare, wenn die Bosnierin ihren Mann nicht in die Wohnung gezerrt hätte. Der österreichische Nachbar ruft die Polizei, diese kommt, versucht zu vermitteln und verlässt kopfschüttelnd bald darauf wieder das Haus.

Dieses Beispiel beschreibt eine klassische Konflikteskalation. Beleidigungen ließen die Emotionen hochfahren und keine der Parteien hatte mehr Verständnis für den anderen. Die Regeln für das Zusammenleben wurden verletzt. Eine Partei signalisierte zunächst Rücksicht, die andere Partei beharrte aber auf ihrem Recht auf Einhaltung der vereinbarten Ordnung (moderate Lautstärke). Um ein friktionsfreies Zusammenleben zu gewährleisten, muss ein Gleichgewicht zwischen Rücksicht auf die vereinbarte Ordnung und Erfüllung der individuellen Bedürfnisse gefunden werden. Deshalb sollte verhandelt werden. Sobald eine Person sich den Freiraum nimmt, sich gegen die Norm zu verhalten, wird die vereinbarte Ordnung gestört und muss neu definiert werden. Der Bosnier im Beispiel zeigte vorerst gute Absicht und drehte die Musik leiser, fand aber (aus seiner kulturellen Perspektive), dass lauteres Reden kein Überschreiten der Ordnung sei. Sein Nachbar hatte hingegen kein Verständnis für die besondere Situation (Verwandtenbesuch), und das daraus folgende lautere Reden durch die große Gruppe von Menschen überschritt aus seiner kulturellen Sicht das vereinbarte Maß an Lautstärke. Folglich beharrte er auf der vereinbarten Ordnung. Seine Reaktion, vor allem die Beleidigungen, führte zur Eskalation. Er hätte auch die Situation stillschweigend akzeptieren können. Vielleicht dachte er, als Österreicher gegenüber dem Bosnier habe er das Recht, auf der vereinbarten Norm zu bestehen.

Die Eskalationsstufen bei Konflikten von Friedrich Glasl zeigen sehr gut auf, wie rasch sich die Dynamik entwickelt und nicht mehr gestoppt werden kann (vgl. Glasl 2013; vgl. auch Simon 2012, S. 85 ff.). In schwierigen Situationen greifen die Beteiligten oft auf gewohnte, aber unreflektierte Reaktionsmuster wie Flucht- oder Kampfverhalten zurück, die eine Eskalation beschleunigen können.

Erkennen von Sprach-Mustern in Konflikten

Entscheidend sind jedoch der Beginn von Konflikten und das dabei entstehende charakteristische Kommunikationsmuster, wie im Beispiel. Konflikte können und müssen entstehen, wenn die Beteiligten sich nicht über die Bewertung des Verhaltens (jeder beharrt auf seinem Recht) und die Vergeltung (Schweigen oder Handeln) einigen können.

In bestimmten kulturellen Kontexten, in denen das Konzept der Ehre bzw. ein gemeinsamer Ehrenkodex das Sozialverhalten von Gruppen einer Gesellschaft bestimmt, muss die Grenzüberschreitung sofort nach außen sichtbar korrigiert werden. In diesem Kontext bilden Regeln, Rangordnungen, symbolische Ehrenhandlungen den Rahmen, innerhalb dessen die Individuen agieren können. Die Regeln und Rituale erleichtern es, rund um die Ehre mit Konflikten umzugehen. Verletzte Ehre öffentlich wiederherzustellen ist nur durch Vergeltungsmaßnahmen möglich: öffentliche Demütigung, Selbstdemütigung oder Aushandeln bestimmter Gegenleistungen. Gleichzeitig durchzieht eine hierarchische Geschlechterordnung im Zusammenhang mit dem Ehrbegriff viele Kulturen. Die Männlichkeit erscheint hier als Bewahrerin der Ehre und damit als Verkörperung des gesellschaftlichen Ordnungsprinzips von Dominanz und Unterwerfung. Ehrverletzungen fordern daher immer unmittelbare Vergeltung – und das ist meist mit Gewalt verbunden –, um sich innerhalb der Gemeinschaft zu rehabilitieren.

Die Ehre ist auch Bestandteil der Werte in vielen Migrationsmilieus und steht für gesellschaftliches Ansehen. Es gelten sehr strenge Verhaltensregeln, die den Interessen und dem guten Ruf der Familie dienen sollen. Der Ehrenkodex schafft eine starke Bindung innerhalb der Gruppe und sichert dadurch die soziale Ordnung. Damit wirkt die Ehre regulativ – je ehrenhafter das Verhalten des Einzelnen, desto höher steigt sein Ansehen innerhalb der Familie und desto höher erscheint die Überlegenheit der Familie nach außen.

Das Konzept der Ehre als Regulativ

Das Konzept der Ehre ist daher ein Regulativ für das Normale bzw. die vereinbarte Ordnung, die nach außen verteidigt werden muss. Das Ehrgefühl verpflichtet zu einer Reaktion, die dem Ehrenkodex entsprechen muss, um die Ehrverletzung angemessen zu vergelten. Die Vergeltung obliegt den Männern der Gruppe und muss immer nach außen hin sichtbar erfolgen. Kommt es zu keiner nach außen hin sichtbaren Vergeltung, wird mit Verachtung bis hin zur sozialen Verstoßung aus der Gruppe bestraft.

Das Konzept der Ehre veranschaulicht gut die innere Dynamik von Grenzüberschreitung und Vergeltung bei interkulturellen Konflikten (vgl. SCHREINER 2013: Kapitel „Das Konzept der Ehre"). Denn der Umgang mit

Ehre spiegelt das Gleichgewicht zwischen Einhaltung einer vereinbarten Ordnung und individuellen Übertritten oder Normverletzungen wider. Immer wieder geht es um den Versuch, Grenzen zu verändern oder Verhaltensnormen neu zu bestimmen, sich neuen Herausforderungen zu stellen und zu versuchen, bestehende Werte zu verändern. Der Begriff der Ehre kann in diesem Zusammenhang stellvertretend für das Prinzip des Konflikts gesehen werden, welches das Spannungsfeld zwischen partikularen Interessen und verbindlichen Werten umfasst. Darin liegt auch die konstruktive Kraft von Konflikten: Sie beschreiben den gesellschaftlichen Wandel und die Dynamik kultureller Veränderungen.

2.8 Interkulturelle Konfliktlösung

In jedem sozialen System sind Konflikte an der Tagesordnung. Sie sind Ausdruck von Auseinandersetzung und Neuverhandlung der bestehenden Ordnung. Konflikte entstehen in interpersonellen Beziehungen und werden oft von bestimmten Kommunikationsmustern ausgelöst (Negation der Negation). In interkulturellen Konflikten sind kulturelle Aspekte maßgeblich daran beteiligt – wie unterschiedliche Hierarchiestrukturen, unterschiedliches Kommunikationsverhalten oder andere Wertehaltungen usw.

Ein Aspekt ist bei der Konfliktlösung wesentlich: Die andere Person kann nicht verändert werden. Nur das eigene Verhalten ist beeinflussbar und die eigene Entscheidung, den Konflikt aus einem anderen Blickwinkel zu betrachten und sich in der Folge anders zu verhalten. Das gilt auch im interkulturellen Kontext.

Nur ich kann mich ändern

Ein konstruktiver Umgang mit Konflikten liegt im interrelationalen Ansatz (vgl. RADATZ/BALMER/SIMON 2007). Konflikte werden dabei auf der Beziehungs- und Kommunikationsebene betrachtet. Der Blick richtet sich auf die Beziehung zwischen den beteiligten Personen mit dem Ziel: Loslassen von bestehenden Mustern, um Beziehungen neu gestalten zu können. Sobald das im Konflikt herrschende Kommunikationsmuster verändert wird, kann der Konflikt beendet werden. Dazu kann aber keiner der Beteiligten den anderen bewegen, sondern die Verantwortung liegt immer bei einem selbst. Dazu der systemische Coach SONJA RADATZ:

„Den Anderen überzeugen, überreden, gar verändern zu wollen heißt, ihn für unmündig zu erklären – ein weiterer Schritt in der Eskalation. Das eigene Verhalten aber zu reflektieren und in Auswirkungen zu denken, ist der erste Schritt zu einer Veränderung, die in der Folge das ganze soziale System erfas-

sen kann. Im Konfliktfall heißt das auch Verantwortung zu übernehmen und sich damit (...) für seine neue Vorgehensweise wirklich zu entscheiden (...).“ (Radatz/Balmer/Simon 2007, S. 14)

Diese Haltung kann gut auf den interkulturellen Kontext übertragen werden. Ich kann eine andere Person nicht dazu bewegen, sich an kulturell andere Verhaltensweisen anzupassen und andere Werte zu übernehmen. Ich kann ihr aber unterschiedliche kulturelle Kontexte vor Augen führen, in denen jeweils vereinbarte Ordnungen als Norm vorherrschen. Diese Sicht ermöglicht es, den ethnozentrischen Blickwinkel zu relativieren und unterschiedliche Kontexte gleichwertig nebeneinanderzustellen. Denn es gibt kein Richtig und Falsch, sondern unterschiedliche (kulturelle) Kontexte und die eigene Sichtweise, die kulturell geprägt ist. Es gibt auch keine objektive Realität, die objektiv erfasst werden kann, sondern immer nur die eigene Perspektive auf die Welt. Wie ich auf diese Welt schaue, kann ich aber sehr wohl beeinflussen. Dieser Blickwinkel führt dazu, eine aktive Haltung einzunehmen und die Verantwortung für das eigene Handeln in die Hand zu nehmen. Genau das ist im Konfliktfall bedeutend, wenn es darum geht, den eigenen Handlungsspielraum durch ein Durchbrechen gewohnter Verhaltens- oder Kommunikationsmuster zu erweitern.

Pespektivenwechsel durch Verantwortungsübernahme für eigenes Handeln

Übernehme ich Verantwortung für mein eigenes Handeln, habe ich keine Intention, den anderen zu verändern, sondern ich bin bereit, aus seiner Perspektive die Situation zu betrachten. Damit ist die Basis für kulturelle Akzeptanz gelegt. Ein wichtiger Bestandteil bei der interkulturellen Konfliktlösung. Die Fähigkeit, Perspektiven zu wechseln, gilt als interkulturelle und Konflikt-Kompetenz. Zu akzeptieren, dass es ein Problem gibt, das sich wegen der kulturellen Unterschiede nicht leicht aus dem Weg räumen lässt, und damit zu leben, ist leichter, wenn man dazu fähig ist, die Perspektive zu wechseln und die Situation mit den Augen des anderen zu sehen.

Aus systemischer Sicht erweitert sich dabei nicht nur der eigene Handlungsspielraum, sondern die Veränderung des eigenen Verhaltens oder Kommunikationsmusters bewirkt auch eine Veränderung des Verhaltens der anderen Person, da sie auf ein neues Muster anders reagieren kann. Darin liegt der „interrelationale“ Ansatz dieser Konfliktlösung.

Auch hier wirken die weiter oben erwähnten drei Schritte: 1. Neue Beschreibung der Situation, 2. Neue Interpretation der Situation, 3. Neue Bewertung der Situation. Damit erweitert sich der Spielraum für unterschiedliche Standpunkte, Interpretationsweisen und neue emotionale Reaktionen.

Dies führt dazu, dass neue Handlungsoptionen sichtbar werden und gewohnte Muster verlassen werden können. Dazu wieder Sonja RADATZ:

„Wenn wir das tun, stellen wir neue Geschichten neben alte Geschichten und werden uns entscheiden müssen, welche von ihnen künftig für uns Gültigkeit haben sollen (...). Doch gerade darin liegt das Versöhnliche eines Konfliktes. Denn so gesehen sind Konflikte im Kern ihres Wesens der Stoff, aus dem Veränderung sich entfalten kann, und ungebundene Kraft und Energie für Entwicklung." (RADATZ/BALMER/SIMON 2007, S.41)

Das kreative Potenzial in Konflikten zu sehen, ist gerade im interkulturellen Bereich bedeutend. Kulturelle Diversität zu leben ist schwierig und nicht friktionsfrei. Umso wichtiger ist es, Konflikte als Chance zur Neuverhandlung von etablierten Normen zu sehen. Bei der Gratwanderung zwischen Bewahrung und Veränderung der Normen ist es schwierig, das Gleichgewicht zu halten. Auf beiden Seiten müssen die Bedürfnisse erfüllt werden.

Die Betrachtung aus der Distanz im Rahmen der oben beschriebenen Methode und die Frage: „Was bringt mir die Veränderung?"eröffnen neue Sichtweisen und Möglichkeiten. Das Potenzial kultureller Diversität zu nutzen ist eine der wichtigsten Aufgaben der heutigen Zeit. Konflikte helfen dabei, Neuverhandlungen zuzulassen und neuen Bedürfnissen Rechnung zu tragen.

Literatur

BURKARD, E. / RUSSO, G. (2011): global_kids.ch – Kinder der Immigranten in der Schweiz. Limmat Verlag: Zürich.

DREYER, W. / HÖSSLER, U. (Hrsg.) (2011): Perspektiven interkultureller Kompetenz. Vandenhoeck & Rupprecht: Göttingen.

GLASL, F. (2013): Konfliktmanagement: Ein Handbuch für Führungskräfte, Beraterinnen und Berater. Verlag Freies Geistesleben: Stuttgart.

RADATZ, S. / BALMER, E. / SIMON, F. B. (2007): Interrelationales Konfliktmanagement. Konflikte anders betrachtet und anders behandelt. Verlag Systemisches Management: Wien.

SCHREINER, K. (2013): Würde, Respekt, Ehre. Werte als Schlüssel zum Verständnis anderer Kulturen. Hans Huber Verlag: Bern. (Kapitel „Das Konzept der Ehre")

SIMON, F. B. (2012): Einführung in die Systemtheorie des Konflikts. Carl Auer Verlag: Heidelberg.

TERKESSIDIS, M. (2010): Interkultur. edition suhrkamp 2589: Berlin.

THOMAS, A. (Hrsg.) (2008): Handbuch interkulturelle Kommunikation und Kooperation, 2 Bände. Vandenhoeck & Rupprecht: Göttingen.

YOUSEFI, H. R. (2014): Grundbegriffe der interkulturellen Kommunikation. UTB: Konstanz, München.

3 Konflikte im Kontext von Schule

Stefan Seitz

3.1 Die schulische Situation – Zahlen und Hintergründe

Enger Zusammenhang zwischen Schulbildung und Berufsstatus

In allen Industriestaaten besteht ein hoher Zusammenhang zwischen Schulbildung, späterem Berufsstatus und dem jeweiligen Einkommen. Die künftige soziale Position im hierarchisch gegliederten Berufsgefüge wird also wesentlich von der jeweils erreichten Schulbildung determiniert. Da unsere Schule nun einerseits die Aufgabe der Sozialisation, andererseits aber auch die ihr konträr gegenüberstehende Funktion der Selektion hat, wirkt sich dies vielfach nachteilig für Schüler mit Migrationshintergrund aus.

SANDFUCHS betont deshalb die eminente Bedeutung des Schulerfolgs von Migrantenkindern für deren gesellschaftliche Integration, wenn er schreibt:

> *„Schulerfolg ist nach wie vor der beste Indikator für die schulische Integration ausländischer Kinder und Jugendlicher. Erst wenn sie den gleichen Anteil an den Abschlüssen der Sekundarstufe I und II erreicht haben wie deutsche Schüler und wenn sie daraufhin die gleichen Ausbildungs- und Berufschancen haben, kann von erfolgreicher Integration gesprochen werden. Nach wie vor sind Maßnahmen zur Verbesserung der Bildungs- und Ausbildungssituation von Migrantenkindern dringend erforderlich." (SANDFUCHS 2000, S. 55)*

Deshalb müssen für ihn alle didaktischen Konzepte „zum einen die Ursachen für die unbefriedigende Bildungssituation der Migrantenkinder […] einrechnen und zum anderen ausgehen von den bereits bestehenden interkulturellen Kompetenzen der Migrantenkinder – insbesondere von ihrer Zwei- oder Mehrsprachigkeit." (SANDFUCHS 2000, S. 55)

Schüler mit Migrationshintergrund als „Bildungsverlierer"

Dass die Situation problematisch ist und die hierzu vorliegenden Appelle dringend sind, zeigt ein Blick auf die aktuellen Schulabschlusszahlen. Wenngleich ausländischen Schülern aus rechtlicher Sicht grundsätzlich der gleiche Zugang zu unseren verpflichtenden Bildungseinrichtungen zusteht wie den deutschen Schülern, so erweist sich dieses Faktum dennoch in sozialer Hinsicht als illusorisch und durch entscheidende Diskrepanzen bestimmt. Ausländische Schüler zählen nach wie vor zu den Verlierern unseres Bildungssystems.

Oberflächlich betrachtet, hat sich die Zahl ausländischer Hauptschulabgänger in den letzten Jahren zwar kontinuierlich erhöht, und auch die Übergänge auf Realschule und Gymnasium nehmen insgesamt zu. Betrachtet man jedoch die absoluten Zahlen genauer, so ergibt sich unter Berücksichtigung der Tatsache, dass insgesamt wesentlich weniger Schüler mit Migrationshintergrund im deutschen Schulsystem beschult werden als deutsche Schüler, das ernüchternde Ergebnis, dass 2011 immerhin 5,6 % dieser Schüler zwischen 15 und 29 keinen Schulabschluss vorweisen können und sich auch nicht (mehr) in einer schulischen Ausbildung befinden. In der gleichen Altersgruppe bei Personen ohne Migrationshintergrund sind es hingegen nur 2,1 % ohne Schulabschluss. Betrachtet man die Personen zwischen 10 und 29 Jahren ohne deutsche Staatsbürgerschaft, sind sogar 10,4 % ohne Schulabschluss. (Die Zahlen sind aus den Ergebnissen des Zensus 2011 der Statistischen Ämter des Bundes und der Länder entnommen. Diese sind im Internet unter ergebnisse.zensus2011.de frei zugänglich.)

Hohe Anzahl ohne Schulabschluss

2011 besaßen 26 % aller in Deutschland lebenden Ausländer als höchsten Schulabschluss den Hauptschulabschluss (im Vergleich zu 36,4% der Personen mit deutscher Staatsbürgerschaft; vgl. Zensus 2011 der Statistischen Ämter des Bundes und der Länder unter: ergebnisse.zensus2011.de). Auch die Verteilung auf die Schularten sticht ins Auge: „Der Anteil der Schülerinnen und Schüler mit Migrationshintergrund war mit 45 % an Hauptschulen fast doppelt so hoch wie an Gymnasien (24 %).“ (Datenreport 2013, S. 78)

Den Realschulabschluss als höchsten Schulabschluss hingegen können 2011 nur 18 % der ausländischen Schüler vorweisen (im Vergleich zu 29,8 % der deutschen Schüler; vgl. Zensus 2011 der Statistischen Ämter des Bundes und der Länder unter: ergebnisse.zensus2011.de), sodass sie in den letzten Jahrzehnten keinen großen Fortschritt hinsichtlich ihrer Bildungsbeteiligung zu verzeichnen haben und von einer Kompensation ihrer schulischen Benachteiligung noch nicht gesprochen werden kann. Demgegenüber besuchen überproportional viele ausländische Schüler Schulen für Lernbehinderte (4,4 % gegenüber 2,1 % deutscher Schüler; vgl. Statistische Veröffentlichungen der Kultusministerkonferenz 2002, S. 42), eine Entwicklung, die sich in den letzten Jahren potenziert hat.

Geringe Anzahl „höherwertiger“ Schulabschlüsse

Eine Bestätigung erfahren diese negativen Prognosen durch die Beteiligungsquoten allein der Fünftklässler mit und ohne Migrationshintergrund an Schulformen der Sekundarstufe I 2008 (vgl. Abb. 1).

	Ohne Migrationshintergrund	Mit Migrationshintergrund (2. Generation)	Mit Migrationshintergrund (1. Generation)
Hauptschule	13,1	20,2	30,8
Realschule	29,9	33,1	32,3

	Ohne Migrationshintergrund	Mit Migrationshintergrund (2. Generation)	Mit Migrationshintergrund (1. Generation)
Gesamtschule	7,9	9,3	10,7
Gymnasium	46,3	36,3	23,0

Abb. 1: Beteiligungsquoten der Fünftklässler mit und ohne Migrationshintergrund an Schulformen der Sek I 2008 (in %)
(nach WINFRIED WITJES, *Bildung und soziale Ungleichheit. Eine Einführung in den Forschungsstand, Hamburg 2015, S. 85)*

Die Hauptschule als „Regelschule"

Kinder ausländischer Herkunft besuchen demnach zu größeren Teilen Hauptschulen, besonders wenn man die Zahlen mit denen von Schülern ohne Migrationshintergrund vergleicht. Ein besonders großer Unterschied fällt insbesondere auch am Besuch des Gymnasiums auf. Besucht fast die Hälfte der Schüler ohne Migrationshintergrund ein Gymnasium, sind es bei Schülern mit Migrationshintergrund deutlich weniger, wenngleich die Tendenz im Laufe der Generationen durchaus steigend ist.

Weiterhin sei auf die Zusammensetzung der Kinder mit Migrationshintergrund nach Herkunftsgruppen 2011 verwiesen: „Schülerinnen und Schüler mit türkischen Wurzeln (14 %) bildeten an Hauptschulen mit Abstand die größte Herkunftsgruppe. Dagegen stammten die meisten Gymnasiasten mit Migrationshintergrund aus Staaten der Europäischen Union beziehungsweise aus sonstigen nicht europäischen Ländern." (Datenreport 2013, S. 78)

Unterschiede im Vergleich der Bundesländer

Allerdings ist die Situation in den Bundesländern uneinheitlich. Als besonders ungünstig erweist sich die Situation hierbei in den Bundesländern Baden-Württemberg, Bayern, Rheinland-Pfalz und Schleswig-Holstein, wo rund 60 % der Migrantenkinder, deren beide Eltern im Ausland geboren wurden, nur die Hauptschule besuchen (im Vergleich zu Werten zwischen 30 % und 50 % in Hessen, Niedersachsen, Nordrhein-Westfalen und dem Saarland) und damit 2,5- bis 3,3-fache niedrigere Chancen auf einen mittleren oder höheren Bildungsgang haben. BAUMERT/SCHÜMER führen dies „in erster Linie auf die unterschiedlichen Angebotsstrukturen der Länder und deren Nutzung" (BAUMERT/SCHÜMER 2002, S. 1 99) zurück. Die unterschiedliche Nutzung wiederum resultiert für sie maßgeblich aus den jeweiligen Deutschkenntnissen der Migrantenkinder und nicht primär aus deren sozialer Lage.

Allerdings lässt sich an dieser Stelle anmerken, dass die jeweilige Sprachnähe bzw. -ferne zur deutschen Sprache umgekehrt sehr wohl wieder aus der jeweiligen Schichtzugehörigkeit und Traditionsbewusstheit einer Migrantenfamilie resultiert und somit letztlich die Sprache nur das äußere Symbol fehlender Integration und bevorzugter Hinwendung zur Eigenethnie bildet.

Als mögliche Faktoren für diese sprachlichen Defizite werden hierbei ausgemacht:

- Sozialschichtzugehörigkeit der Herkunftsfamilie,
- Verweildauer der Jugendlichen in Deutschland,
- Umgangssprache in der Familie (vgl. BAUMERT/SCHÜMER 2001, S. 379).

BAUMERT/SCHÜMER (2002, S. 202) fordern deshalb ein ausreichendes Qualifikationsniveau für alle. Dies ist umso dringender geboten, als die Ergebnisse der PISA-Studie unter anderem belegen, dass der Zusammenhang zwischen sozialer Herkunft und Bildungserfolg in keinem untersuchten Land so eng ist wie in Deutschland.

Die PISA-Ergebnisse im Kontext von Migration

Durch einen Vergleich der PISA-Befunde von 2000 und 2012 lassen sich insbesondere zwei Aspekte beobachten: Zunächst ist bei den mittleren Kompetenzwerten von 15-Jährigen in Mathematik, Lesen und Naturwissenschaften ein deutlicher Leistungsrückstand der Migrantenjugendlichen auch noch 2012 festzustellen. Bei der ersten Generation mit Migrationshintergrund ist dieser deutlicher ausgeprägt als bei der zweiten Generation. Darüber hinaus hat sich der Rückstand auf die Schüler ohne Migrationshintergrund seit 2000 aber deutlich verringert. War er 2000 im internationalen Vergleich noch hoch, so liegt er 2012 im Durchschnitt aller OECD-Länder. Unterscheidet man zwischen Migranten verschiedener Herkunftsnationalität, so ist der Leistungsrückstand bei Türkischstämmigen noch etwas größer und bei denen polnischer oder russischer Herkunft etwas geringer (vgl. WITJES 2015, S. 86 f.).

Mindestens ein Jahr Lernrückstand

Der durchschnittliche Leistungsrückstand der Kinder mit Migrationshintergrund beträgt im Jahr 2011 etwa noch ein Lernjahr. Lediglich im naturwissenschaftlichen Bereich hat sich der Rückstand verringert (vgl. WITJES 2015, S. 81).

Am ungünstigsten schneiden in den gemessenen Leistungen jene Schüler ab, deren beide Bezugspersonen im Ausland geboren wurden, gefolgt von Kindern mit einer Bezugsperson, deren Geburtsort im Ausland liegt. Kinder aus Familien ohne Migrationshintergrund erzielen hingegen die besten Ergebnisse. Dieser Zusammenhang gilt insbesondere für die Lese- und naturwissenschaftliche Kompetenz, während in Mathematik geringere Abhängigkeiten bestehen, da hier die deutschsprachigen Kenntnisse anscheinend weniger relevant sind (vgl. SCHWIPPERT/BOS/LANKES 2003, S. 285).

Hierbei wird vermutet, „dass die durch den Ausbau der sprachlichen Kompetenz erwartete Verbesserung in den schulischen Leistungen tatsächlich nur in Familien zum Tragen kommt, bei denen mindestens eine Bezugsperson Deutsch spricht" (SCHWIPPERT/BOS/LANKES 2003, S. 286 f.).

Buchbesitz und Bildungshintergrund der Eltern als Determinanten

Besonders durch die Analyse von IGLU 2011 konnte darüber hinaus festgestellt werden, dass Effekte des Buchbesitzes und Bildungshintergrundes der Eltern sowie von deren Berufen stärker sind als das Merkmal der nationalen Herkunft und des familiären Sprachgebrauchs. Die oft ungünstige elterliche Soziallage bestimmt damit den Kompetenzrückstand von Migrantenkindern der letzten Jahre stärker als die ausländische Herkunft (vgl. WITJES 2015, S. 82 f.).

Nicht zuletzt lassen sich mit AUERNHEIMER im Zuge von PISA aber auch drei institutionelle Hauptprobleme unseres Schulsystems ausmachen, die mit der stark selektiven „Ausgliederung" von Ausländern aus den höherwertigen Bildungsformen einhergehen:

> *„Erstens ist unser mehrgliedriges Sekundarschulsystem äußerst selektiv. Die frühen Schullaufbahnentscheidungen sind besonders für Migrationskinder nachteilig. Die starke äußere Differenzierung bringt zweitens die Tendenz zu (scheinbar) homogenen Lerngruppen hervor. Die Lehrpersonen lernen den Umgang mit Heterogenität nicht, was wiederum den Ausschluss stärkt. Drittens beraubt sich die Vormittagsschule vieler Möglichkeiten der ausgleichenden Lernförderung wie des sozialen Lernens." (AUERNHEIMER 2003, S. 165)*

Ergänzt werden diese institutionellen Defizite anhand einer Erhebung von Dietrich, der mittels 20 Tiefeninterviews mit ausländischen Schülereltern eruierte, dass diese eine massive (vielfach unbewusste) Diskriminierung ihrer Kinder seitens der deutschen Lehrer und des deutschen Schulsystems konstatieren. So bemängeln sie die fehlenden Förderkurse und Auffangklassen für ihre Kinder ebenso wie die mangelnde Sensibilität und Aufmerksamkeit deutscher Lehrer für die Übergangsschwierigkeiten ihrer Kinder (vgl. DIETRICH 2001, S. 62 ff.).

Massive Diskriminierung seitens Schule und Lehrerschaft

Diese negative Schulsituation und die damit oftmals verbundenen Identitätskrisen beeinflussen naturgemäß auch das häufige Entstehen von Konflikten, weil man auf anderen schulischen Feldern oftmals kein positives Selbstkonzept zu entwickeln vermag und dies durch entsprechende Kompensationshandlungen im Schulalltag ausgleicht.

Literatur

AUERNHEIMER, G. (2003): Einführung in die interkulturelle Pädagogik. Wiss. Buchges.: Darmstadt (3. Aufl.).

BAUMERT, J. / SCHÜMER, G. (2001): Familiäre Lebensverhältnisse, Bildungsbeteiligung und Kompetenzerwerb. In: Deutsches PISA-Konsortium (Hrsg.): PISA 2000. Basiskompetenzen von Schülerinnen und Schülern im internationalen Vergleich. Leske + Budrich: Opladen, S. 323–407.

BAUMERT, J. / SCHÜMER, G. (2002): Familiäre Lebensverhältnisse, Bildungsbeteiligung und Kompetenzerwerb. In: Deutsches PISA-Konsortium (Hrsg.): PISA 2000 – Die Länder der Bundesrepublik Deutschland im Vergleich. Leske + Budrich: Opladen, S. 159–202.

DATENREPORT 2013. Ein Sozialbericht für die Bundesrepublik Deutschland, herausgegeben von der Bundeszentrale für politische Bildung (u. a.), S. 78. Die elektronische Fassung ist zugänglich unter folgendem Link: http://www.bpb.de/nachschlagen/datenreport-2013/

DIETRICH, I. (2001): Migrantenkinder – eine diskriminierte Minderheit in unseren Schulen? In: AUERNHEIMER, G. (Hrsg.): Migration als Herausforderung für pädagogische Institutionen. Leske + Budrich: Opladen, S. 59–72.

SANDFUCHS, U. (2000): Interkulturelles Lernen in der Schule. Informationen und Reflexionen. In: Grundschule, 32, Heft 1, S. 52–55.

SCHWIPPERT, K. / BOS, W. / LANKES, E.-M. (2003): Heterogenität und Chancengleichheit am Ende der vierten Jahrgangsstufe im internationalen Vergleich. In: BOS, W. u. a. (Hrsg.): Erste Ergebnisse aus IGLU. Schülerleistungen am Ende der vierten Jahrgangsstufe im internationalen Vergleich. Waxmann: Münster u. a., S. 265–302.

STATISTISCHE VERÖFFENTLICHUNGEN DER KULTUSMINISTERKONFERENZ (2002): Ausländische Schüler und Schulabsolventen 1991 bis 2000 (Nr. 163). Bonn.

WITJES, W. (2015): Bildung und soziale Ungleichheit. Eine Einführung in den Forschungsstand. Kovač: Hamburg, S. 86–87.

3.2 Schulische Konflikte

3.2.1 Allgemeine Analysegrundlagen der Sozialpsychologie

Das Individuum im zwischenmenschlichen Diskurs

Untersucht man die Umgangsweisen von Menschen miteinander auf der Basis der Sozialpsychologie, so bietet es sich an, ein Analysemodell nach WILLEM DOISE (1986) heranzuziehen. DOISE differenziert in seinem Modell vier Analyseebenen des zwischenmenschlichen Diskurses, die zusammenspielen und letztlich die Einstellung und das Verhalten eines Menschen determinieren. Dazu gehört zunächst die Fokussierung der intrapersonalen Ebene des Einzelindividuums. Auf dieser Ebene werden die innerpsychischen Zustände des einzelnen Schülers untersucht, seine biographischen und psycho-dynamischen Hintergrundfaktoren stehen im Mittelpunkt. Auf einer weiteren Ebene geht es um die Analyse der interpersonalen, also zwischenmenschlichen Beziehungen zwischen einem Schüler und seinen Mitschülern. Auch das Verhalten in Gruppen wird hierbei untersucht. Auf einer dritten Ebene werden die sozialen Rahmenbedingungen betrachtet, in die das einzelne Individuum eingebettet ist und die seine Interaktionen maßgeblich determinieren (= positionale Ebene). Auf einer vierten Ebene schließlich geht es um den ideologischen Hintergrund der jeweiligen Verhaltensweisen. Hier sind politische Aspekte ausschlaggebend, indem das Zusammenleben von Deutschen und Migranten vor dem Hintergrund der jeweiligen politischen Wirklichkeit thematisiert und auch eine Kulturdiskussion geführt wird.

Vier Ebenen der Vorurteilsbildung

Durch die „Brille" dieser vier unterschiedlichen Ebenen gilt es, mögliche Vorurteilsbildungen sowie Konfliktkonstellationen im Vorfeld zu betrachten und dann auch sukzessive zu analysieren.

3.2.2 Entwicklungspsychologische Dimensionen zur Entstehung von Vorurteilen

Vorurteilsbildung mit wachsendem Alter

Avci-Werning (2004) zeigt anhand entwicklungs- und sozialpsychologischer Modelle auf, „dass Kinder im Alter von drei bis fünf Jahren Vorurteile gegenüber ethnischen Gruppen entwickeln. Bis zum Alter von etwa sieben Jahren favorisieren sie außerdem die eigene Gruppe. Vorurteile etablieren sich bei allen untersuchten ethnischen Gruppen nach dem zehnten Lebensjahr, wobei alle Kinder konsistent die eigene Gruppe bevorzugen." (Avci-Werning 2004, S. 53) Hiermit wird die Bedeutung einer möglichst frühkindlichen „positiven Beeinflussung" von Schülern deutlich, da es irgendwann unverhältnismäßig schwierig wird, einmal entstandene Vorurteile nachträglich wieder abzubauen.

In Anlehnung an Aboud (1988) hält Avci-Werning hierfür folgende Entwicklungsstufen fest:

9–12 Monate	**Kind** * beginnt zu fremdeln * zeigt besondere Wachsamkeit gegenüber Fremden	
3 Jahre	* ist weniger wachsam gegenüber Fremden * ist zufrieden bei Bedürfnisbefriedigung	
	↓	↓
	1. Sequenz von der Emotion zur Kognition	**2. Sequenz** vom Selbst zur Gruppe zum Individuum
1. Stufe		
4–7 Jahre	→ dominiert durch Emotion	→ „Alle sehen die Welt wie ich."

2. Stufe		
7–8 Jahre	→ Wahrnehmung ist abhängig vom Selbst	→ Vorurteile sind Folge der Wahrnehmung von Unterschiedlichkeit
	Vorurteil: wenn unähnlich	Kinder übertreiben Kontraste
3. Stufe		
8–10 Jahre	→ Verstehen von Ethnie	→ Vorurteile nehmen ab, wenn der Fokus mehr auf die Wahrnehmung von Individuen gerichtet ist
	→ Ethnie wird als unveränderbar erkannt	→ Stereotype werden verändert, wenn personelle Information nicht verfügbar ist

Abb. 2: Vorurteile bei Kindern – Zusammenfassung eines Modells (ABOUD 1988 bei AVCI-WERNING 2004, S. 52, Abb. 2.2)

Nationale Zugehörigkeit begünstigt diskriminierende Einstellung

Die Zugehörigkeit zu einer sozialen Kategorie, beispielsweise zur gleichen Nationalität, begünstigt eine diskriminierende Einstellung bei Individuen. Dieser Vorurteilsbildung kann insbesondere durch Aufklärung über das bzw. den jeweils anderen sowie durch Maßnahmen der Begegnung, der Herstellung eines persönlichen Austausches und Kontaktes, begegnet werden.

ALLPORT (1954, dt. 1971) definiert ein ethnisches Vorurteil als „… eine Antipathie, die sich auf eine fehlerhafte und starre Verallgemeinerung gründet. Sie kann ausgedrückt oder auch nur gefühlt werden. Sie kann sich gegen eine Gruppe als ganze richten oder gegen ein Individuum, weil es Mitglied einer solchen Gruppe ist" (ALLPORT 1954, dt. 1971, S. 23, zit. bei AVCI-WERNING 2004, S. 54).

Wesentliche Faktoren eines Vorurteils

AVCI-WERNING fasst die wesentlichen Faktoren eines Vorurteils in Anlehnung an ZICK (1997) noch einmal folgendermaßen zusammen:

1. „Vorurteile entstehen und befinden sich ausschließlich innerhalb eines Individuums.
2. Vorurteile sind ein Produkt zwischenmenschlicher Beziehungen bzw. Missverhältnisse.
3. Vorurteile entstehen aufgrund der Tatsache, dass Menschen eine Grundtendenz haben, sich denen näher zu fühlen, die ähnliche Glaubenssysteme haben.
4. Vorurteile entstehen, wenn Personen sich anderen gegenüber benachteiligt fühlen.
5. Vorurteile werden als Folge von knappen Ressourcen betrachtet.

6. Menschen können ihre soziale Identität dadurch aufrechterhalten oder verbessern, dass sie ihre Gruppe von einer anderen Fremdgruppe positiv absetzen.
7. Moderne Vorurteile sind subtilere Äußerungen und zeigen sich nicht als offener Gruppenkonflikt." (Avci-Werning 2004, S.54 f.)

Unter ungünstigen Konstellationen kann es so weit kommen, dass sich Vorurteile zwischen Menschen unterschiedlicher Nationalität bzw. Kultur in Form von wie auch immer gearteten ethnisch motivierten Konflikten entladen. Was genau unter einem Konflikt zu verstehen ist, soll im nun Folgenden genauer betrachtet werden.

3.2.3 Konflikte als „naturgegebene" Erscheinungsformen des menschlichen Umgangs

Konflikte als schulische Grundkonstante

Konflikte in der Schule sind ein Phänomen, das so alt ist wie die Schule selbst. Überall, wo Menschen mit ihren individuellen Persönlichkeitscharakteristika, mit ihren Vorlieben, Neigungen und Eigenarten aufeinandertreffen, werden Auseinandersetzungen und Meinungsverschiedenheiten zu einem selbstverständlichen Bestandteil menschlicher Begegnung. Beim gemeinsamen Unterrichtet-Werden, Kommunizieren und Agieren ergeben sich gerade durch das Sichtbar-Werden der eigenen Ansichten und Persönlichkeitscharakteristika, der eigenen kulturellen Hintergründe und Gepflogenheiten, der individuellen Stärken wie auch Schwächen sowie des direkten Vergleichs miteinander Konfliktkonstellationen, die man als solche zunächst einmal akzeptieren muss.

Definition: Sozialer Konflikt

Glasl definiert einen sozialen Konflikt als „eine Interaktion

- *zwischen Aktoren (Individuen, Gruppen, Organisationen usw.),*
- *wobei wenigstens ein Aktor*
- *Differenzen (Unterschiede, Widersprüche, Unvereinbarkeiten)*
- *im Wahrnehmen*
- *und im Denken / Vorstellen / Interpretieren*
- *und im Fühlen*
- *und im Wollen*
- *mit dem anderen Aktor (anderen Aktoren) in der Art erlebt,*
- *dass beim Verwirklichen dessen, was der Aktor denkt, fühlt oder will, eine Beeinträchtigung*
- *durch einen anderen Aktor (die anderen Aktoren) erfolge." (Glasl 2004, S. 24)*

Die Existenz von Konflikten ist hierbei nicht von vornherein ausschließlich negativ zu bewerten, da sich vielfach gerade erst aus Konflikten heraus mögliche Weiterentwicklungen in einer Schule ergeben, diese also einen durchaus konstruktiven Charakter entwickeln können. In Anlehnung an den amerikanischen Soziologen COSER (1965) können sie sich etwa als günstig dafür erweisen, „neue Formen der Interaktion herbeizuführen, und [sie] dienen der Neuanpassung von Beziehungen an veränderte Bedingungen. Sie geben Anstöße, neue Normen und Regeln aufzustellen, und können so zur Sozialisierung der sich streitenden Gruppen beitragen. Nicht zuletzt vermag der Konflikt in Vergessenheit geratene Normen zu reaktivieren." (AURIN 1994, S. 117 f.)

Konstruktive Faktoren eines Konflikts

Problematisch werden Konflikte vielmehr dann, wenn sie sich verfestigen und zu einem dauerhaften, vielfach eskalierenden Unruheherd einer Schulgemeinschaft werden. Je später in einen Konflikt eingegriffen wird bzw. je später dieser einer Hilfestellung zugeführt wird, desto gravierender und arbeitsintensiver sind die jeweils zu treffenden Hilfsmaßnahmen.

3.2.4 Wie kommt es zu interkulturellen Konflikten?

Vielfach entstehen Kommunikationsstörungen und Konflikte zwischen verschiedenen Schülern unterschiedlicher Kulturen dadurch, dass sich die jeweiligen Vorstellungen eines normalen Meinungsaustausches bzw. persönlicher Handlungsroutinen unterscheiden oder aber Wertauffassungen miteinander konkurrieren bzw. sich sogar gegenseitig ausschließen (vgl. z. B. GEERT HOFSTEDE 1997). Eine andere Konflikttheorie steht hinter dem Konzept eines „Kampfes um Anerkennung" (vgl. FRASER/HONNETH 2003). In diesem Konzept werden als Ursachen für Konflikte die sozialen, rechtlichen und politischen Aspekte betont, die im Zusammenhang mit den Prozessen von Globalisierung und Migration stehen. Hiernach ergeben sich Konflikte aufgrund einer Konkurrenz um sozialen Status, um gesellschaftliche Macht und rechtliche sowie politische Teilhabe. Die Leitfragen für derartig motivierte Konflikte sind: „Wer gehört dazu? Wer hat das Sagen? Wie ist das Zusammenleben zwischen Mehrheit und Minderheiten formell geregelt – und wie ist die informelle Praxis? Welche Menschen und Gruppen werden in dem, was ihnen wichtig ist, überhaupt angehört, geschweige denn respektiert und anerkannt?" (FECHLER 2013, S. 181)

Entstehungstheorien interkultureller Konflikte

In letztere Theorie fallen auch Handlungsmuster von Schülern mit Migrationshintergrund aufgrund ihrer „Sprachlosigkeit". Wer seine persönlichen Stimmungen, Ansichten und Motivationen für oder gegen eine Sache sprachlich nicht adäquat vorbringen kann, wird unzufrieden und greift dann im Falle einer Auseinandersetzung auch einmal zu Mitteln, die nicht als probate Form des Interessenaustausches gebilligt werden können.

Grundsätzlich beginnt ein Konflikt nach BENDER-SZYMANSKI aber nicht erst in der letztendlichen konfligierenden Auseinandersetzung der Beteiligten miteinander, sondern bereits früher, nämlich dann, wenn ein intrapersonaler kognitiver Konflikt bei einem Menschen entsteht. Die Ursache hierfür können eben unterschiedliche Gefühle, Situationsbewertungen, Missinterpretationen des Verhaltens des anderen usw. sein, also die Unvereinbarkeit von Vertrautem mit dem Unvertrauten, das man nunmehr erlebt (vgl. RINGEISEN u. a. 2008, S. 40 f.).

Die fremde Kultur als Quasi-Schock-Element

Der Anthropologe OBERG vertritt die Ansicht, dass jede Form des Aufeinandertreffens mit einer fremden Kultur auf das Individuum bereits eine beeinträchtigende Wirkung im Sinne eines Quasi-Schocks hat, der sich in Form von Überraschung, Verwunderung, Stress oder auch Euphorie artikulieren kann. Er spricht in diesem Zusammenhang vom „Kulturschock" und beschreibt diesen mittels der Phasen „honeymoon stage", „crisis", „recovery" sowie schließlich „adjustment". Ergänzt wird dieses 4-Phasen-Modell durch BOLTEN, der eine fünfte Phase hinzufügt, in welcher Missverständnisse vor der Krise aufgegriffen werden (vgl. ERLL/GYMNICH 2013, S. 67).

Das Modell von BOLTEN verwendet also die folgenden Begriffe:

- Euphorie
- Missverständnisse
- Kollisionen
- Akzeptanz der Unterschiede
- Akkulturation

Diese Begriffe ordnet BOLTEN in einem Verlaufsmodell mit der vertikalen Achse „Anpassungsbereitschaft" und der horizontalen Achse „Zeit" an (vgl. die Abbildung des Modells bei ERLL/GYMNICH 2013, S. 68).

Der Kulturschock im Verlauf

Nach einer Phase der euphorischen Freude im Hinblick auf die Auseinandersetzung mit dem Neuen kommt es schon nach kurzer Zeit zu Unstimmigkeiten. Man erkennt, dass man die Normalitätsregeln der jeweils anderen Kultur nicht bzw. nicht vollständig erkennen bzw. erfassen kann. Es wird einem bewusst, dass die eigenen Regeln, Normen und Werte in der anderen Kultur zumindest teilweise nicht gelten und neue Regeln, Normen und Werte erlernt werden müssen. Hieraus entstehen Stress, Verunsicherung und Orientierungslosigkeit. Da einem die letztlichen Ursachen für diese Missverständnisse verborgen bleiben, kommt es schließlich zu Kollisionen, bei denen man dem anderen die Schuld zuschiebt und die eigene Kultur als die einzig Richtige eintaxiert. In einem vierten Stadium werden die bestehenden bzw. erkannten Unterschiede sodann akzeptiert und es entsteht ein Bemühen um Verständnis, das letztlich in einer Form der Akkulturation gipfelt. Dieser Terminus beschreibt einen „Prozess des Hineinwachsens in eine [fremde, ‚zweite'] Kultur" (ERLL/GYMNICH 2013, S. 68) aufgrund dieser Migrationserfahrungen (oder auch durch eigene Auslandsaufenthalte). Hierdurch können sich die eigenen kulturellen Muster verändern und es beginnt möglicherweise eine Aneignung zuvor fremder Kommunikations- und Interaktionsmuster (vgl. ERLL/GYMNICH 2013, S. 67 ff.). Erschwerend für die Bewältigung der persönlichen Krise kommt hierbei hinzu, dass „gerade in Konflikt- und Stresssituationen die eigenen kulturellen Eigenschaften, Ansichten und Verhaltensweisen verstärkt aufkommen" (RINGEISEN u. a. 2008, S. 40). Die Reaktionen hierauf sind vielfach weniger durchdacht und intensiver als im Normalfall, wodurch auch das Verständnis für die Andersartigkeit des Gegenübers in den Hintergrund gedrängt wird.

Betonung der eigenen Kultur in Konflikt- und Stresssituationen

Es kommt also zu unterschiedlichen Auseinandersetzungen, in denen es um Anerkennung geht und die eigene Kultur insbesondere aus strategischen Gründen in den Vordergrund gestellt wird. „Aus der Zugehörigkeit zu einer nationalen bzw. ethnisch-kulturell definierten Gruppe werden spezielle Ansprüche, Rechte und Pflichten abgeleitet. Viele ganz ‚normale' Interessen- oder Verteilungskonflikte bekommen so einen kulturellen Überbau. Sie werden kulturalisiert bzw. ethnisiert." (FECHLER 2013, S. 181) Im negativsten Fall kommt es zu einer vollständigen Ablehnung der anderen Kultur, die jegliche weitere Kommunikation verunmöglicht.

Eskalierende Verlagerung auf die Beziehungsebene

Das Schwierige daran ist, dass sich diese Konflikte, was auch immer die möglicherweise banale Ursache gewesen sein mag, sehr schnell auf die Beziehungsebene verlagern und hierdurch eskalieren.

„Denn unabhängig von ihrem Entstehungskontext – umgangssprachlich als Konfliktursachen bezeichnet – gewinnen Konflikte ihre destruktive Energie vor allem aus einer gestörten Beziehungsdynamik. Ganz gleich, was einmal der Anlass gewesen sein sollte, so ist die Heftigkeit einer offenen wie verdeckten Konflikteskalation vor allem das Ergebnis der gegenseitigen Kränkungen, die die Konfliktparteien einander im Lauf der Konfliktaustragung zugefügt haben. Ihre Energie gewinnt sie aus der expliziten oder auch nur befürchteten Infragestellung der persönlichen Integrität, ihr Ergebnis ist eine tatsächliche oder auch nur vermeintliche Beschädigung der öffentlichen Person – des Status, des Ansehens, der Würde, der Ehre – des Gegners. […] Zumindest aus der Sicht einer der Beteiligten ist eine bis dahin bestehende Stimmigkeit im Verhältnis gegenseitiger Achtung und Anerkennung einem Ungleichgewicht einseitiger oder gegenseitiger Missachtung gewichen." (FECHLER 2013, S. 187)

strategischer Nutzen in Relation zur Statusposition	Selbst-Ethnisierung	Fremd-Ethnisierung
Hoch-Status (dominante Position, Mehrheitsangehörige, Etablierte)	indirekt: Dominanzverleugnung „Ich verhalte mich völlig normal!" direkt: Verteidigung von Privilegien „So sind bei uns die Regeln."	abwertende Psychologisierung „Die sind integrationsunfähig und hintertrieben."
Tief-Status (subalterne Position, Minderheiten, Außenseiter)	Einklagen von Sonderrechten bzw. Rechtfertigung des eigenen Rückzugs: „Wir müssen unsere kulturelle Identität in unseren Räumen schützen."	moralisierende Skandalisierung bzw. Politisierung „Die sind arrogant und moralisch verkommen." „Das ist Rassismus!!"

Abb. 3: Ethnisierung: „Kultur" als Strategie. Interkulturelle Kompetenz und pädagogische Professionalität; Part of the series Interkulturelle Studien pp. 173–200; Interkulturelle Mediationskompetenz. Umrisse einer differenz-, dominanz- und kontextsensiblen Mediation Interkulturelle Mediationskompetenz; Author: Bernd Fechler; © Springer Fachmedien Wiesbaden 2013; Material to be reused: Figure 1 and Excerpts on p. 189; ISBN 978-3-531-19929-0; Mit Genehmigung von Springer Nature

3.2.5 Zur Notwendigkeit der Konsensfindung – die richtige „Haltung"

Zum Konflikt gehört notwendigerweise immer auch um der gemeinsamen Erziehungsaufgabe, um der gewandelten schulischen und gesellschaftlichen Herausforderungen willen das stete Bemühen um Konsensfindung. Damit der Konflikt zu einer konstruktiven Lösung führen kann, müssen alle beteiligten Konfliktparteien „ein wenn auch unterschiedliches, so jedoch von der jeweils anderen Seite als berechtigt anerkanntes Interesse an der Konfliktbehebung haben und gemeinsame Grundintentionen finden beziehungsweise sich diese wieder bewusst machen" (Aurin 1994, S. 118).

Um Konflikte dergestalt auch austragen zu können, bedarf es eines (sicherlich nicht einfachen und ohne Rückschläge zu erreichenden) schulischen Grundkonsenses, der folgende Aspekte beinhaltet:

- Erfahren der Differenziertheit der Meinungen als Bereicherung
- Konsens über die grundsätzliche Notwendigkeit einer gemeinsamen Zielfindung in der eigenen Klasse bzw. der Einzelschule unter Einbezug der sozio-kulturellen Umfeldbedingungen sowie Traditionen

- Konsensbildung als stets neuer, nie abgeschlossener Prozess
- Anerkennung der Andersartigkeit der Schüler- und Elternerwartungen an die Schule
- Ernstnehmen von Schülern und Eltern als Partner
- Unterricht trotz des Einzellehrersystems nicht als isolierte Tätigkeit
- Beständiges Herbeiführen eines pädagogischen Konsenses hinsichtlich der Unterrichts- und Erziehungsziele
- Mitwirken und Mitverantwortung jedes Lehrers am Schulleben der Schule
- Erkennen von Problemen und Konfliktfeldern der Einzelschule mit dem steten Bemühungen um Behebung
- Vereinbarung verbindlicher Spielregeln zur Spannungslösung und Konfliktbewältigung (vgl. AURIN 1993, S. 410 f.; 1994, S. 118 ff.)

Genau hier besteht nun eine der zentralen Aufgaben einer Lehrkraft darin, sich intensiv um die Herstellung eines prosperierenden Schul- sowie Klassenklimas zu bemühen und auf der Basis offener Umgangs- und Kommunikationsformen in der Schule ein „Wir-Gefühl" zu schaffen, das alle Schüler der Schule zu involvieren vermag. Dazu gehört es freilich auch, im Hinblick auf ein gemeinsames Ziel individuelle Spannungen auszuhalten. Es gilt, die Verschiedenartigkeit der Meinungen anzuerkennen und als bereichernd und den eigenen Horizont positiv befruchtend zu erleben.

Freilich lassen sich mit AMIR hierbei ganz grundsätzlich eher günstige sowie eher ungünstige Bedingungen unterscheiden, die den Abbau von Konflikten erleichtern oder aber erschweren können. Im Überblick nehmen sich diese wie folgt aus:

günstige Bedingungen	ungünstige Bedingungen
gleicher Status der interagierenden Personen verschiedener Ethnien	wenn als Folge des Kontakts der Status einer der Gruppen sinkt
wenn der Kontakt zwischen Mitgliedern der Mehrheitengruppe mit solchen Mitgliedern der Minderheit stattfindet, die innerhalb der Gesellschaft einen hohen Status haben	wenn Mitglieder der Minorität einen niedrigen sozialen Status haben oder hinsichtlich wichtiger Merkmale der Mehrheitengruppe unterlegen sind
wenn Autoritäten oder die soziale Atmosphäre den Kontakt positiv beeinflussen oder ihn fördern	wenn in einer Gruppe moralische oder ethische Normen herrschen, die denen der anderen Gruppe zuwider sind

günstige Bedingungen	ungünstige Bedingungen
wenn der Kontakt eher persönlich als oberflächlich ist	wenn sich die Mitglieder einer Gruppe in einer frustrierenden Situation befinden, z. B. einer Niederlage oder einer schlechten ökonomischen Situation – die andere Gruppe kann in einer solchen Situation zum „Sündenbock" gemacht werden
wenn der Kontakt angenehm ist oder belohnt wird	wenn der Kontakt unangenehm und spannungsgeladen ist
wenn die Mitglieder beider Gruppen innerhalb der Kontaktsituation eine wichtige Aktivität miteinander bestreiten oder ein gemeinsames Ziel verfolgen, welches höher angesehen wird als die persönlichen Ziele der einzelnen Gruppen, z. B. bei Kooperation	wenn in der Kontaktsituation ein Wettbewerb zwischen den interagierenden Gruppen entsteht

Abb. 4: Günstige und ungünstige Bedingungen für den Abbau von Konflikten (Amir 1969) bei Avci-Werning 2004, S. 81

Um die Meinung des jeweils anderen als solche einfach „stehen lassen" bzw. akzeptieren zu können, ist es eine Grundvoraussetzung, das gezeigte Verhalten des Konfliktpartners rein auf der Sachebene zu analysieren und von der eigenen Persönlichkeit zu abstrahieren. Persönliche Ressentiments sollten an dieser Stelle niemals unterstellt werden, wenngleich diese Problemsicht gerade bei Schülern ein schwieriger Schritt ist.

Letztlich kann hier nur eine gewisse zeitliche Distanz eine Lösung bringen. Diesen Zeitraum gilt es in der Weise zu nutzen, zum einen sicherlich die eigenen Standpunkte klar darzustellen und auch mit der eigenen Person dafür einzutreten. Man sollte Abschied nehmen von der Vorstellung, es jedem Schüler recht machen zu können. Als Lehrkraft ist man einer schulischen Führungsverantwortung verpflichtet und kann sich aus Entscheidungen nicht herausnehmen. Freilich sollte hierbei als Handlungsmaxime gelten, ein Höchstmaß an „Gerechtigkeit" gegenüber der gesamten Schülerschaft walten zu lassen. Niemand darf also das Gefühl haben, übergangen worden zu sein oder Nachteile im Vergleich mit Mitschülern zu besitzen.

Zum anderen ist ein aktives Bemühen um eine friedliche Konfliktlösung gefordert, gerade weil das gemeinsame Denken und Handeln einer Schul- bzw. Klassengemeinschaft ein zentrales Moment schulischer Qualität bildet. Gefordert sind adäquate und rasche Umgangsformen mit derartigen Konflikten, also ein angemessenes und offensives Angehen von Problemkonstellationen, verbunden mit dem echten Bemühen um Lösung des Konfliktes. Dabei gilt es, passende Umgangsformen mit allen Konfliktparteien in der Schülerschaft zu finden. Anerkennende und wertschätzende Beziehungen zu allen Beteiligten sind hierbei eine wesentliche Prämisse einer erfolgreichen Klassenführung.

3.2.6 Wie gehe ich mit Konflikten richtig um?

Im günstigsten Fall schafft es eine Lehrkraft, unterschiedliche Meinungen in der eigenen Klasse mittels effizienter Klassenführungsstrategien und stringenter Zielführung bereits im Vorfeld adäquat zu kanalisieren und ein Aufkommen ernsthafter Probleme weitgehend zu verhindern. Allerdings ist es unrealistisch, diesen Idealfall als Regelfall des Schulalltags zu verstehen. Trotz aller Bemühung wird es immer wieder zu problembehafteten Situationen kommen, bei denen sich aufgrund eines latent vorhandenen Zwanges zur Einigung um des Schul- bzw. Klassenganzen willen eine der Parteien unzufrieden fühlt. Da hierbei grundsätzlich die Gefahr entsteht, dass sich derartige Divergenzen mit zunehmender Dauer zu richtigen Konflikten verfestigen und in ihrer Intensität und Folgewirkung potenzieren, ist es dementsprechend wichtig, derartige Konflikte möglichst bald aufzuspüren und einer konstruktiven Lösung zuzuführen. Ein weitgehend reibungsloser und störungsfreier Unterrichtsbetrieb muss gewährleistet werden und die Aufrechterhaltung einer hohen Leistungsqualität der einzelnen Klasse sowie des einzelnen Schülers oberste Priorität besitzen. Dass hierbei schnelle Lösungen oftmals nicht zu erwarten sind und vielmehr die Nachhaltigkeit einer Problembehebung vorderstes Ziel sein muss, ist evident. Auch besteht das Hauptziel eines strategischen Konfliktmanagements nicht in der Beseitigung aller Differenzen. Immer werden auch nach einer konkreten Thematisierung von Meinungsverschiedenheiten unterschiedliche Wahrnehmungen, Meinungen, Absichten, Interessen usw. bestehen bleiben. Es kann nicht darum gehen, die „objektiv richtige Wahrheit" zu ergründen oder gar einen Konfliktpartner in seiner Persönlichkeit zu verändern. Vielmehr geht es darum, aus einer verfahrenen Situation herauszukommen und einen aktiven Beitrag bei der Wiederherstellung der Leistungsqualität einer Schule bzw. Klasse zu leisten. Neben einer Lösung der Sachprobleme sollte dabei freilich auch eine Verbesserung zwischenmenschlicher Beziehungen vordringliches Anliegen sein.

Gezielte Strategien der Klassenführung

Nachhaltigkeit als oberstes Ziel

Gerade hier ist es für eine Lehrkraft wichtig, sich am Aufbau einer Konfliktkultur intensiv zu beteiligen, indem man selbst als Vorbild für ein schulübergreifendes Ethos steht, das einen partnerschaftlichen und allgemein menschlichen Umgang miteinander garantiert und die An-liegen aller

Vorbildfunktion der Lehrkraft

Konfliktparteien als solche akzeptiert und fair behandelt. Auf diese Weise lassen sich viele dieser Meinungsverschiedenheiten, sind sie denn einmal entstanden, einvernehmlich lösen und belasten das interpersonale Zusammenleben und -arbeiten an einer Schule nicht weiter. Überdies ist es für eine Lehrkraft bedeutsam, zu allen Schülern der Klasse interpersonales Vertrauen aufzubauen, ihnen also zu signalisieren, welche Bedeutung das gegenseitige Vertrauen hat und dass man dieses auf jeden Fall erhalten möchte.

Die Rolle der Lehrkraft als Mediator

In der konkreten Konfliktsituation muss die Lehrkraft sodann von allen Konfliktparteien in ihrer Rolle als möglicher Mediator akzeptiert werden. Hierfür darf sie nicht am Konflikt beteiligt sein bzw. nicht daran interessiert sein, dass eine Konfliktpartei „gewinnt" (z. B. aus einem übergeordneten oder auch aufgrund persönlicher Präferenzen entstandenen Interesse heraus). Vielmehr müssen sich die Konfliktparteien sicher fühlen und ihre Meinung offen artikulieren. Mediation bildet in diesem Kontext ein vielversprechendes Verfahren, das „diesen Prozess beziehungsweise Dialog der Anerkennung in Gang bringen [kann], indem sie zwischen den Beteiligten einen ‚Kontenausgleich' (Boszormenyi-Nagy 1981) belastender und entlastender Konfliktanteile ermöglicht. Dabei bedarf die strukturell unterlegene Partei zwischenzeitlich einer Form der Unterstützung – des Empowerment – die die andere, strukturell überlegene Partei nicht zum Abbruch des Verfahrens nötigen darf" (Fechler 2013, S. 189).

Schritte der richtigen „Verhandlungstaktik"

Hierfür ist es oft hilfreich, nicht sofort mit einem Konfliktgespräch zu beginnen, sondern sich im Vorfeld gedanklich darauf vorzubereiten und die Verhandlungstaktik zu ordnen. Es geht also darum, sich zunächst ein Bild von der möglichen Sichtweise der Konfliktparteien zu machen und die Situation aus unterschiedlichen Perspektiven zu analysieren. Hierfür sollten mehrere Schritte stattfinden:

1. Situation klären (Vorkommnisse, Gefühle usw.)
2. Ziel klären
3. Abklären der organisatorischen und institutionellen Rahmenbedingungen
4. Durch die Brille der anderen Person schauen
5. Konkrete Gesprächsvorbereitung (vgl. Herrmann 2006, S. 1072)

Als hilfreich erweist sich ein Reflexionsraster (vgl. Abb. 5), zu dessen Bearbeitung man nach Möglichkeit genügend Zeit ansetzen sollte.

	Argumente für den Standpunkt	Mit Konflikt verbundene Gefühle?	Wer hat welches Problem?	Welche Interessen und Bedürfnisse liegen vor?	Ziele für eine Konfliktlösung? • max.? • min.?	Methode des Vorgehens	Unterstützung von wem?	Reaktion bei Niederlage bzw. mögl. Erfolg?
Sicht der Lehrkraft („Meine Sicht")								
Sicht der Konfliktpartner								
Sicht eines neutralen Beobachters								
Mögliche Schlüsse aus dem Vergleich								

Abb. 5: Reflexionsraster für die Konfliktanalyse (in Anlehnung an Knapp/Neubauer/Wichterich 2004, 44f., Tab. 1)

Im Anschluss hieran ist es für die Lehrkraft wesentlich, die Beziehungen zwischen den Konfliktparteien nicht abbrechen zu lassen, sondern sie durch die Bitte zu einem Mediationsgespräch wiederherzustellen und dieses auf der Sachebene zu suchen, um Differenzen konstruktiv bearbeiten und ausgleichen zu können. Die Lehrkraft muss hierbei eine Basis für die gemeinsame Konfliktklärung schaffen, indem beide Konfliktparteien auf gleichem Abstand „gehalten" werden und keine Partei das Gefühl einer Parteinahme bekommt. Zudem sollte man einen eventuellen Auftrag zur Lösungsfindung an dieser Stelle ablehnen. Vielmehr geht es anfangs um die Klärung der Ausgangssituation, z. B. mittels der von Friedemann Schulz von Thun entworfenen Leitfragen:

- Wie kommt es (Vorgeschichte) und
- welchen Sinn macht es (Zielsetzung), dass
- ausgerechnet ich (In welcher Rolle? In welchen Rollen?)
- ausgerechnet mit Ihnen (In welcher Zusammensetzung?)
- ausgerechnet dieses Thema (Worum geht es genau?) bearbeiten werde? (zit. nach Kowalczyk/Ottich 2003, S. 59)

Nunmehr sollte die Lehrkraft ihre eigenen Beobachtungen formulieren und beschreiben, wobei eine Wertung unterbleiben muss. Auch die Wirkung auf die eigene Person, gegebenenfalls auch auf andere, sollte dargestellt werden. Erst an dieser Stelle muss allen Konfliktparteien hinreichend Gelegenheit zur persönlichen Stellungnahme gegeben werden. Die günstigste Art, Konflikte zu behandeln, ist hierbei das echte Bemühen um eine zufriedenstellende Lösung für alle Konfliktparteien. Dies kann nur dann gelingen, wenn jede betroffene Partei hinreichend Gelegenheit erhält, ihre Anliegen auf der Basis einer sachlichen Problemdiskussion auch darstellen zu können und sich an der Lösungssuche beteiligen zu dürfen. Erleichtert wird der Problemlösungsprozess dadurch, dass jeder Beteiligte darin den Vorteil einer Einigung erkennt. Lösungsvorschläge erhalten umso mehr Akzeptanz, wenn sie die Anliegen aller Konfliktparteien berücksichtigen.

Ausreichend Gelegenheit zur sachlichen Problemdiskussion

Auf diese Weise ist bereits Wesentliches geleistet: „Beide Sichtweisen sind auf dem Tisch, vielleicht noch nicht vollständig, aber bereit zur weiteren Bearbeitung. Und zugleich waren Sie Modell: Sie haben gezeigt, wie wichtig Zuhören ist, dass Verstehen der erste Schritt der Konfliktklärung ist, und Sie haben Fairness und Gerechtigkeit praktiziert.“ (HERRMANN 2006, S. 1082)

Hierfür bedarf es ausreichender Zeitressourcen. Bei der jeweiligen Stellungnahme sollte die Lehrkraft darauf drängen, dass folgende Punkte Beachtung finden:

Zentrale Aspekte einer Stellungnahme

1. Jede Konfliktpartei sollte vollständig kommunizieren (alle 4 Seiten einer Botschaft – Sachaussage, Selbstkundgabe, Beziehungsaussage, Appell – zur Sprache bringen) und ausreichend Gelegenheit zur Darlegung des eigenen Standpunktes ohne Unterbrechung durch die anderen Parteien erhalten. Hierbei müssen ggf. stringente Spielregeln eingehalten werden.
2. Ich-Botschaften sollten nach folgendem Dreischritt ausgesendet werden:
   a. „Ich beschreibe meine innere und äußere Wahrnehmung,
   b. ich beschreibe, was dieser Konflikt persönlich für mich bedeutet, und
   c. ich schlage ein Gespräch (oder eine Lösung) vor.“ (PHILIPP 2006, S. 739)
3. Im Rahmen des gesamten Gesprächsprozesses sollte dem anderen stets die eigene Wertschätzung dokumentiert werden, die Angstzustände oder Voreingenommenheiten abzubauen vermag. Mit sprachlichen Fouls der Gegenpartei muss adäquat umgegangen werden (von gelassener nonverbaler Missbilligung bis hin zu einem Vertagen des Gesprächs) (vgl. HERRMANN 2006, S. 1073 ff.).

Im Laufe des Gesprächs sollten zudem immer wieder Elemente der Metakommunikation auftauchen, die Zwischenergebnisse in der Sichtweise der einzelnen Gruppen artikulieren und mögliche unerfreuliche Wertungen offen zum Ausdruck bringen, um diese als Diskussionsgrundlage für die weitere Gesprächsführung zu klären und konstruktiv zu nutzen. Die Lehrkraft kann hier also Kernaspekte mit eigenen Worten wiederholen und vertiefen, um mögliche Missverständnisse auszuräumen und die Ursachen sorgfältig zu analysieren.

Erst im Anschluss hieran kann es darum gehen, eine faire und einvernehmliche, von allen Beteiligten mitgetragene Lösung als Basis für die weitere Zusammenarbeit anzustreben und hierfür gemeinsam Lösungsalternativen zu erarbeiten. Hierbei sollte zunächst noch keine Bewertung vorgenommen werden. Wenn verschiedene Lösungsvorschläge vorliegen, geht es darum, denjenigen auszuwählen, der die Anliegen möglichst aller Konfliktparteien berücksichtigt, sie als „Sieger" aus der Auseinandersetzung hervorgehen lässt und einen Gesichtsverlust vermeidet („Win-win-Stratagie"). Inhaltlich sollten bei einer Konfliktlösung alle relevanten Gesichtspunkte und Vorgaben berücksichtigt und gewährleistet werden. Auch sollte generell in angemessener Zeit eine Lösung erstrebt werden, was umso schneller gelingen wird, wenn die gemeinsame Identifikation mit der Schule bzw. Klasse, der Stolz auf gemeinsame Leistungen und ein hohes Ansehen in der Schul- sowie Klassengemeinschaft in den Vordergrund gerückt werden.

Auswahl einer „Win-win-Strategie" für alle Beteiligten

Der Problemlösungsdruck muss hierbei grundsätzlich bei den Konfliktparteien belassen werden. Es darf also zu keiner Übernahme des Konfliktes und eigenständigen Lösungsbemühungen alleine durch die Lehrkraft kommen. Als beteiligte Gesprächspartei sollte sie vielmehr Monologe und zwingende eigene Lösungsvorschläge vermeiden. Freilich sollte sie dennoch bei Bedarf die eigene Meinung durchaus offen und ehrlich einbringen und trotz allen Bemühens um Neutralität in der Rolle des Mediators die unbedingte Notwendigkeit der Einhaltung bestimmter Standards fordern, deren Präsenz eine Lösung überhaupt zu einer solchen macht.

Lösungsverantwortung an die Beteiligten abgeben

Grundsätzlich sollte eine Lehrkraft bei der Lösung eines Konfliktes auf die Ausübung von Macht bzw. Zwang qua Amtsautorität verzichten, um eine Verschlechterung der Gesamtsituation dauerhaft zu verhindern. Freilich sollte sie ihre Position dennoch dergestalt nutzen, dass sie die nötigen Hintergrundinformationen, die sie ggf. besitzt, durchaus konstruktiv in die Problemlösung mit einbringt.

Neutralität der Lehrkraft

Die Ergebnisse der Konfliktlösung müssen schließlich klar festgehalten und die Wirksamkeit der Konfliktlösung kontrolliert werden. Eine produktive Lösung von Konflikten zieht positive Folgewirkungen auf verschiedenen Ebenen nach sich: „Auf der Ergebnisebene wird eine möglichst optimale Lösung für den konkreten, konfliktbeladenen Sachverhalt gefunden. Auch auf der Prozessebene ergibt sich ein Gewinn, denn durch die konkrete Konfliktlösungsarbeit ergibt sich für die beiden Konfliktpartner/innen wieder eine Perspektive für die weitere Zusammenarbeit" (HERRMANN 2006, S. 1 050), die sich konstruktiv auf weitere Konflikte dieser Parteien wie überhaupt des gesamten sozialen Systems auszuwirken vermag.

Literatur

AVCI-WERNING, M. (2004): Prävention ethnischer Konflikte in der Schule. Ein Unterrichtsprogramm zur Verbesserung interkultureller Beziehungen. Waxmann: Münster.

DOISE, W. (1986): Levels of explanation in social psychology. University Press: Cambridge.

ERLL, A. / GYMNICH, M. (2013): Interkulturelle Kompetenz. Erfolgreich kommunizieren zwischen den Kulturen. Klett: Stuttgart (3. Aufl.).

FECHLER, B. (2013): Interkulturelle Mediationskompetenz. Umrisse einer differenz-, dominanz- und kontextsensiblen Mediation. In: AUERNHEIMER, G. (Hrsg.): Interkulturelle Kompetenz und pädagogische Professionalität. Springer VS: Wiesbaden 2013 (4. Aufl.), S. 173–200.

FRASER, N. / HONNETH, A. (2003): Umverteilung oder Anerkennung? Eine politisch-philosophische Kontroverse. Suhrkamp: Frankfurt am Main.

HOFSTEDE, G. (1997): Lokales Denken, globales Handeln: Kulturen, Zusammenarbeit und Management. Deutscher Taschenbuch Verlag: München.

RINGEISEN, T. / BUCHWALD, P. / SCHWARZER, C. (2008): Interkulturelle Kompetenz in Schule und Weiterbildung. Litt: Berlin.

Präventions- und Interventionsmaßnahmen

4

Stefan Seitz

4.1 Interkulturelles Lernen und interkulturelle Erziehung

4.1.1 Begriffsklärung

Interkulturelles Lernen

Der Begriff des „interkulturellen Lernens" lässt sich semantisch als ein gemeinsames Lernen von Menschen unterschiedlicher Kulturen umschreiben. Kultur wiederum definieren KÖCK/OTT als die „Gesamtheit von Einstellungen, Handlungen und Produkten" (KÖCK/OTT 1994, S. 396). Und für AUERNHEIMER bildet die jeweilige Kultur „ein Orientierungssystem, das unser Wahrnehmen, Bewerten und Handeln steuert, das Repertoire an Kommunikations- und Repräsentationsmitteln, mit denen wir uns verständigen, uns darstellen, Vorstellungen bilden ..." (AUERNHEIMER 2013, S. 28). Eine Kultur darf dabei aber keineswegs als geschlossenes, unveränderbares oder abgegrenztes System verstanden werden, sondern vielmehr als ein Konstrukt, das sich an den aktuellen Lebensbedingungen orientiert und auf die Gegenwart hin reflektiert wird.

Kultur als Orientierungssystem für das eigene Handeln

Als „Lernen" lassen sich schließlich jene Änderungen menschlicher Verhaltensdispositionen verstehen, „die durch Verarbeitung von Erfahrungen erklärt werden können" (GUDJONS 1985, S. 212). Unter psychologischer Perspektive lässt sich Lernen „in einem sehr weiten Sinn ... [als] Anpassungsprozess an eine sich ständig verändernde Umwelt [definieren]. [...] Durch das Lernen wird sowohl erwünschtes als auch unerwünschtes Verhalten aufgebaut. Gelerntes Verhalten wird im Gedächtnis gespeichert. [...] Dabei bezieht sich Lernen nicht nur auf die geistige Entfaltung, auf die Erweiterung von Einsicht und Kenntnissen und auf die Prägung von Bedeutungsgehalten, sondern auch auf die Änderung des motorischen und sozialen Verhaltens." (BÖHM 2000, S. 342 f.)

„Interkulturelles Lernen" lässt sich somit als ein Lernprozess unterschiedlicher Kulturen verstehen, der darauf abzielt, die Orientierungssysteme anderer Kulturen besser zu verstehen und sie als gleichwertig mit der eigenen zu betrachten. Es geht also um ein gleichberechtigtes und gemeinsames Lernen von Menschen aus verschiedenen Kulturen und mit verschiedenen Sprachen und Religionen unter Bewahrung der je spezifischen kulturellen Identität. Die Schüler sollen erkennen, dass Kulturen und Menschen voneinander lernen und sich in diesem Lernen auch gegenseitig bereichern können.

Interkulturelles Lernen als Verstehensprozess

Hierfür ist die Einsicht erforderlich, dass die eigene Kultur die Grundlage der Persönlichkeitsentwicklung eines jeden Menschen bildet und ihm diese Möglichkeit zum Identitätsaufbau nicht genommen werden darf.

„Die eigene Kultur bildet die Basis der Persönlichkeitsentwicklung eines jeden Menschen, sie ist Quelle des Selbstbewusstseins und seines Selbstverständnisses. Interkulturelles Lernen kann daher auch in der Schule nur gelingen, wenn die Schüler anderer Kultur und Muttersprache wesentliche Elemente ihrer Herkunftskultur für sich erhalten und frei leben können – das gilt vor allem für ihre Religion bzw. Weltanschauung und ihre Muttersprache.“ (SANDFUCHS 2000, S. 55)

Reflexion der eigenen Orientierung

Auf dieser Basis findet interkulturelles Lernen gerade dann statt, „wenn eine Person bestrebt ist, im Umgang mit Menschen einer anderen Kultur deren spezifisches Orientierungssystem der Wahrnehmung, des Denkens, Wertens und Handelns zu verstehen, in das eigenkulturelle Orientierungssystem zu integrieren und auf ihr Denken und Handeln im fremdkulturellen Handlungsfeld anzuwenden. Interkulturelles Lernen bedingt neben dem Verstehen fremdkultureller Orientierungssysteme eine Reflexion des eigenkulturellen Orientierungssystems.“ (THOMAS 1988, S. 83)

Um dieses Verständnis zu erlangen, ist es notwendig, sich mit den kulturellen Inhalten und Werten dieser anderen Kulturen auseinanderzusetzen, wobei es die eigenen kulturellen Inhalte und Werte mit zu implizieren gilt. Es kann somit nicht darum gehen, eine Offenheit gegenüber fremden Kulturen gleichermaßen zu erzwingen, sondern vielmehr im Einzelnen über diesen Prozess des interkulturellen Lernens die Bereitschaft zu wecken, sich der anderen Kultur im Sinne von Freiwilligkeit zu nähern, da erst hieraus Gemeinsamkeiten zwischen den Kulturen erschlossen und Achtung und Toleranz entwickelt werden können (vgl. REVIERE 1998, S. 33 f.).

Freiwilligkeit als Grundvoraussetzung einer Annäherung

Freilich muss hierfür im Vorfeld geklärt werden, welche Lernprozesse Migranten wie auch den Mitgliedern der dominanten Mehrheitskultur und -gesellschaft sinnvollerweise zugemutet werden müssen oder können, also letztlich die Frage nach den Lernvoraussetzungen und nach der Entwicklung besonderer Fördermaßnahmen.

Interkulturelle Erziehung

Grundsätzlich fällt die Entstehung des Terminus „interkulturelle Erziehung“ damit zusammen, dass ein Teil der Gesellschaft die kulturelle Vielfalt als Tatsache und als Wert anzuerkennen begann.

Interkultureller Erziehung geht es darum, dass die unterschiedlichen Kulturen, Ethnien und Religionen in einen wechselseitigen, interkulturellen Dialog miteinander treten, sich gegenseitig austauschen und letztlich auch bereichern, nicht im Sinne einer Vermischung bzw. Verschmelzung des jeweils Eigenen mit dem Fremden, sondern vielmehr als Annehmen konstruktiver und bereichernder Elemente des anderen.

„Eine Haltung wechselseitigen ‚Dialogs' muss als grundlegendes Paradigma von INTER-Kulturalität angenommen werden, will man zu einer konstruktiven Wertebildung kommen." (HAUSSMANN o. J., S. 2)

Basis des Konzepts einer interkulturellen Erziehung an unseren Schulen ist hierbei das Postulat, dass alle Kulturen und die Menschen, die in ihnen leben, als gleichwertig und gleichberechtigt anzusehen sind. Es gilt die Prämisse, dass grundsätzlich alle Kulturen und Menschen voneinander lernen und sich in diesem Lernen auch gegenseitig bereichern können.

Dadurch soll erreicht werden, dass Fremdes besser verstanden, toleriert und akzeptiert wird und Lehrern wie auch den Schülern dabei geholfen wird, ihre ethnischen Probleme sowohl im Klassenraum einvernehmlich zu lösen als auch multikulturelle Toleranz und Akzeptanz in die Gesellschaft und Lebensumwelt hinauszutragen, um die „Menschen auf ein ‚vernünftiges' Zusammenleben in unserer multikulturellen Gesellschaft vorzubereiten" (NIEKE 1994, S. 44) und die zukünftige friedliche Koexistenz aller Nationen in Deutschland dauerhaft zu sichern.

Friedliche Koexistenz als Ziel

Adressaten dieses Erziehungsprozesses sind nicht mehr allein die Schüler aus anderen Kulturen, sondern alle Schüler im integrierten Klassenverband sind im Sinne wechselseitiger Bereicherung durch kulturellen Austausch einzubeziehen.

4.1.2 Strategien, Ziele und Prinzipien interkultureller Erziehung / interkulturellen Lernens

Um interkulturelles Lernen in der Schule erfolgreich auf den Weg zu bringen, geht es in einem dreifachen Schritt darum,

- Schüler über die unterschiedlichen Kulturen und deren Hintergründe zu informieren und aufzuklären,
- bei allen Beteiligten eine entsprechende Betroffenheit herzustellen sowie
- in Begegnungen zu lernen und Gemeinsamkeiten am jeweils anderen zu erkennen (vgl. SANDFUCHS 2000, S. 55).

Hierfür dürfen Lehrkräfte bei den Schülern zunächst durchaus eine innere Krise, ein Befremden über das Andere auslösen, das sich jedoch nach einem Stadium der Reflexion bzw. Selbstreflexion und den sich hieraus ergebenden Erkenntnissen über ethnozentristische Vorstellungen schließlich auf die Identifikation von Gemeinsamkeiten und das Finden einer gemeinsamen Basis konzentriert. Aus dem Entwickeln eines Bewusstseins für die eigenen Stärken heraus bildet sich letztlich ein Selbstwertgefühl, das sich auch neugierig dem Unbekannten zuwenden kann und die Grundlage für einen Rollen- und Perspektivenwechsel (Empathie) darstellt. Hieraus wiederum entstehen über die Kenntnis der anderen Lebenshintergründe am Ende ein Respektieren der Andersartigkeit sowie das Herausbilden solidarischer Verhaltensweisen und ein Bemühen um Konsens für ein friedliches Zusammenleben.

Der Dreischritt interkulturellen Lernens

Das Konzept interkultureller Erziehung setzt also ganz stark auf die Dimension der Begegnung von Kulturen, auf den interkulturellen Dialog und verzichtet hierbei auf jegliche Bewertung und Gewichtung. Es geht darum, das Selbstverständnis der Gastkulturen als kompensatorisches Element pädagogischen Handelns zu stärken und Schüler mit Migrationshintergrund in ihren Entfaltungs- und Entwicklungschancen zu kultureller Eigenständigkeit zu unterstützen. Die aus ihrer Herkunftskultur mitgebrachten Eigenheiten gilt es zu stärken und zugleich die Verbindungen zur hierzulande vorgefundenen Lebenswirklichkeit herzustellen.

Gegenseitiges Voneinanderlernen durch Tranzparenz und Akzeptanz

Somit geht es nicht darum, sich bewusst voneinander abzugrenzen, sondern vielmehr im gegenseitigen Austausch voneinander zu lernen, eigene Orientierungen und Wertmuster transparent zu machen und zu relativieren bzw. zu ergänzen. Ziel muss es sein, mehr über den jeweils anderen und seine unterschiedliche Kultur zu erfahren, indem man ihm das Recht auf eigene Kultur und Tradition sowie deren gleichberechtigte Ausübung zubilligt. Diese Akzeptanz impliziert, dass man sich der Multikulturalität in Deutschland stellt und diese auch toleriert, ohne damit *a priori* Anforderungen zu verknüpfen. Man muss sich zudem der Tatsache bewusst werden, dass die anderen Kulturen für niemanden eine Bedrohung, sondern vielmehr eine Bereicherung des eigenen Bewusstseins und Erfahrungshorizontes darstellen, weshalb eine gezielte Auseinandersetzung mit Ethnozentrismen erforderlich wird.

Freilich geht es auch nicht um eine völlige Vermischung der verschiedenen Kulturen, in denen sich letztendlich keiner mehr wiederfindet, sondern um ein Geltenlassen des anderen, um ein konstruktives Aufdecken der jeweiligen Gemeinsamkeiten und Unterschiede, um voneinander lernen zu können und die andere Lebensweise als Bereicherung des eigenen Bildungshorizontes zu erfahren, neue Sichtweisen und Horizonte zu eröffnen und Multikulturalität als Basis und zugleich Ressource einer Weltgesellschaft zu erleben. Eine nicht wertende Perspektive im Hinblick auf die andere Kultur ist somit wesentlich; Herabsetzungen des anderen und eine Hierarchisierung der verschiedenen Kulturen dürfen hingegen keinesfalls vollzogen werden. Schüler aus anderen Kulturen müssen die Chance erhalten, ihre eigene kulturelle Identität, basierend auf ihrer Herkunftskultur, aufbauen zu dürfen und hierüber ein positives Selbstwertgefühl zu entwickeln, das seinerseits erst die Grundlage für einen konstruktiven Umgang mit der Kultur des Gastlandes ermöglicht. Sie müssen mit ihren Problemen und Sorgen im Kontext der deutschen Gesellschaft wie auch Schule ernst genommen werden und sich mit ihren Bedürfnissen aufgehoben fühlen. Letztlich muss ihnen selbst die Möglichkeit eingeräumt werden, sich auf ihrem Wege der Identitätsfindung für die ihnen adäquaten Muster zu entscheiden, also weder zu stark auf die deutsche Kultur hinzuwirken noch zu sehr in die Kultur der eigenen Ethnie zurückzudrängen.

Interkulturelle Erziehung als ganzheitliches Arbeitsprinzip

Im Rahmen von Schule lässt sich interkulturelle Erziehung letztlich verstehen als fächer- und themenübergreifendes, ganzheitliches Arbeitsprinzip, von dem alle Aktivitäten getragen werden. Sie sucht deshalb weder neue Arbeitsfelder für die derzeitigen Funktionen von Schule noch will sie einen weiteren, additiv sich an den Lehrplan anzugliedernden Lernbereich darstellen.

4.1.3 Möglichkeiten und Chancen interkultureller Erziehung

Anforderungen an das Schulsystem

Um eine interkulturelle Werteerziehung adäquat leben zu können, bedürfte es an vorderster Stelle einer Reihe begünstigender Rahmenbedingungen, die unsere Schulen als Orte echten Werteaufbaus mit den notwendigen Ressourcen ausstatten. Hierzu gehören folgende Maßnahmen:

Begünstigende Rahmenbedingungen

- Senkung der Klassenfrequenzen und bessere Lehrkräfteausstattung
- Verstärkte Beschäftigung/Einstellung von zweisprachigen Lehrkräften, Erziehern sowie Sozialpädagogen mit Migrationshintergrund
- Interkulturelle Lehrpläne
- Aufnahme des herkunftssprachlichen Unterrichts als versetzungs- und abschlussrelevantes Unterrichtsangebot
- Einrichtung bilingualer Zweige (gerade auch auf der Basis jener Sprachen, die die Mehrheit unserer Migranten sprechen)
- Ausschöpfung der Fördermöglichkeiten für Schüler mit Migrationshintergrund

- Ausbau des Ganztagsschulsystems
- Aufnahme interkultureller Pädagogik in die Lehrerausbildung bereits in der ersten Ausbildungsphase

Da diese Rahmenbedingungen derzeit freilich nicht im erforderlichen Umfang sichergestellt werden, obliegt es den Schulen und den darin tätigen Lehrkräften selbst, aus der aktuellen Situation „das Beste" zu machen und geeignete Umsetzungsmöglichkeiten für die Entstehung eines individuell verantwortlichen und sozial verträglichen Wertebewusstseins beim einzelnen Schüler zu schaffen. Die drei zentralen Bereiche (Lehrkraft – Einzelschule – Unterricht) hierfür sollen im Folgenden vorgestellt werden:

Möglichkeiten zur sinnvollen Anbahnung von Wertebewusstsein in der Schule

1. Der Lehrer als Modell für gelebte Werte

Die Lehrkraft als Wertemodell

Wenngleich die Elternhäuser unserer Schüler grundsätzlich von ihrem natürlichen Erziehungsauftrag her verpflichtet sind, eine auf festen familiären Werten basierende Erziehung zu praktizieren (vgl. Artikel 6 Absatz 2 Grundgesetz), so nehmen sie diese Aufgabe heutzutage vielfach nicht mehr entsprechend wahr. Dementsprechend sind Lehrkräfte gefordert, diese Aufgabe mit zu übernehmen, gerade wenn es darum geht, Schülern interkulturelle Wertvorstellungen vorzuleben. Hierfür bedürfen sie einer grundlegenden Disposition, um wertegeleitetes Handeln bei Schülern anzubahnen.

Vorbildverhalten und Klassenklima

Lehrkräfte fungieren in ihren Schulen in einer dreifachen Rollenfunktion. Zum einen sind sie Repräsentanten des staatlichen Schulsystems und der hierzulande zu vermittelnden gesellschaftlichen Wertevorstellungen. Des Weiteren sind sie Vermittler dieser Werte, die sie ihren Schülern nahebringen sollen. Schließlich sind sie für ihre Schüler Modelle werthaltigen (Inter-)Agierens (vgl. HACKL 2012, S. 137, Abb. 6).

Vorbildverhalten und Klassenklima

Diese Rollenkonstellation müssen Lehrkräfte bewusst wahrnehmen und sich selbst auch entsprechend reflektieren. Hierfür müssen auch sie

- Gefühle wie Angst und Irritationen, Blockaden, Projektionen wahr- und annehmen und ihnen vor dem Hintergrund des eigenen Möglichkeitsraumes auf den Grund gehen.
- die Fähigkeit entwickeln, sich der eigenen Anbindung an ihre soziale Gruppe bewusst zu werden, in der andere materielle, soziale und kulturelle Ressourcen zur Verfügung stehen können als in der sozialen Grup-

pe der Schüler; hierdurch erst wird ein Perspektivenwechsel bzw. eine Perspektivenerweiterung ermöglicht.
- Irritationen, eigene berufliche Machtpositionen und soziale Positionierungen sowie Projektionen wahrnehmen und darüber selbstkompetent reflektieren.
- uneindeutige Situationen nicht nur diffus als „kulturelle Abweichung oder Differenz", sondern vielmehr als kulturelle Bereicherung des eigenen Horizontes interpretieren.

Positive, sich selbst wertschätzende Einstellung

Aus der geschilderten dreifachen Rollenbestimmung (Repräsentant – Vermittler – Modell) heraus bedarf es einer positiven Haltung zu sich und ihrem Beruf, indem Lehrkräfte ihre Werte, Motive und Ziele des eigenen erzieherischen Handelns bewusst darstellen. Lehrkräfte müssen grundsätzlich die Bereitschaft mitbringen, als echte Modelle wertgeleiteten Handelns vor ihren Klassen bzw. Schülern zu wirken. Sie müssen ein Vorbild für Toleranz und Akzeptanz abgeben, das Respekt und Verständnis für persönliche Anliegen und Lebenslagen der Schüler zeigt. Dazu gehören auch ein grundsätzliches Annehmen jedes Schülers und seiner Familie sowie eine Wertschätzung seiner Herkunftskultur und der traditionellen Werte.

Wissen über andere Kulturen als Basis

Wichtig ist für Schulen dementsprechend eine schulübergreifende politische Haltung des Kollegiums gegenüber Ausländerfeindlichkeit und Rassismus (Schulveranstaltungen, Stellung beziehen gegen Rassismus, Aufklärung im Unterricht). Dies resultiert letztlich aus einem soliden Wissen aller Lehrkräfte über andere Kulturen. So sollte sich jede Lehrkraft durch das Lesen von Sachbüchern über die entsprechenden Kulturen ein Grundwissen über die Heimat der Schüler aneignen. Lehrkräfte werden hier zu Lernenden über fremde Kulturen, die aus einer hierdurch entwickelten pädagogischen und interkulturellen Kompetenz auch die Fähigkeit zur Selbstreflexion entwickeln.

Lehrkräfte müssen Schülern mit Respekt und Verständnis für deren persönliche Anliegen und Lebenslagen gegenübertreten, ihnen zugleich ihre Zugehörigkeit zur Gemeinschaft signalisieren und sie in ihrem Persönlichkeitsaufbau konstruktiv begleiten. Die Schaffung eines positiven Klassenklimas, das geprägt ist von Offenheit, Vertrauen und Vertrautheit, Lob, Zuwendung, Geborgenheit, emotionaler Wärme usw., trägt so entscheidend zum Aufbau der Selbstachtung des Einzelnen bei. Hierzu gehört auch der Aufbau einer Vertrauensbasis durch das Schaffen gemeinsamer Werte- und Verhaltensmuster über offene Gespräche, über die gemeinsame Rezeption und Diskussion von Literatur und Filmen aus anderen Kulturen usw. Überhaupt lassen sich Schüler mit Migrationshintergrund gewinnbringend für das Klassenklima „einbauen", wenn sie als Experten für ihre Herkunftsländer fungieren und konstruktiv in den Unterricht mit einbezogen werden.

Darüber hinaus müssen Lehrkräfte ihren Unterricht hinsichtlich der angestrebten Ziele und methodisch-didaktischen Entscheidungen aber auch glaubhaft und überzeugt vertreten und für die Schüler in einer nachvollziehbaren Form gestalten.

Eine deutliche Lehrer-„Haltung"

Gefordert ist eine deutliche Lehrerhaltung mit klaren und eindeutigen, wohlwollenden, aber konsequenten fachlichen, organisatorischen und disziplinären Anweisungen, die es in offenen Gesprächen zu vermitteln bzw. im Idealfall im Konsens auszuhandeln gilt. Schüler dürfen hierbei nicht bloßgestellt werden. Es gilt, jeden Machtkampf zu vermeiden, in dem es eindeutig Sieger und Besiegte gibt. Angebracht ist vielmehr bei Streitsituationen je nach Fall eine Reduktion des Streits auf den konkreten Anlass sowie generell das Festlegen allgemeiner Eskalationsschemata und das Herausarbeiten soziokultureller Unterschiede als tiefere Ursache. Auch sollten Lehrkräfte ihre positive Haltung durch eindeutige, nonverbale Mittel wie Gesten und Handlungen anzeigen, etwa bei Sprachproblemen ihrer Schüler.

Eigene Wertüberzeugungen sollten Lehrkräfte verbindlich, standfest und mit echter innerer Überzeugung vertreten und vorleben, nicht jedoch indoktrinierend vermitteln. Erkennbar wird eine derartige Werteorientierung auch daran, dass eine Lehrkraft ihr Handeln vor den Schülern bewusst deutet und ihnen somit das eigene Verhalten nicht als verbindliche Aufforderung, sondern vielmehr als Möglichkeit anbietet.

2. Maßnahmen auf der Ebene der Einzelschule

Die Einzelschule als Feld interkultureller Begegnung

Im Zeitalter eines Umbruchs der Arbeitsgesellschaft zur Wissensgesellschaft, in der sich das weltweite Wissen in rasanter Weise vervielfältigt und immer neue Bildungsfelder eröffnet, schafft es weder die einzelne Schule noch der einzelne Lehrer, Schülern zeitgemäße Bildungshorizonte in ihrer Breite aufzuzeigen, wenn sie nicht die Ressourcen des schulischen Umfeldes nutzen und neue Wissensbereiche auf die Schultern der Öffentlichkeit, sprich der Eltern, Kommunen, Vereine, Kulturzentren usw. verteilen. Im Einzelnen bedeutet dies, sowohl „Experten" (Eltern, Referenten usw.) in die Schule zu involvieren und deren Wissenspotential der Allgemeinheit der Schüler zur Verfügung zu stellen als auch umgekehrt in diese schulische Umwelt „einzutauchen" (z. B. über außerschulische Lern- und Erfahrungsfelder interkultureller Provenienz) und deren Informationspotential in Form von Referaten bis hin zu gemeinsamen Aktionen (Projekte, Ausstellungen usw.) zu nutzen. Diese schulische Öffnung impliziert auch eine multimediale Vernetzung mit Bildungsinstitutionen anderer Länder bis hin zu regelmäßigen elektronischen Kontakten mit anderen Klassen in allen Ländern dieser Erde, zu Partnerschaften usw.

Zentrales Bildungsziel einer Werteerziehung ist der Aufbau einer Schulkultur, in deren Zentrum die Erziehung zur Selbstachtung und Achtung vor dem anderen steht. „Die verbindlich anerkannten und proklamierten Grundwerte wie Würde, Toleranz, Freiheit und Gerechtigkeit, Kooperation oder Wahrhaftigkeit müssen im Schulleben selbst überzeugende Anwendung finden, müssen schulische Alltagserfahrung werden." (STANDOP 2005, S. 108)

Aushandeln klassenübergreifender Werte im Kollegium

Um die Werteerziehung schulübergreifend sinnvoll voranzubringen, ist es wichtig, dass auch im Kollegium einer Schule ein Grundkonsens zu den wesentlichen Werten besteht, an dem sich die Schüler orientierten können. Hierfür sollte sich ein Kollegium auf einer Konferenz bzw. bei einem pädagogischen Tag darüber einig werden, welche Werte ihm wichtig sind und welche gemeinsamen Regeln zur Erreichung dieser Werte eingeführt werden sollten. Auch die Überwachung der Einhaltung und der Umgang mit Verstößen sollten diskutiert und einheitlich verabschiedet werden.

Der Grundkonsens im Kollegium

Bedeutsam ist hierbei insbesondere auch der jeweilige Führungsstil, mit dem eine Schulleitung das eigene Kollegium führt. Wichtige Eigenschaften sind hierbei eine Offenheit und Kompromissbereitschaft bei grundsätzlich vorhandener Autorität. Ein partizipativer und motivierender, also die individuellen Lehrerpersönlichkeiten fördernder Führungsstil erweist sich im Sinne von Vorbildverhalten als hilfreich und legt die Grundlage für eine konstruktive Zusammenarbeit.

Aufstellen von Klassen- und Schulregeln

Nicht nur auf Klassenebene ist es wichtig, einen Wertekatalog mit dem zur Einhaltung erforderlichen Regelsystem aufzustellen. Vielmehr sollte auch schulübergreifend unter Einbeziehung der Eltern ein derartiger Verhaltenskodex zur Schaffung einer „Schulkultur", einer „Corporate Identity" aller an der Schule Beteiligten erarbeitet werden. Eine freiheitlich-demokratische Gesellschaft bedarf so bei aller Offenheit und Pluralität eines grundlegenden Minimalkonsenses in Wertfragen. Hierfür bieten sich etwa wöchentliche Schulversammlungen mit den Schülern an, auf denen offen über grundlegende Werte im täglichen gegenseitigen Umgang, im sozialen Miteinander, in der ästhetischen räumlichen Gestaltung wie auch darüber hinaus bei gemeinsamen Aktivitäten des Schullebens (Feste, Feiern, Tage der offenen Tür usw.) diskutiert und abgestimmt wird.

Klassen- und Schulregeln

Schule muss also auch Regeln als Werte in folgender Form vermitteln:

1. Bekannte oder stillschweigende Regeln erörtern, den Anspruch auf deren Einhaltung deutlich machen und Sanktionen bei einem Regelverstoß erteilen
   - Schulkollegium als Ganzes muss sich über eine disziplinarische Grundstruktur einigen
   - Welche Disziplin fordern wir? Wie teilen wir Regeln mit? Wie achten wir auf die Einhaltung? Wie werden Verstöße sanktioniert?
2. Lehrer einer Stufe / Klassenstufe / Klasse entscheiden über die disziplinarische Feinstruktur in ihrer jeweiligen Unterrichtssituation
   - Altersangemessen in Form klarer Regeln
   - Wichtig: Einheitlichkeit der Regeln bei allen Lehrern zumindest einer Klasse

Schritte einer Wertevermittlung

3. Schüler werden über die Regeln informiert; Akzeptanz der Eltern ist wichtig
   - Eltern schon bei Anmeldung ihrer Kinder einbeziehen, indem über die Schulregeln informiert wird
   - Diskussion der Schuldisziplin auf Elternabenden
   - Alle Eltern sollten nicht nur die Regeln, sondern auch den Umgang mit Regelverstößen mittragen
4. Innerhalb der Klasse beschäftigen sich die Schüler aktiv mit den disziplinarischen Regeln
   - Lehrer machen sie mit den „Grundregeln" bekannt
   - Aufbauend darauf erarbeiten die Schüler eine eigene Disziplinordnung in der Klasse und verabschieden diese gemeinsam als „Klassenverfassung" oder „Klassenregeln"
   - Bei Bedarf werden diese Regeln regelmäßig thematisiert
5. Ständige Weiterentwicklung und Rückkoppelung aller Beteiligten

Integration der Elternschaft

Eltern integrieren

Darüber hinaus sollte auch die Elternschaft so weit wie möglich geschlossen hinter den schulischen Werten stehen und deren Einhaltung auch selbst im häuslichen Umfeld mit überwachen. Hierfür sind folgende institutionalisierten Formen hilfreich:

- regelmäßige Formen der Elternkooperation an einer Schule, sei es in Form gemeinsam beratender Elternabende oder auch durch die Partizipation von Elternvertretern an schulischen Konferenzen. Die Schulleitung muss den Eltern also die Möglichkeit zur konstruktiven Zusam-

menarbeit anbieten und die Eltern in wesentlichen Erziehungsfragen in die Arbeit der Schule aktiv einbinden.
- Letztlich sollte ein derartiger schulischer Erziehungskonsens einschließlich der Wertorientierung ins schulische Leitbild bzw. Schulprogramm einer Schule übernommen werden.

Überprüfen der „Schulphilosophie" im Innen- wie auch Außenbereich
Aus alldem entsteht letztlich der Anspruch, die eigene „Schulphilosophie" zu überprüfen und sich zu fragen: „Ist die multikulturelle Zusammensetzung unserer Schülerschaft sowohl für die Schüler selbst wie auch für Besucher präsent?" Um diese Frage positiv beantworten zu können, bieten sich eine Reihe von Umsetzungsmöglichkeiten an, wie etwa für die Außenwirkung:

Die Schulphilosophie und ihre Merkmale

- Gestaltung einer gemeinsamen Schul- bzw. Lernkultur
- Unverwechselbares Schullogo (Kopieretiketten, Briefe, Sticker, T-Shirts, Mützen …)

Auch der Innenbereich lässt sich vielfach so gestalten, dass allen Personen, die sich in der Schule aufhalten, das Faktum der Multikulturalität deutlich wird:
- Eine Treppenhausgalerie mit Porträts oder Fotos von Händen bzw. Füßen vieler verschiedener Schüler
- Eine Wandzeitung oder Litfaßsäule mit:
  - Fotos von gemeinsamen Aktionen
  - Interviewergebnissen über Schüler-Einstellungen zum Thema „Nicht alle schauen nur zu"
  - Informationen von und mit Schülern
  - Schülerzeitungen und Elternbriefen in mehreren Sprachen
  - einem Wandteppich mit verschiedenen Schriftzeichen (lateinisch, arabisch, kyrillisch …)
  - Schaukästen mit Geschirr, Werkzeugen, Handarbeiten, Musikinstrumenten aus verschiedenen Ländern

Die Gestaltung des Innenbereichs

- Ein interkultureller Aufenthaltsraum (Leseraum, Teestube, Schülercafé) mit Lektürebeispielen in verschiedenen Sprachen
- Begrüßungen in mehreren Sprachen
- Mehrsprachige Wegweiser
- Plakat mit Unterschriften aller Schüler (Schulhausvertrag), in dem sich diese zum freiwilligen Verzicht des Gebrauchs diskriminierender Ausdrücke (Schimpfwörter usw.) verpflichten

- Wechselnde Ausstellungen zu verschiedenen Themenbereichen unter interkultureller Perspektive (z. B. Lebensformen / Familienstrukturen / Wohnen / Freizeitgestaltung usw. in verschiedenen Ländern, dokumentiert anhand von Fotos, Zeitzeugenberichten, Urkunden usw.)
- ...

Schließlich lassen sich auch die schulischen Außenanlagen (Pausenhof usw.) multikulturell gestalten, etwa durch

Die schulischen Außenanlagen

- das Aufmalen internationaler Spiele
- außerunterrichtliche Aktivitäten (Arbeitsgruppen, Schule als Lebensraum außerhalb der eigentlichen Unterrichtszeiten durch „offene Türen")

Überdies geht es darum, auch als Schulfamilie eine gelebte Interkulturalität nach außen hin zu präsentieren, etwa über

- eine Öffnung der Schule zum Stadtteil (Aufgreifen von Alltagserfahrungen der Stadtteilbewohner, Lernorte im Stadtteil, Projektwochen, Einbezug der Eltern; Beratungs-, Bildungs- und Freizeitangebote in und außerhalb der Schule)
- das Initiieren von Compassion-Projekten (konkrete Handlungsprojekte, in denen Schüler wert- und normorientiertes Handeln persönlich und gleichsam „hautnah" erleben, z. B. durch Praktika in Altenheimen, Krankenhäusern usw.)
- einen Bezug zur Erfahrungswelt der Schüler und ihren kulturellen Hintergründen (Unterrichtsthemen, Formen offenen Unterrichts, Individualisierung, Fördern von Kooperations- und Konfliktfähigkeit)
- interkulturelle Veranstaltungen mit segregierten Klassen wie
  - Schüleraustausch
  - Klassen- und Schulpartnerschaften
  - Tutorenunterricht
  - gemeinsame Schullandheimaufenthalte und Projekte
  - gemischte Schulmannschaften, Arbeitsgemeinschaften u. Ä.

Wertrelevante Aktivitäten an Schulen

An den Schulen selbst bieten sich gerade auch unter interkultureller Perspektive eine Reihe von Möglichkeiten, Schüler in Form von Projekten miteinander wertbezogen interagieren und sie selbst in einen Austausch zur Lösung eigener Befindlichkeiten treten zu lassen, etwa durch

- Streitschlichter-Projekte, bei denen Schüler selbst zu Mediatoren/Konfliktlotsen ausgebildet werden und Schüler-Schüler-Streitigkeiten lösen.

- Sozialprojekte, bei denen sich deutsche Schüler um Schüler mit Migrationshintergrund kümmern oder auch umgekehrt (z. B. als Tutoren, Sprachhelfer, Hausaufgabenhelfer o. Ä.).
- die gemeinsame Förderung von Menschenrechtsprojekten (z. B. Schülerinitiativen zu Menschenrechten, bewusstes Ausschenken von Kaffee aus dem Eine-Welt-Laden und kleine Ausstellung zu dieser Problematik usw.).
- die Unterstützung eines konkreten Projektes in einem Krisengebiet (z. B. mit dem Erlös eines Schulfestes).

Projekte und Öffentlichkeitsarbeit

- gemeinsame Aktionen gegen Fremdenfeindlichkeit und Rassismus (Ideen hierfür können von Schülern, Eltern, Lehrkräften oder allen gemeinsam kommen; z. B. Erstellung von Stickern gegen Ausländerfeindlichkeit).
- interkulturelle Umweltprojekte und Umweltgruppen.
- eine gezielte Öffentlichkeitsarbeit durch das Einladen von Personen des öffentlichen Lebens oder über Interviews Prominenter zu interkulturellen Themen.
- Sportneigungsgruppen, bei denen Schüler aller Nationalitäten in einer gemeinsamen Schulmannschaft vertreten sind und gemeinsam für „ihre“ Schule kämpfen.
- Workshops zum Filzen von Fußbällen (Tischtennisballgröße) in den Länderfarben der Lieblingsteams)
  - Nationalhymnen kennenlernen und trommeln
  - Kennenlernen anderer Länder und Basteln von Besonderheiten dieser Länder
  - Fußballer-Menü (gesundes Fußballer-Frühstück anrichten)
  - abschließendes Fußballturnier (altersgemischte und leistungsheterogene Mischung der Mannschaften)

Musische Veranstaltungen

- Kunst- und Musikneigungsgruppen mit interkultureller Besetzung.
- das Entwickeln fiktiver Zukunftsberufe, die neue kulturelle Profile erstellen.
- die Veranstaltung eines Schulfaschings, bei der unterschiedlichste Klischees durch eine gezielte Typendarstellung bedient werden.
- das Erstellen eines interkulturellen Veranstaltungsprogramms der Stadt/Gemeinde (Recherche aus dem aktuellen Angebot).
- gemeinsame Gestaltung/Einrichtung eines interkulturellen Meditationsraums in der Schule.

Um das eigene Bewusstsein auch gegenüber der Schulöffentlichkeit zu dokumentieren, ist es wichtig, dass all diese Aktionen so oft und so viel wie nur möglich in der Presse und anderen lokalen und überregionalen Medien dementsprechend wirksam dargestellt werden.

Will sich eine Schule im Hinblick auf ihr interkulturelles Gepräge wirklich selbst reflektieren, so kann sie sich etwa folgenden Leitfragen stellen:

Leitfragen auf dem Weg zur interkulturellen Schule

- Wo stehen wir als Schule gerade?
  - Entwerfen einer interkulturellen Checkliste schulischer Angebote, Aktionen, Außendarstellungen usw.
  - Recherche der eigenen Schulkultur
  - Rollenreflexion der Lehrkräfte zu ihrem Selbstverständnis als Vorbilder für Werteerziehung
  - Analyse zum gemeinsamen Grundverständnis einer „guten" Schule
- Wo wollen wir als Schulgemeinschaft zukünftig hin?
  - Entwicklung einer gemeinsamen interkulturellen Vision
  - Sammlung von Ideen für ein Schulkonzept unter interkulturellen Prämissen
- Wie kommen wir zu dieser interkulturellen Schule hin?
  - Gemeinsame Überlegungen und Aufgabenverteilung / Verteilung der Verantwortlichkeiten zu folgenden Themenbereichen: Unterricht/Schulkultur/Kontakte und Kooperation/Fortbildung/Ressourcenplanung

3. Umsetzungsmöglichkeiten im Unterricht

Fächerübergreifende Auswahl werthaltiger Themen

Werteerziehung beschränkt sich keineswegs auf ein einzelnes Fach wie etwa Religion bzw. Ethik, sondern kann im Kontext aller Unterrichtsfächer gelebt und behandelt werden. Ein erziehender Unterricht schafft es generell, das über das Wissen Vermittelte auch zugleich zu bewerten, hieran also das eigene Werturteil auszubilden. Es bietet sich dabei insbesondere an,

Werthaltige Themen als Unterrichtsgegenstand

- Unterrichtsstoffe aus dem unmittelbaren Lebenskontext der Schüler unter ganzheitlicher Perspektive aufzugreifen und an ihnen die jeweils erkennbaren Werte zu erläutern und zu begründen.
- gezielt jene Inhalte zu involvieren, die den Charakter immanenter Wertbildung in sich haben und den Schülern als wertvoll erscheinen (vgl. hierzu die folgenden Beispiele).

Der Unterricht selbst lehrt dabei keine Werte, sondern bildet vielmehr die Basis zur gemeinsamen und schließlich individuellen Reflexion, die den Zugang zu echtem Wertebewusstsein eröffnet. Der Lehrer hat sich also stets die Frage zu stellen, was die Schüler mit dem erkannten Wissen oder Können in der derzeitigen Situation oder auch im späteren Leben anfangen können, welchen Beitrag es zu einem menschenwürdigen Zusammenleben leistet und welchen spezifisch ethischen Sinn es für eine erfolgreiche Lebensbewältigung bietet.

Einen sinnvollen Fragenkatalog für die Eruierung werthaltiger Themen bieten LADENTHIN/REKUS in folgender Form an:

Fragenkatalog zur Eruierung werthaltiger Themen im Unterricht

„Zur Anschaulichkeit der Unterrichtsaufgabe:

- Welche Wertvorstellung, welche (Wert-)Erfahrung, welches (Wert-)Erlebnis verbinden die Lernenden mit dem beabsichtigten Unterrichtsthema, mit der vorgesehenen Unterrichtsaufgabe?
- Welche Wertvorstellung, welches (Wert-)Erlebnis, welche (Wert-)Erfahrung lässt sich im Unterricht vergegenwärtigen?
- Welche Medien können die Wertvorstellungen veranschaulichen?
- Welche Erlebnisse oder Erfahrungen müssen erst ermöglicht oder herbeigeführt werden?

Wenn bei der Unterrichtsvorbereitung keine Antworten auf diese Fragen gefunden werden können, ist aus pädagogischer Sicht vom geplanten Unterrichtsthema abzuraten.

Zur Selbsttätigkeit der Aufgabenlösung:

- Welche Hilfen können den Lernenden gegeben werden, damit sie die Aufgaben des Unterrichts auf ihren eigenen Erfahrungs- und Motivationshorizont beziehen? Welchen Wert werden sie den Unterrichtsaufgaben vermutlich ohne weitere Hilfe beimessen?
- Welche Werturteile liegen aus ihrer Perspektive nahe?
- Welche Begründungen werden sie aufgrund ihres Entwicklungsstandes und ihrer soziokulturellen Situation vermutlich anführen?
- Halte ich die vermuteten Wertungen und Wertbegründungen aus?
- Verletzen sie meine eigene Wertüberzeugung?
- Sind die vermuteten Begründungsargumente dennoch akzeptabel?
- Welcher Rat, Impuls, Vorschlag, Hinweis lässt sich geben, damit die Lernenden zu differenzierteren Wertperspektiven finden (z. B. provozierende Fragen, Rollenspiele, deklamatorische Texte, auch die Mitteilung der eigenen Einschätzung)?
- Welche Argumentationshilfen müssen angeboten werden, damit die Werturteile der Lernenden begründeter erfolgen können (Sachinformation, Weiterdenken in die Konsequenzen hinein, Maxime, Argumente)?

Zum außerunterrichtlichen Lebensbezug der Aufgabe:

- In welchem Zusammenhang steht das vorgesehene Thema bzw. die vorgesehene Aufgabe mit Lebenszusammenhängen, die den Lernenden bedeutsam sind?
- Welche lebensrelevanten Bezüge entdecken sie an der Fachthematik?
- Worauf muss man gefasst sein?
- Welche Hinweise muss man selber geben?

Zur wertenden Synthese von Sache und Selbst:

- Zu welcher (vorläufig) abschließenden Einschätzung gelangen die Lernenden?
- Ist sie am Ende mehr oder weniger überzeugend begründet?
- Welche ‚Brücken' lassen sich vorsehen, damit die Lernenden das Gelernte auf ihre eigene Lebenssituation übertragen können (Ausstellung, Dokumentation, Projekt, Aktion usw.)?" (LADENTHIN/REKUS 2008, S. 64)

Wichtig ist neben der Vermittlung derartiger Inhalte auch das längerfristige Verweilen bei ihnen und Reflektieren über sie, damit der Prozess der Wertebildung im einzelnen Schüler angeregt werden kann und von diesem letztlich selbst vollzogen wird.

Abwechslung im Unterrichtsalltag

Abwechslung im Unterrichtsalltag

Auch ein hohes Maß an Abwechslung im Unterrichtsalltag kann dazu beitragen, Schüler zu einer intensiven Auseinandersetzung mit ihren jeweiligen Wertevorstellungen und denen anderer anzuhalten. Bei älteren Schülern gilt es, ihnen die Zielgerichtetheit und den Lernerfolg von schüleraktiven oder gar spielerischen Unterrichtssequenzen explizit vor Augen zu führen. Hierfür bieten sich auch freie Arbeitsformen, differenzierte Anforderungen, individuelle Lernprogramme, ein Helferunterricht sowie ein Lernen an konkretem und geistigem Handeln usw. an. Durch ein eigenaktives Arbeiten über gezielt ausgewählte Unterrichtsmethoden müssen Schüler selbst Verantwortung übernehmen dürfen und sich im praktischen Handlungskontext mit sozialen Normen und deren Werthaltigkeit auseinandersetzen. Gerade wenn nicht nur kognitive Leistungen in den Mittelpunkt der Schülerbewertung gestellt werden, sondern auch die emotionale und soziale Dimension einbezogen wird (Leistungsprozess als Maßstab), erhalten auch Schüler mit Migrationshintergrund bei anfänglich vielfach schwachen Deutschkenntnissen die entsprechenden Möglichkeiten, sich im Klassenkontext zu profilieren und hierüber ihr Selbstwertgefühl zu stärken. Freilich müssen Lehrkräfte diesen Lernprozess durch eine entsprechende Sprachdiagnostik sowie durch das Anbieten entsprechender Fördermöglichkeiten positiv unterstützen.

Richtige Auswahl der Unterrichtsmethoden und Sozialformen

Auch methodisch-didaktisch lässt sich eine sinnvolle Werteerziehung über eine Reihe von Maßnahmen anbahnen. Der interkulturelle Unterricht wird dann besonders authentisch, wenn die vielsprachige und multikulturelle Lebenswelt der Lernenden die Basis des gesamten Unterrichts bildet, wenn sich Schüler mit Unterstützung ihrer Lehrkräfte selbst ihr Unterrichtsmaterial beschaffen und durch das eigenständige Produzieren von Texten, Filmen, Bildern usw. bereichern. Das bedeutet für die Lehrkräfte,

Die passenden Unterrichtsmethoden und Sozialformen

- Schülern über gezielt ausgewählte Unterrichtsmethoden eigenaktives Arbeiten zu ermöglichen.
- Schüler selbst Verantwortung übernehmen zu lassen und sich im praktischen Handlungskontext mit sozialen Normen und deren Werthaltigkeit auseinandersetzen zu dürfen, beispielsweise in Form von Projekten. Ihr Wissen muss von ihnen also selbst „erfahren" und interpretiert werden können, um Wertebewusstsein aufzubauen. So muss gerade der interkulturelle Unterricht wesentlich mehr Projekt- und Gruppenunterricht anbieten als ein monokultureller Unterricht.

Unterstützt wird dieser Prozess durch den gezielten Einsatz sozialer Arbeitsformen wie z. B. Partner- und Gruppenarbeit, bei denen die Schüler das gemeinsame Arbeiten sowie das basisdemokratische Aushandeln und Diskutieren von unterschiedlichen Sichtweisen und Entscheidungen als Bereicherung für die eigene Persönlichkeit erfahren. Auch die friedliche Bewältigung von Konflikten können sie in kooperativen Arbeitsformen gezielt lernen. Es gilt, durch den Einsatz kooperativer Lernformen eine gleichberechtigte Interaktion aller Schüler zu ermöglichen und traditionelle Führungsstrukturen abzubauen. „Für die Gruppenarbeit hieße das zum Beispiel, dass Situationen geschaffen und Aufgaben gestellt werden, die arbeitsteilig nur mit Hilfe der spezifischen Kompetenzen von zweisprachigen oder mehrsprachigen Schülern bewältigt werden können." (LIFE, 1.1.2.1., S. 3) Schüler müssen ihr Wissen also selbst „erfahren" und interpretieren können, um Wertbewusstsein aufzubauen.

Fächerübergreifende werthaltige Themenfelder und Projekte

Folgende fächerübergreifenden werthaltigen Themen bzw. Unterrichtsprojekte sind unter anderem vorstellbar:

- Erstellung eines multikulturellen Kalenders/Geburtstagskalenders in der Klasse, in dem alle Feiertage, Festtage (Geburtstage) usw. der verschiedenen Kulturen eintragen werden.
  - bewusst die Feier-/Festtage der Schüler mit Migrationshintergrund einbauen, sie von ihnen erklären lassen und mit ihnen feiern

- Vorstellung der Heimatländer durch Schüler mit Migrationshintergrund oder auch durch deren Eltern als „Experten" (Religion, Kultur, Feste/Feiern/Bräuche usw.)
- Führen von Interviews mit Schülern mit Migrationshintergrund
  - wann er/seine Eltern zu uns gekommen sind
  - warum sie gekommen sind
  - wie sie ihre Feste feiern
  - welche Kleider sie haben
  - was sie essen oder nicht essen
  - welche Religion sie haben
  - wie es ihnen hier gefällt
  - was ihnen nicht gefällt

Konkrete unterrichtliche Aktivitäten

- Deutsche Schülerinnen verkleiden sich (lange Gewänder, Gesichtsschleier usw.) und schlüpfen in die Rolle muslimischer Frauen und Mädchen
  - Reaktionen im Kaufhaus, in öffentlichen Verkehrsmitteln, in einer Fußgängerzone usw. sammeln, dokumentieren und in der Klassengemeinschaft diskutieren
- Lernen eines fremdländischen Liedes (in einer anderen Sprache), Notieren im Heft und Erprobung als Diktat
  - Gemeinsame Aussprache über die hierbei gemachten Erfahrungen
- Unter der Überschrift „Uns kennt niemand" verkleiden und schminken sich alle Schüler einer Klasse aus verschiedenen Nationen und machen ein Gruppenfoto
  - Foto wird bei Eltern und Schülern für ein Quiz verwendet (Wer ist Inländer, wer Ausländer?)
- Schüler fotografieren ausländerfeindliche Graffiti im Ort und dokumentieren sie in einer Ausstellung
  - Projektende: Beseitigung der Graffiti
- Nach ausführlicher Erörterung am Elternabend und einem Suchen von Freiwilligen erfolgt übers Wochenende ein Schüleraustausch (deutsche Kinder zu Familien mit Migrationshintergrund und umgekehrt)
  - Reflexion der wechselseitigen Erfahrungen
- Gemeinsamer Schullandheimaufenthalt einer deutschen Regelklasse mit einer Sonderklasse für Schüler mit Migrationshintergrund (vorbereiten, durchführen, nachbereiten)
- Erstellen eines Steckbriefes für Schüler aus anderen Herkunftsländern, die neu in die Klasse kommen (vor der Ankunft zum Einstellen auf die

Neuen), z. B. Name, Geburtsort, Eltern, Vorlieben, Abneigungen, mögliche (schulische und private) Hilfsmaßnahmen

- Erstellen eines „ (Video-)Tagebuches": im Tagebuch / mit der Videokamera wird der Alltag eines deutschen Schülers und eines Schülers mit Migrationshintergrund skizziert/gefilmt
  - Vergleich; Erkennen von Gleichem/Ähnlichem sowie von Unterschieden/Problemen (z. B. bei der Freizeitgestaltung – türkische Mädchen); gemeinsames Überlegen von Hilfsmaßnahmen (z. B. bei der Kinderbeaufsichtigung; Hausaufgabe usw.)
- Vergleich von Texten unter interkulturellen Gesichtspunkten
- „Biografische Werkstatt": Rückzug der Klasse für ein Wochenende in eine Jugendherberge mit der Gelegenheit für die Schüler, ihre Lebensentwürfe zu reflektieren und sich von unterschiedlichen kulturellen Vorbildern anregen zu lassen; ggf. Zeitreise zu unterschiedlichen Lebensabschnitts-Kulturen
- „Ethnographie des Banknachbarn": Beschreibung des eigenen Banknachbarn auf eine Weise, wie dies in völkerkundlichen und kulturwissenschaftlichen Standardwerken geschieht; Revierverhalten wird ebenso präzise beobachtet wie seine Ernährungs- oder seine „Balzrituale"
- Jugend-Kulturen miteinander vergleichen, interpretieren und ausstellen
- Gestaltung eines interkulturellen Meditationsraums in der Schule
- Filmen des Alltags eines deutschen und eines ausländischen Schülers mit der Videokamera
- Vergleich und ggf. Überlegen von Hilfsmaßnahmen (z. B. bei der Kinderbeaufsichtigung; Hausaufgabe usw.)
- Erstellen einer multikulturellen „Hitparade": Hits mit verschiedenen kulturellen Einflüssen erstellen/analysieren
- Erstellen eines Atlasses der Vorurteile: Vorurteile über verschiedene Nationen werden zusammengetragen und in einer Klassenausstellung visualisiert
- Törichtes der Klischees wird aufgedeckt
- Erstellen eines Kochbuches mit internationalen Rezepten
- Erstellen eines interkulturellen Kalenders (typische Bilder einer Kultur/ Religion)
- Klassenkorrespondenz mit einer Klasse in einem anderen Land (Brieffreundschaft/Klassenpartnerschaft mit der Option auf gegenseitige Besuche)
- Spielen internationaler Kinderspiele
- Diskussion zu Texten zum Nachdenken …

Aufstellen und Einhalten von Regeln

Regeln als Basis moralischen Verhaltens

Psychologische Studien haben den Beweis dafür erbracht, dass Werte dadurch gelernt werden, dass persönliche Anliegen immer wieder auch mit gesellschaftlichen Grenzen in Form von Regeln und Normen konfrontiert werden und in einer persönlich akzeptablen Weise verarbeitet werden müssen. Die Lehrkraft muss es also als ihre Pflicht erachten, Schülern klare Grenzen aufzuzeigen.

Die Internalisierung moralischen Verhaltens kann dabei nicht durch das bloße (theoretische) Besprechen von Regeln im Unterricht erreicht werden, sondern es muss vielmehr im Klassenverband „gelebt" werden. Erst durch die Möglichkeit, in der Klasse bzw. Schulgemeinschaft am sozialen Leben zu partizipieren und Verantwortung zu übernehmen, bildet sich so ein verinnerlichtes Regelverständnis aus, dessen Umsetzung einem Schüler zur echten Aufgabe wird. Die Regeln müssen dementsprechend gemeinsam mit der Klasse ausgehandelt werden.

Die Auswirkungen von Regelüberschreitungen müssen für die Betroffenen auf kognitiver und emotionaler Ebene veranschaulicht und Regelübertritte umgehend sanktioniert und begründet werden. Sanktionen müssen bereits im Vorfeld bekannt gegeben, klar und angemessen formuliert und konsequent angewendet werden, wobei immer auch alternative Handlungsmodelle aufgezeigt werden sollten.

Führen eines Protokollbogens

Der Protokollbogen als schriftliche Fixierung

Damit eine Lehrkraft selbst ein Instrument zur gezielten Evaluierung des eigenen Verhaltens hinsichtlich der Werteerziehung hat, sollte sie einen Protokollbogen anlegen, in dem die jeweiligen Regelüberschreitungen der Schüler sowie die eigene Reaktion darauf dokumentiert werden. Hierdurch lässt sich im Nachhinein gezielt überprüfen, ob das eigene Verhalten konsequent und gerecht ist und ein klares Bekenntnis zu vereinbarten Werten erkennen lässt. Durch bewusste und selbstkritische Reflexion lässt sich das eigene Verhalten optimieren und bietet zudem eine mögliche Diskussionsbasis für Klassengespräche.

Aufgreifen hypothetischer Konflikte im Schulalltag

Hypothetische Konflikte als Gesprächsgrundlage

Schließlich bietet sich für eine Lehrkraft im Schulalltag auch die Möglichkeit, hypothetische Konflikte zwischen Schülern oder auch Schülern und Lehrkräften zu konstruieren, um hieran wertebezogenes Verhalten ermitteln zu können. Gute Ansätze für die Hand des Lehrers bieten hierfür etwa fertige Trainingsprogramme wie das FAUSTLOS-Programm, bei dem Empathieübungen in problemhaltigen Situationen angeboten und Rollenwechsel vollzogen werden können. Auch echte Rollenspiele schaffen hier vertiefte Einblicke in die jeweiligen Sichtweisen der beteiligten Personen und in das daraus abgeleitete Verhalten.

Abschließend sollen nunmehr verschiedene Möglichkeiten genannt werden, wie Lehrkräfte im Fachunterricht interkultureller Werteerziehung nachhaltig zu einem Erfolg verhelfen können.

Umsetzungsmöglichkeiten in einzelnen Fächern (vgl. hierzu die wertvollen Anregungen aus: LIFE 2007)

Deutsch

Umsetzungsmöglichkeiten im Fach Deutsch

Der Deutschunterricht eignet sich besonders gut, um Wertebewusstsein anzubahnen, beispielsweise durch die Behandlung einschlägiger Literatur über das Leben anderer und über deren individuelle Wertvorstellung. Folgende Möglichkeiten können in Erwägung gezogen werden:

- Lektürebeispiele aus verschiedenen Ländern (z. B. Märchen)
- Autorenporträts aus verschiedenen Ländern
- Lektüre von Migrantenbiographien
- Lektüre mit Ausländerproblematik (kritische Reflexion)
- Geschichten zu bestimmten Motiven oder Themen in unterschiedlichen Sprachen schreiben bzw. Geschichten ergänzen
- Gemeinsame Rezeption und Diskussion von Filmen aus anderen Kulturen usw.
- Eigene Sichtweise: kreatives Schreiben
- Erstellen eines Klassenlesebuches mit Texten in verschiedenen Sprachen (Erzählungen in Form von Ich-Geschichten und Selbstporträts, Familiengeschichten, Texte, Dialoge, Bildergeschichten usw.)
- Lieblingsgeschichten zusammenstellen
- Diskussion unterschiedlicher Kommunikationsstile verschiedener Kulturen
- Machart und Verbreitung fremdenfeindlicher Witze untersuchen
- Erstellen einer „Schwarzen Liste" von Schimpfwörtern, die die Schüler in ihrer jeweiligen Sprache sammeln, aufschreiben und übersetzen
- Unterschiedliche Konnotationen von Begriffen und Bezeichnungen untersuchen, z. B. Neger, Schwarzer, Migrant, Ausländer, Fremder, Gastarbeiter
- Analyse des öffentlichen Sprachgebrauchs in Politik und Gesellschaft (z. B. Wörter und Unwörter des Jahres)

- Analyse rassistischer, ausländerverunglimpfender Darstellungen in den Medien über eine gewisse Zeit sammeln und mit Kommentaren versehen (Wandzeitung)
- Vergleich deutscher und fremdländischer Sprichwörter und bildlicher Redensarten

Fremdsprachen

Umsetzungsmöglichkeiten in den Fremdsprachen

Fremdsprachen bieten eine günstige Möglichkeit zum Einblick in fremde Kulturen und deren Wertvorstellungen. Zu denken ist hier an folgende Anwendungsformen:
- Vergleich von Feiertagen
- Reisen erzählen (Redewendungen; Potential der Schüler mit Migrationshintergrund nutzen), Postkarten schreiben
- Schüleraustausch
- Wer spricht welche Sprachen?
- Beschriftung des Schulhauses
- Weitere Kulturen (nicht nur USA, GB …)
- Lektüre
- Kontakt mit ausländischen Personen/Schülern
- Kulturelle Interpretation fremdsprachiger Texte

Mathematik

Umsetzungsmöglichkeiten in der Mathematik

Selbst der Mathematikunterricht bietet geeignete Ansatzpunkte, die Ursprünge unterschiedlicher Rechenverfahren und mathematischer Erkenntnisse auf eine internationale Basis zu stellen:
- Dezimalsystem: Ursprung in Arabien
- Strahlensätze und Goldener Schnitt: Baukunst aus anderen Ländern
- Satz des Pythagoras (aus Ägypten)
- Textaufgaben (z. B. Türkische Gewürzmischungen)

Geschichte

Umsetzungsmöglichkeiten im Geschichtsunterricht

Der Geschichtsunterricht bietet sich als Möglichkeit der Reflexion über die Begrenztheit des eigenen Lebens und die wandelnden Wertemuster in den unterschiedlichen historischen Epochen an. Themenfelder können hierfür unter anderem sein:
- Multikultureller Staat Rom
- Verschiedene Länder/Kulturen Europas vergleichen

- Erstellen von Karikaturen: Bräuche der Mitteleuropäer heute im Klassenzimmer ausstellen (Verhalten beim Einkauf, bei Volksfesten, im Urlaub usw.) und kritisch hinterfragen
- „Spurensuche in der eigenen Familie“: kulturelle Ahnenforschung

Erdkunde

Im Erdkundeunterricht kann ganz spezifisch auf die unterschiedlichen Herkunftsländer und ihre geographischen, klimatischen, kulturellen … Besonderheiten eingegangen werden.

Umsetzungsmöglichkeiten im Erdkundeunterricht

- Experten/Eltern aus anderen Ländern und Kulturen im Unterricht
- Länder zwischen Dürre und Flut
- Unterschiedliche Einflüsse der Sonne auf die Lebensgestaltung
- Vergleich unterschiedlicher Tagesabläufe in verschiedenen Ländern

Biologie

Der Biologieunterricht bietet die Möglichkeit, die Bedeutung einer naturbezogenen und gesundheits- sowie umwelterhaltenden Lebensweise für das gesellschaftliche Überleben zu thematisieren. Folgende Themenfelder sind unter anderem denkbar:

Umsetzungsmöglichkeiten im Biologieunterricht

- Tiere und Pflanzen in anderen Ländern
- Seltene Arten international
- Umweltschutz weltweit
- Unterschiedliche Lebenserwartungen weltweit in Abhängigkeit von der Umwelt
- Maßnahmen zur Gesunderhaltung in unterschiedlichen Kulturen
- Geschlechtliche Rituale / menschliche Sexualität in der Diskussion unterschiedlicher Kulturen
- Immunkrankheiten und ihre Verbreitung/Hintergründe (z.B. AIDS)

Religion

Im Religionsunterricht lassen sich die Spezifika der verschiedenen Weltreligionen nachhaltig erarbeiten und durch Exkursionen zu Religionshäusern aller großen Religionen anschaulich belegen.

Umsetzungsmöglichkeiten im Religionsunterricht

- Islam / andere Weltreligionen: Einbeziehen von Schülern mit Migrationshintergrund in den Religionsunterricht
- Besuch von Moscheen und anderen Gotteshäusern; Kennenlernen der je spezifischen religiösen Rituale und ihrer Bedeutungen
- Schöpfung: andere Schöpfungsideen vorstellen und diskutieren

- Einladen interessanter ausländischer Persönlichkeiten oder auch Deutscher mit besonderen Affinitäten zu anderen Religionen usw.
- Aufzeigen globaler interkultureller Interdependenzen
- z. B. Vergleich von Koran und Bibel

Sozialkunde

Umsetzungsmöglichkeiten im Sozialkundeunterricht

Das Fach Sozialkunde bietet die Möglichkeit, die weltweite politische Situation und wechselseitige Vernetzung genauer in den Fokus zunehmen.

- Vernetzung der Welt (politisch)
- Fremde Währungen
- Gesetze (Einwanderung usw.)
- Soziales Zusammenleben
- Einbringen von Vorurteilen über ausländische Mitbürger, ebenso von Vorurteilen der Ausländer über Deutsche sowie der eigenen Ängste
- Frauenberufe – Männerberufe (in verschiedenen Ländern)
- Hausarbeit in verschiedenen Ländern / Frau und Mutter in der Familie
- Schulische und berufliche Bildung von Frauen und Mädchen
- Stellung der Frau in der Gesellschaft und Religion
- Vergleich verschiedener Verhaltensweisen je nach Kulturgebiet (Erörterung unterschiedlicher, kulturbedingter Kommunikationsmuster und ihrer Folgen in der Diaspora im Sinne des Vorurteils)
- Auf den Spuren berühmter Frauen

Kunst/Musik/Sport

Umsetzungsmöglichkeiten in den musischen Fächern

Im Kunst- und Musikunterricht lässt sich auf ethischer Basis eine angemessene Diskussion über die künstlerische sowie musische Behandlung von Themen wie „Liebe", „Tod" und „Lebenskonflikte" führen. Auch sind folgende Themenbereiche denkbar:

- Plakate gegen Ausländerfeindlichkeit entwerfen und gestalten
- Vernissage
- Kunstgeschichte: z. B. jüdische Malerei aus dem Zweiten Weltkrieg; Bauwerke aus verschiedenen Ländern
- Lieder (zu Festtagen), Musik in verschiedenen Kulturen
- Instrumente: Herkunft klären
- Nationalhymnen
- „Multikulturelle Hitparade": Hits mit verschiedenen kulturellen Einflüssen erstellen/analysieren
- Vorurteile in Musiktexten aufspüren
- Ausländische Texte übersetzen

  - Text, Musik und Wirkung analysieren
  - Eigene Texte gegen Vorurteile schreiben und in einem Song / in einem szenischen Spiel darstellen
- Spiele aus verschiedenen Ländern
- Tänze unterschiedlicher Länder/Kulturen behandeln und nachempfinden
- Sportgroßereignisse (z.B. Veranstalten einer grenzüberschreitenden „Schulolympiade“)
- Sportarten aus verschiedenen Ländern
- Fairness fördern

Literatur

ANTOR, H. (Hrsg.) (2007): Fremde Kulturen verstehen – fremde Kulturen lehren: Theorie und Praxis der Vermittlung interkultureller Kompetenz. Winter: Heidelberg.

AUERNHEIMER, G. (2013): Interkulturelle Kompetenz und pädagogische Professionalität. Springer VS: Wiesbaden (4. durchgesehene Auflage).

HACKL, A. (2012): Werteerziehung und Schulentwicklung. Konzepte schulischer Werteerziehung. In: SchulVerwaltung Bayern, Heft 5, S. 135–138.

HAUSSMANN, W.: Interkulturalität und Werteerziehung. Unveröffentl. Manuskript o. J.

LADENTHIN, V. (2008): Werterziehung als Aufgabe des Unterrichts. In: LADENTHIN, V. / REKUS, J. (Hrsg.): Werterziehung als Qualitätsdimension von Schule und Unterricht. Aschendorff: Münster, S. 17–35.

LADENTHIN, V. / REKUS, J. (2008): Wie man an Schulen Werterziehung implementieren kann – ein Vorschlag. In: Dies. (Hrsg.): Werterziehung als Qualitätsdimension von Schule und Unterricht. Aschendorff: Münster, S. 62–65.

LATZKO, B. (2006): Werteerziehung in der Schule. Regeln und Autorität im Schulalltag. Barbara Budrich: Opladen.

LIFE (2007): Ideen und Materialien für interkulturelles Lernen (hrsg. von der BMW Group). München (5. Aufl.).

REKUS, J. (2008): Wozu wir Werte brauchen und was die Erziehung damit zu tun hat. In: LADENTHIN, V. / REKUS, J. (Hrsg.): Werterziehung als Qualitätsdimension von Schule und Unterricht. Aschendorff: Münster, S. 4–16.

STANDOP, J. (2005): Werteerziehung. Einführung in die wichtigsten Konzepte der Werteerziehung. Beltz: Weinheim/Basel.

4.2 Kooperatives Lernen

Stefan Seitz / Petra Hiebl

4.2.1 Der Beitrag der Schule zum sozialen Handeln der Schüler

Schule hat die besondere Aufgabe, Schüler sowohl für ihr aktuelles als auch für ihr zukünftiges (berufliches wie privates) Leben in besonderer Weise „fit" zu machen. Nur so können sie es schaffen, ihre zukünftigen Rollen verantwortungsbewusst zu übernehmen und die ihnen entgegengebrachten jeweiligen Erwartungshaltungen auch zu erfüllen. Um diesen heutigen gesellschaftlichen Anforderungen gerecht zu werden, müssen Kinder und Jugendliche nicht nur fachliches Wissen nachweisen können und „gebildet" sein, sondern sie müssen auch sogenannte Life skills bzw. Soft skills mitbringen.

„Life Skills" als Grundkompetenzen

„Life Skills" sind diejenigen Fähigkeiten, die einen angemessenen Umgang sowohl mit unseren Mitmenschen als auch mit Problemen und Stresssituationen im Alltag ermöglichen. Solche Fähigkeiten sind wertvoll, um die eigene psychosoziale Kompetenz (= die Fähigkeit zu kritischer Selbstreflexion und zu adäquatem Sozialverhalten) zu stärken.

Mit dem Begriff „Soft Skills" werden Kompetenzen bezeichnet, die langfristig und berufsübergreifend anwendbar sind. Soft Skills sind dabei die „Werkzeuge", mit denen Kompetenzen erworben werden können. Sie ermöglichen es, sich veränderten Situationen im Schul- und Berufsleben besser anzupassen zu können.

Solche „Schlüsselkompetenzen" hängen stark mit persönlichen Eigenschaften und Verhaltensweisen zusammen. In Verbindung mit den sogenannten Hard Skills, d. h. fachlichen Kenntnissen und Qualifikationen, bilden sie die berufliche Handlungskompetenz einer Person. Zu den immer wichtiger werdenden Soft Skills gehören daher insbesondere soziale, kommunikative, mentale und personale Kompetenzen, und diese haben gerade auch im interkulturellen Kontext einer Schule eine herausgehobene Bedeutung.

Soziale, kommunikative und personale Kompetenzen

In der Regel haben sich Schüler gerade im heranwachsenden Alter im Kontext der Gleichaltrigen noch nicht dauerhaft sozial etabliert. Auch ihr Selbstvertrauen ist in der Phase der Pubertät in der Regel sehr fragil. Deshalb sollen sie zum einen im unmittelbaren Sozialkontext gestärkt und vorangebracht werden, um als vollwertige Mitglieder unserer Gesellschaft sozial verträglich, verantwortlich und integrativ agieren zu können. Zum anderen sollen sie aber auch als starke und selbstbewusste Menschen erfolgreich ihr weiteres Leben meistern und für ihr zukünftiges Dasein Konzepte und Handlungsstrategien an die Hand bekommen, um eigenverantwortlich und selbstbestimmt handeln zu können.

Manche potenziellen Ursachenquellen für Auseinandersetzungen lassen sich bereits im Vorfeld entschärfen, wenn alle Beteiligten über ein gewisses Maß an Sozialkompetenz verfügen und sich offen und aufgeschlossen für die Belange des jeweils anderen zeigen. Auch mögliche Störsituationen lassen sich bei geschulter Sozialkompetenz schneller und weniger verletzend lösen.

Allgemeine Handlungskompetenzen und individuelle Bewältigungsstrategien

Somit benötigen Schüler allgemeine Handlungskompetenzen und individuelle Bewältigungsstrategien, mittels derer sie zum einen ihr Selbstkonzept dauerhaft stärken und zum anderen im Umgang mit anderen die Grundlagen einer sozialen und wertebasierten Grundordnung miteinander tragen und umsetzen können. Im Einzelnen fallen hierunter unter anderen die folgenden Schlüsselqualifikationen bzw. Soft Skills:

- Eigenverantwortung
- Selbstsicherheit und Selbstvertrauen
- Kritikfähigkeit
- Konfliktfähigkeit
- Kommunikations- und Kooperationskompetenz
- Teamkompetenz
- Empathie
- Sozialkompetenz
- Respekt für andere und Anerkennung ihrer Werte/Überzeugungen
- Kompromissbereitschaft

SCHIFFER / VON DER LINDE benennen folgende äußeren Erkennungsmerkmale für die einzelnen Soft Skills:

Erkennungsmerkmale für Soft Skills

„Einfühlungsvermögen

- Signalisiert aufmerksames Zuhören, z. B. durch Nachfragen und Nicken.
- Hält ausreichenden und angemessenen Blickkontakt.
- Greift auch die schwachen Signale des Gesprächspartners auf.
- Kann sich in Sprechweise, Vokabular und Verhalten auf den jeweiligen Gesprächspartner einstellen. […]

Teamfähigkeit

- Erkennt typische Rollen im Team.
- Zeigt die Bereitschaft, sich ins Team einzuordnen.
- Erkennt und reflektiert die Rolle, die er im Team spielt.
- Erzeugt im Teamgespräch eine Atmosphäre der Gemeinsamkeit. […]

Konfliktfähigkeit/Konfliktmanagement

- Lässt sich auch bei persönlichen Angriffen nicht aus dem Gleichgewicht bringen.
- Erkennt die Vielschichtigkeit von Konflikten, z. B. die verschiedenen Ebenen, auf denen Konflikte angesiedelt sein können.
- Verfügt über Strategien, in Konfliktgesprächen Probleme zu erfragen, den Standpunkt der Gegenseite zu ermitteln.
- Verzichtet auf provokatives Verhalten.
- Lässt den anderen ausreden. [...]

Durchsetzungsvermögen

- Trägt den Konflikt aus, ohne vorschnell zu harmonisieren oder dem Konflikt auszuweichen.
- Benennt strittige Punkte eindeutig.
- Wirkt in seiner Rhetorik und Körpersprache entschieden und standfest.
- Steuert maßgeblich den Gesprächsverlauf.
- Zeigt Durchhaltevermögen und lässt sich nicht durch eine schnelle Kompromisslösung abspeisen. [...]

Überzeugungskraft

- Fragt nach, ob die eigene Argumentation verstanden wurde
- Argumentiert inhaltlich tief und stichhaltig.
- Spricht lebhaft und interessant.
- Hakt nach bei Zweifeln. Fordert auf, Einwände zu äußern.
- Erläutert eigene Meinungen pointiert und verständlich.
- Botschaften sind klar und unrelativiert.
- Zeigt sich flexibel in seinen Argumentationsstrategien." (SCHIFFER / VON DER LINDE 2002, S. 33 f.)

Entwicklung im Laufe der Lebensspanne

Wesentlich ist hierbei, dass sich diese Fertigkeiten im Laufe der menschlichen Entwicklung ausdifferenzieren und wachsen. Zudem impliziert der Kompetenzbegriff, dass über die bloße Existenz sozialer Fertigkeiten hinaus auch deren situationsadäquate Anwendung erfolgen muss. Es geht also immer um ein Können und zugleich auch Wollen sozialverträglichen Verhaltens.

Zudem weisen Forschungsbefunde darauf hin, dass ein sozial kompetentes Verhalten in entscheidendem Maße auf einer hohen emotionalen Kompetenz (= Fähigkeit, Gefühle für andere zu entwickeln) basiert (vgl. PETERMANN/WIEDEBUSCH 2008) und mit großer Beliebtheit bei Gleichaltrigen einhergeht (vgl. EISENBERG u. a. 2002).

„Um emotional kompetent zu sein, muss eine Person also zunächst wahrnehmen, dass eine Emotion erlebt wird, und deren Valenz (positiv oder negativ) erkennen. Sie muss zudem ihr emotionales Erleben innerhalb der Grenzen der emotionalen Skripte einordnen, die im fortlaufenden sozialen Kontext aktiv sind. Weiterhin muss sie verstehen, dass innere und äußere emotionale Zustände voneinander abweichen können. Als nächstes muss sie ihr emotionales Erleben regulieren, wenn sich das Vorhandensein oder Nichtvorhandensein eines Emotionsausdrucks und -erlebens störend auf ihre Ziele auswirken würde – wenn Emotionen z. B. schmerzlich, positiv, aber überwältigend sind oder aus intra- oder interstrategischen Gründen verstärkt werden müssen. Emotionsregulation kann emotional, kognitiv oder handlungsbezogen erfolgen." (JUGERT u. a. 2009, S. 17)

Emotionale Kompetenz

Es geht letztlich darum, sich der eigenen Emotionen im jeweiligen Handlungskontext bewusst zu werden und zugleich zu erkennen, in welcher Form eine Regulation dieser Gefühle nötig ist. Dementsprechend muss sich der Einzelne aus dem Augenblick heraus ein Regulationsziel setzen und dieses auch stringent angehen, um seine Emotion sozial verträglich zu lenken.

„Aufgrund der Wechselwirkung von emotionaler und sozialer Kompetenz ist davon auszugehen, dass eine Förderung der verschiedenen Bereiche emotionaler Kompetenz sich positiv auf das Sozialverhalten von Kindern oder Jugendlichen auswirkt und in der Folge negativen Entwicklungen vorgebeugt werden kann. Zu den Bereichen, deren Förderung sich positiv auf die soziale Kompetenz und hemmend auf Verhaltensprobleme auswirkt, gehören beispielsweise Emotionswissen und -erleben (u. a. Wahrnehmung, Erkennen und Benennen eigener und fremder Gefühle), Emotionsregulation (Steuerung eigener Gefühle) und Empathie. (DOMITROVICH/CORTES/GREENBERG 2007; EISENBERG et al. 2005; FRASER et al. 2005; HOLSEN/SMITH/FREY 2008)" (JUGERT u. a. 2009, S. 18)

Faktoren sozialer Kompetenz

Als „lehrbare", für ein gefestigtes Sozialverhalten grundlegende Kompetenzen identifiziert die Arbeitsgruppe für schulisches, soziales und emotionales Lernen (Collaborative for Academic, Social and Emotional Learning, CASEL 2003) die folgenden:

1. „Selbsterkenntnis: wissen, was man fühlt und denkt; eine realistische Einschätzung der eigenen Fähigkeiten und ein fundiertes Selbstbewusstsein haben;

2. Soziales Bewusstsein: verstehen, was andere fühlen und denken; verschiedene Gruppen zu schätzen wissen und positiv mit diesen interagieren;
3. Selbstmanagement: mit den eigenen Emotionen so umgehen können, dass sie die Aufgabenbewältigung erleichtern statt behindern; sich Ziele setzen und diese erreichen; trotz Frustrationen und Rückschlägen nicht aufgeben;
4. Beziehungsfertigkeiten: gesunde und lohnende Beziehungen aufbauen und erhalten, basierend auf klarer Kommunikation und Kooperation, Widerstand gegenüber unangemessenem sozialen Druck, Aushandeln von Konfliktlösungen und bei Bedarf Einholen von Unterstützung;
5. Verantwortungsvolle Entscheidungen treffen: Entscheidungen treffen auf der Basis von genauer Berücksichtigung aller relevanter Faktoren und den wahrscheinlichen Konsequenzen alternativer Handlungswege, andere respektieren und Verantwortung übernehmen für die eigenen Entscheidungen." (JUGERT u. a. 2009, S. 19, Kasten 4)

Selbstvertrauen als Basis für Sozialkompetenz

Die gesamte Ausprägung der Sozialkompetenz muss dabei auf einem gesunden Selbstvertrauen fußen. Nur wer selbstsicher auftritt, kann letztlich auch in der sozialen Interaktion das angemessene Verhalten zeigen. Selbstsicherheit artikuliert sich insbesondere dadurch, dass man im Kontakt mit anderen auch angemessen auf den eigenen Bedürfnissen besteht und diese in einem sozial verträglichen Ton äußert, dass man auch einmal „Nein" sagen kann und seine Gefühle adäquat ausdrückt sowie Kritik schonend formuliert oder auch gegenüber der eigenen Person akzeptiert.

Schulen, die Soft Skills als wesentlich erachten und sich um ein positives Klassenklima bemühen, sorgen dafür, dass sich Soft skills bei den Schülern positiv entwickeln können. Gegenseitiges Vertrauen und Wertschätzung sind dabei die Basis.

4.2.2 Konkrete Anregungen zum Aufbau von Soft Skills

Lern- und Leistungskultur

Gestaltung der Lern- und Leistungskultur

Jeder Schüler hat das Bedürfnis, sein Leistungspotenzial unter Beweis zu stellen. Um diese Lernfreude und Leistungsbereitschaft aufrechtzuerhalten, braucht er eine kontinuierliche Rückmeldung und Vertrauen in seine Fähigkeiten. Jeder Unterricht muss dementsprechend so konzipiert sein, dass er alle Schüler in ihren Leistungen fördert, aber auch fordert, dass er ihnen Rückmeldung über ihre gezeigten Leistungen gibt, sie in Form von Lob und Anerkennung schätzt und würdigt und gleichzeitig Fehler in einer wertschätzenden Atmosphäre korrigiert. Ein derartiger Unterricht zeigt den

Schülern klare Ziele auf und ermutigt sie, Leistung zu zeigen. Vor allem nach Misserfolgen brauchen Schüler Ermutigung und Unterstützung, um aus ihren Schwächen zu lernen und ihr Selbstkonzept zu stärken. Schülern mit Migrationshintergrund helfen hier vielfach alternative Formen der Leistungsfeststellung, wie z. B. Präsentationen, Experimente vorführen, Plakate präsentieren, Projekte vorstellen usw. Sie ermöglichen es, ihre Stärken im Mündlichen zu zeigen. Auch mit Leistungsnachweisen in der praktischen Arbeit kann man sie abholen. Sie können so ihre besonderen Potenziale auch vor den Mitschülern präsentieren.

Alternative Formen der Leistungsfeststellung

Selbstkompetenz, vor allem der bewusste Umgang mit eigenen Stärken und Schwächen, lässt sich gerade in einem Unterricht fördern, der mit Schülerleistungen in einer vertrauensvollen Atmosphäre wertschätzend umgeht und mit Feedbacksystemen arbeitet.

Sozialformen

Unterricht, der Life skills fördern will, nutzt zwar zum einen die sich ergebenden Möglichkeiten zur Individualisierung. Darüber hinaus greift er aber auch regelmäßig Ansätze zu gemeinsamem Lernen auf. Dies ist über Methoden sinnvoll, die eine Zusammenarbeit erfordern. Bei Gruppenarbeiten etwa müssen Schüler ihre eigene Meinung vertreten und können ihr Wissen beisteuern, können aber auch am Wissen anderer teilhaben. Zudem trainieren Schüler hierbei ihre Kommunikationsfähigkeit und lernen es, Konflikte zu lösen und Kompromisse einzugehen. Erlebt ein Schüler das Gefühl, zu einem Gruppenergebnis etwas beitragen zu können, so wird hierdurch sein Selbstbewusstsein gestärkt und er erlebt sich als Teil einer Gemeinschaft.

Folgende Fragestellungen könnten für die persönliche Reflexion hilfreich sein:

Fragen zur Selbstreflexion als Lehrkraft

- Wie gebe ich den Schülern Feedback über ihre Leistungen?
- Wie ermutige ich Schüler, ihr persönliches Leistungspotenzial zu zeigen?
- Wie unterstütze ich Schüler bei möglichen Fehlern oder Schwächen?
- Bin ich in meinem Erziehungsstil klar?
- Kommuniziere ich Regeln klar?
- Kommuniziere ich Leistungsanforderungen deutlich?
- In welchen Situationen / zu welchen Zeiten können mich einzelne Schüler ansprechen, um Nachfragen zu stellen und persönliche Rückmeldung zu bekommen?
- Welche Sozialformen in meinem Unterricht fördern die Sozialkompetenz / Life Skills meiner Schüler?

- Welche gewählten Methoden meines Unterrichts sind hilfreich dabei, die Entwicklung von Selbst-/Sozialkompetenz wie auch Kommunikation/Kooperation und Verantwortung zu übernehmen?

Eigene Stärken und Schwächen erkennen

Um eine positive Selbstidentität aufzubauen und seine eigene Persönlichkeit nachhaltig zu bejahen, ist es wesentlich, dass man sich – über das Betonen der eigenen Stärken – als Mensch akzeptiert und hierüber auch mit möglichen eigenen Fehlern und Schwächen besser umgehen kann. Schüler müssen dementsprechend lernen, zunächst ihre positiven Seiten wahrzunehmen und wertzuschätzen. (Diese Suche nach den persönlichen Stärken kann im Rahmen der Klassengemeinschaft auch durch Mitschüler mitgetragen werden, indem diese sich wechselseitig sagen, was sie besonders gut am jeweils anderen finden / besonders an ihm mögen!)

Hat man diesen Prozess der Selbsterkenntnis durch einen offenen Selbstcheck bewusst und aktiv vorangetrieben, so kann man sich als Nächstes gezielt eine positive Eigenschaft heraussuchen und diese auch in einem Gesprächskreis vor der Klassengemeinschaft vorstellen.

Erst wenn die eigene positive Selbstsicht nachhaltig aufgebaut und verinnerlicht ist, kann man darangehen, auch nach eigenen Schwächen zu suchen und diese offen zu bekennen. Der bewusste und ehrliche Umgang mit möglichen eigenen Fehlern kann so dazu führen, dass man nunmehr auch Schwächen an sich akzeptiert, freilich immer mit dem Bestreben, an ihrer Verbesserung zu arbeiten. Auch hier hilft es, Mitschüler im Rahmen einer harmonischen Klassengemeinschaft offen Feedback bzw. konstruktive Tipps geben zu lassen.

Ausgehen kann man auf Klassenebene von einer Diagnose des sozialen Gefüges, etwa in Form von Beobachtung, erkundendem Gespräch und Fragebogen oder aber durch die **Erstellung eines Soziogramms** in der Klasse. Dieses Soziogramm kann dann als Basis für weitere Fördermaßnahmen u. a. im Bereich der Selbst- und Fremdwahrnehmung dienen.

Verfahren zur Fremd- und Selbsteinschätzung

Im Zuge der Möglichkeiten zur Förderung der Selbst- und Fremdwahrnehmung thematisiert DAMBACH (2009, S. 111) ein Verfahren, das den Prozess einer realistischen Selbsteinschätzung positiv voranbringen soll. Es wird im Folgenden modifiziert dargestellt.

- Jeder Schüler einer Klasse schätzt sich selbst ein und erfährt umgekehrt, wie ihn Mitschüler einschätzen. Hierfür kreuzt er auf einem Fragebogen an, wie er sich selbst sieht, und anschließend, wie er meint, dass ihn die Mitschüler sehen. Folgende Kriterien sind hierfür etwa denkbar:

- Tendenziell positiv: fleißig, intelligent, ehrlich, freundlich, selbstbewusst, einfühlsam, offen, hilfsbereit, gutmütig, selbstständig, cool, sportlich, redegewandt, lustig …
- Tendenziell negativ: ängstlich, nervig, unangenehm, rechthaberisch, aggressiv, langweilig, angriffslustig, verschlossen, pessimistisch, prahlerisch, naiv, empfindlich, verträumt, egoistisch, angepasst …

- Das macht er für zwei seiner Mitschüler (Lehrer teilt ein).
- Hinterher werden die Ergebnisse vom Lehrer in einer persönlichen Auswertung miteinander verglichen und in der Klasse allgemein diskutiert. Es besteht natürlich auch die Möglichkeit, mit einzelnen Schülern die Ergebnisse zu besprechen.

Die „Talkshow“

Die **„Talkshow“** ist ein Verfahren (vgl. DAMBACH 2009, S. 108 ff.), bei dem die Schüler vor der Klasse zu einem der folgenden Themenfelder etwas erzählen: Familie, Herkunft, Eltern und Geschwister, persönliche Stärken und Schwächen, persönliche Angst, Freunde, ideale Mitschüler, Wohlbefinden in der Klasse usw.

Hierdurch wird das Wissen übereinander positiv unterstützt. Manches „Fehlverhalten“ lässt sich so leichter verstehen, ggf. sogar akzeptieren und auch in der Folge besser unterbinden. Wichtig ist hierbei, dass immer persönlichkeitsstarke Schüler mit einem guten Selbstbewusstsein mit der Selbstdarstellung beginnen.

Auch mit der Methode **„Freundliche 10 Minuten“** wird dem Faktum entgegengesteuert, dass oft in der Klasse viel kritisiert, aber zu wenig positives Feedback gegeben wird. Deshalb empfiehlt sich die Einführung eines Rituals, das gezielt Raum gibt für eine wertschätzende und freundliche Kommunikation miteinander.

„Freundliche 10 Minuten“

- 10 Minuten lang sagen die Schüler alles, was sie erfreut, was sie gut an ihren Mitschülern finden, was ihnen im Unterricht und an der Schule gut gefallen hat.
- Kritik, Beschwerden und andere Negativaspekte werden hier bewusst ausgeklammert und stattdessen im Gesprächskreis (Klassenrat) besprochen.
- Die Schüler sprechen über Gutes und Freundliches und nehmen dieses auch entgegen und wahr.
- Die Lehrkraft kann für diese 10 Minuten Beispielsätze vorgeben, damit der Redefluss in Schwung kommt, etwa „Heute hat mir besonders gut gefallen, dass …“ oder „Schön fand ich, dass …“.

Übungen zur Fremd- und Selbsteinschätzung

Mit **„Ich schenke dir ein Wort“** erhält jeder Schüler die Aufgabe, sich ein positives Wort für jeden Mitschüler in seiner Gruppe auszudenken, dieses aufzuschreiben und dem Mitschüler zu geben. So erhält jeder Schüler eine Reihe von positiven Wörtern, die er in eine persönliche Rangfolge bringen oder zu denen er eine eigene Geschichte erfinden kann, die er den anderen vorträgt.

Bei **„Ich schenke mir ein gutes Wort“** schreibt sich jeder Schüler selbst einen Brief aus der Sicht des besten Freundes / der besten Freundin, in dem die eigenen positiven Eigenschaften und Fähigkeiten lobend erwähnt werden (Selbstverstärkung!).

Beim Verfahren **„Vorher – Nachher“** sitzen sich zwei Partner gegenüber und schauen sich ganz genau und intensiv an, ohne miteinander zu sprechen. Auf ein bestimmtes Signal der Lehrkraft hin drehen sie sich so, dass sie Rücken an Rücken sitzen. Nun verändert jeder Schüler eine Kleinigkeit an seinem Aussehen. Nach dem Wiederzurückdrehen wird vom anderen nach der Veränderung gesucht und diese beschrieben.

Beim **„Partner vorstellen“** erzählen sich zwei Partner kurz eine kleine Geschichte (z. B. Wochenenderlebnis) in einer festgelegten Zeit (nicht mehr als 1–2 Minuten pro Erzählung). Jeder muss nun die gehörte Geschichte des anderen nacherzählen.

Beim **„Spiegeln“** werden Körperhaltungen, Mimik oder Gestik des Partners gespiegelt und dieser auf diese Weise bewusst betrachtet und wahrgenommen.

Selbstkompetenz entwickeln – Durchsetzungsfähigkeit ausbauen

Eine im Lebenskontext (Familie, Freundeskreis, Schule, Beruf) zentrale Kompetenz ist es, die persönliche Meinung in Gesprächen konstruktiv einzubringen, eine feste Position zu beziehen und diese nach außen hin deutlich zu machen. Auf der Grundlage eines „gesunden“ Selbstvertrauens bedeutet der Ausbau von Durchsetzungsfähigkeit nicht, stets auf den eigenen Zielvorstellungen zu beharren und sich niemals vom anderen überzeugen zu lassen. Vielmehr geht es darum, die eigene Meinung nicht vorschnell über Bord zu werfen und sich vom Willen der anderen instrumentalisieren zu lassen

Die Entwicklung von Durchsetzungskompetenz

Freilich können Prozesse der Auseinandersetzung mit anderen vielfach mit einem hohen Energieaufwand verbunden sein, etwa wenn unpopuläre Entscheidungen getroffen und die eigene Meinung dauerhaft vertreten bzw.

gegen Widerstände verteidigt werden muss. Und doch muss das Ziel letztlich bleiben, die eigenen Ideale nachhaltig zu erreichen.

Zur Vorbereitung darauf ist es hilfreich, wenn Schüler im Rahmen der Klassengemeinschaft die Gelegenheit erhalten, sich zunächst in Form einer Blitzlichtrunde zu aktuell besprochenen Themenfeldern zu äußern. Es geht darum, den Mut zu entwickeln, sich vor der Klassengemeinschaft zu den eigenen Gedanken, Emotionen, Standpunkten usw. „laut" zu bekennen und sich nicht durch andersartige Meinungen verunsichern zu lassen. Eine derartige **Blitzlichtrunde** kann etwa mit neutralen Sachthemen (Idole, Kleidungsstil, Lieblingsessen, Musikgeschmack usw.) beginnen.

Die Blitzlichtrunde als Einstieg

Jeder Schüler begründet hierbei, warum ihm gerade die von ihm vertretenen Vorlieben wichtig sind, was er an ihnen schätzt.

Aus der Diskussion mit den Mitschülern ergeben sich möglicherweise interessante Aspekte und Anregungen für zukünftige eigene Überlegungen und Argumente.

Als Hilfestellung können den Schülern hierbei folgende Satzanfänge angeboten werden:

- „Ich habe aus dem Gehörten gelernt, dass …"
- „Mir ist jetzt klar, dass …"
- „Die neuen Informationen kann ich gut dafür gebrauchen, dass …"
- „Besonders wichtig an dem neuen Wissen ist mir, dass …"

Üben lässt sich diese Durchsetzungsfähigkeit auch dadurch, dass Schüler in Gruppen zu bestimmten **Pro-kontra-Diskussionsthemen** Argumente sammeln und gegen die Meinung der anderen vertreten müssen. Im Anschluss daran gilt es, den jeweiligen Diskussionsverlauf und die damit verbundenen persönlichen Emotionen beim Umgang mit den Widerständen zu reflektieren. Aus dieser Reflexion lassen sich Tipps ableiten, wie sich die eigene Meinung leichter verteidigen lässt und woran man eventuell noch weiter arbeiten muss, um andere von etwas überzeugen zu können.

Pro-und-kontra-Diskussion

Spiele zur Kommunikation und zum Selbsterkennen

Gerade über Spiele im Rahmen der Klassengemeinschaft können Schüler soziale Erfahrungen im gemeinsamen Miteinander machen, da hier ein offenes Zugehen auf Mitschüler erforderlich ist und Erfahrungen im gegenseitigen Berühren, Kommunizieren usw. gemacht werden können. Unter anderem sind folgende Spielmöglichkeiten denkbar (vgl. Kase 1995):

Spiele zur Kommunikation und Selbsterkenntnis

Wir lösen unseren Knoten auf
Gruppen von maximal 10 Schülern bilden einen engen Kreis, schließen die Augen und strecken ihre Hände in die Mitte. Sie suchen sich „blind" die Hände von Mitschülern und halten diese fest. Hat jeder zwei Hände gefunden, öffnet er wieder seine Augen. Ziel ist es nunmehr, den entstandenen Knoten durch Drehen und Übereinander-Hinwegklettern wieder aufzulösen und den Anfangskreis wiederherzustellen, ohne dass die Hände der anderen losgelassen werden. Hierbei darf miteinander – leise und unter Angabe von Tipps – kommuniziert werden. Am Ende von mehrfach wiederholten Spielrunden sollte ein Erfolgserlebnis stehen.

Ich will rein
Eine Gruppe von Schülern steht – Schulter an Schulter – ganz fest im Kreis zusammen, wobei die Arme zur Bildung einer stabilen Mauer jeweils über die Schultern der Nachbarn gelegt werden. Ein außerhalb des Kreises stehender Schüler muss nun versuchen, durch Körpereinsatz (Schlagen, Stoßen, Beißen oder Kitzeln sind nicht erlaubt!), durch Überredung oder durch das Anwenden einer List in den Kreis zu gelangen.

Urwaldbrücke
Für dieses Spiel benötigt man die Langbank einer Turnhalle, deren schmale Seite nach oben zeigt. Von jeder Seite der Langbank bewegen sich zwei Schüler aufeinander zu und müssen versuchen, durch gegenseitiges Helfen, Absprechen usw. so aneinander vorbei zu kommen, dass niemand von der Langbank fällt.

Fliegender Teppich
Die Mitglieder einer Kleingruppe müssen ein auf dem Boden liegendes Stück Zeitungspapier mit Strohhalmen ansaugen und nach oben heben. Die Erfahrung zeigt, dass die Aufgabe nur durch das Zusammenspiel aller bewältigt werden kann.

Eisscholle (vgl. BAER/BÜCKEN)
Eine Schülergruppe, bei genug Platz auch die ganze Klasse, steht dicht gedrängt auf Zeitungspapier. Dieses symbolisiert eine Eisscholle und wird schrittweise von der Lehrkraft verkleinert. Die Gruppe muss versuchen, alle Mitschüler auf die noch vorhandene Eisscholle zu retten und sich gegenseitig zu helfen, um nicht „ins Wasser" zu fallen. Beendet ist das Spiel, wenn die ganze Eisscholle zu sinken droht.

Im Anschluss an eine Durchführung der genannten Spiele ist es wesentlich, die mit den Spielen einhergehenden Emotionen und Gefühle offen anzusprechen. Hierbei stehen Fragen im Vordergrund wie:

- Wie habe ich mich gefühlt, als …?
- Kenne ich diese Art von Gefühlen schon aus anderen Zusammenhängen? Wie empfinde ich diese Gefühle? (Als ungewohnt, unangenehm, angenehm?)
- Was habe ich durch das Spiel Neues gelernt? Wobei könnte mir diese Erfahrung in Zukunft helfen? Wo könnte ich diese Erfahrung brauchen und anwenden?
- Würde ich beim nächsten Mal in einer derartigen Situation anders handeln?

Soziale Kompetenzen fördern

Kooperatives Lernen in der Klasse

Den gemeinschaftlichen Lernprozess und den klasseninternen Zusammenhalt kann eine Lehrkraft positiv unterstützen, indem sie in der Klasse durch vielfältige soziale Arbeitsformen (z. B. Gruppenarbeiten nach dem Prinzip des Kooperativen Lernens, etwa STEX-Methode mit Stamm- und Expertengruppen, Placemat-Verfahren usw.) eine „gegenseitige positive Abhängigkeit“ (Olweus 2006, S. 91) stiftet.

Kooperatives Lernen (KL) ist eine besondere Form des Gruppenunterrichts. Schüler werden hierbei durch klare Organisations- und Verlaufsrituale angeleitet, sich im Lernprozess gegenseitig verantwortlich zu unterstützen. In besonderer Weise wird durch diese Lernorganisation das soziale mit dem kognitiven Lernen verknüpft. Dies wirkt sich förderlich auf den individuellen, aber auch gruppenbezogenen Lernprozess aus. Durch teambildende Maßnahmen finden Gruppenprozesse statt. Alle Gruppenmitglieder helfen zusammen, um zu einem gelungenen Gruppenresultat zu gelangen. Grundsätzlich muss jedes Gruppenmitglied in der Lage sein, die gemeinsam erarbeiteten Gruppenergebnisse vorzustellen, was eine hohe Schüleraktivierung und Selbsttätigkeit erfordert. (Weitere Informationen sind zu finden unter: www.kooperativeslernen.de)

Erstellen eines Sozialzielekatalogs

Sinnvoll ist auch die gemeinsame Erstellung eines Sozialzielekatalogs. Dieser Sozialzielekatalog (vgl. Weidner 2005, S. 22) geht von der Annahme aus, dass sich Schüler den Regeln entsprechend verhalten können und wollen, wenn

- sie genau wissen, was von ihnen erwartet wird und wie dieses erwartete Verhalten konkret aussieht.

- Regeln in einen wertschätzenden und wohlwollenden Kontext eingebettet sind.
- Regeln angemessen und für die Schüler transparent, am besten mit ihnen entwickelt sind.
- die Schüler durch Feedback die Möglichkeit bekommen, sich verantwortlich an Regeln halten zu können.
- das Kollegium ein Regelwerk gemeinsam diskutiert, gestaltet und mitträgt, um gemeinsames pädagogisches Handeln nachhaltig zu machen.

Klassenkreisgespräche
Klassengesprächskreise bieten eine weitere Form, das kommunikative und soziale Miteinander zu fördern. Schüler und Lehrkraft einigen sich in einem Klassenkonsens gemeinsam auf zu besprechende (aktuelle, aber auch anderweitig „brennende") Themen. Schüler erfahren hierbei z. B. folgende Regeln:
- „Ich spreche für mich."
- „Ich entscheide, wann ich etwas sage."
- „Ich nehme die Meinung von Mitschülern ernst."

Lob und positive Verstärkung
Nicht zuletzt sind auch Lob und positive Verstärkung einer Lehrkraft essentiell, sei es das Lob einzelner Schüler, einer Gruppe von Schülern oder auch der ganzen Klasse,
- weil sie sich positiv/regelgetreu verhalten haben;
- weil sie eingegriffen haben, wenn Schüler versucht haben, andere zu mobben;
- weil sie Aktivitäten angefangen oder mitgemacht haben, die alle Schüler der Klasse beteiligen, ohne irgendeinen auszuschließen;
- weil sie die Initiative ergriffen haben, ausgegrenzte Schüler in gemeinsame Tätigkeiten mit einzubeziehen
- und ganz allgemein, weil sie sich hilfsbereit und freundlich verhalten haben.

Gerade auch aggressive Schüler und solche, die leicht von anderen beeinflusst werden, sollten gelobt werden, wenn sie sich regelkonform verhalten und sich nicht an Gewalt beteiligt haben unter Umständen, die sie normalerweise herausfordern.

Hat ein Schüler jedoch gegen vereinbarte Regeln verstoßen, so muss dieses Verhalten umgehend sanktioniert werden. Grundsätzlich sind bei der Verhängung von Sanktionen im Vorfeld folgende Fragen zu klären:
- Ist die Strafe leicht anzuwenden?
- Ist die Strafe unangenehm, ohne feindlich zu sein?

- Richtet sich die Strafe gegen die Tat und nicht gegen den Täter?

Bei Erteilung der Sanktion selbst sind folgende Vorgehensweisen sinnvoll:
- persönliches Lehrer-Schüler-(Schulleiter-)Gespräch
- Wahrnehmen der Pausen in der Nähe einer Aufsichtsperson
- Teilnahme am Unterricht einer anderen Klasse
- Vorenthalten gewisser Privilegien

Konfliktfähigkeit/-kompetenz

Konflikthaltige Situationen im Schulalltag sind oftmals hoch emotional und mit negativen Gefühlen besetzt. Als Basis einer konfliktgerechten Austragung von Auseinandersetzungen ist es deshalb wesentlich, Konfliktpotenziale von Begegnungen rechtzeitig zu erkennen und offen anzunehmen. Zudem müssen die eigenen wie auch die fremden Bedürfnisse in dieser Situation wahrgenommen und die Sichtweisen des/der Konfliktpartner(s) grundsätzlich akzeptiert werden.

Erst der nächste Schritt beschäftigt sich mit dem zielgerichteten Vorbeugen einer Eskalation der Konfliktsituation, bei der es Gewinner und Verlierer gibt. Konfliktfähigkeit besteht in der Kompetenz, in spannungsgeladenen Situationen die eigene Meinung offen und selbstbewusst zu vertreten, ohne den anderen dabei zu verletzen oder „in die Enge" zu treiben. Vielmehr sollen nach einer grundlegenden Analyse der Spannungsfaktoren gemeinsame konstruktive Lösungsansätze entstehen, die im Sinne einer „Win-win-Situation" für alle Konfliktpartner Perspektiven für eine friedliche weitere Zusammenarbeit erbringen.

Nach einer grundsätzlichen Reflexion und Diskussion der Konfliktsituation, bei der die beteiligten Parteien ihren jeweiligen Standpunkt und die in ihnen entstandenen Emotionen äußern dürfen, gilt es, mögliche Strategien zur Konfliktlösung zu erfahren und zu reflektieren (vgl. Böttcher/Lindart 2009, S. 116 f.):

Strategien zur Konfliktlösung

1. Vermeidung
   - Geht man dem Konflikt aus dem Weg und hofft darauf, dass er sich von selbst löst, impliziert das die Gefahr, dass der Konflikt weiter schwelt und sich beim nächsten Mal potenziert (Verlierer-Verlierer).
2. Nachgeben
   - Eine Anpassung an die Wünsche des anderen ist nur sinnvoll, wenn keine Aussicht auf eine anderweitige Lösung besteht und die Gegenpartei überlegen ist. Ansonsten entsteht die Gefahr eigener Frustrationserlebnisse und ein Sinnen auf Rache (Gewinner-Verlierer).

3. Durchsetzen
   - Eigene Interessen um jeden Preis durchzusetzen beinhaltet die Gefahr, den anderen zu frustrieren und sein Ansinnen auf Rache zu nähren (Gewinner-Verlierer).
4. Kompromiss
   - Ein gegenseitiges Aufeinanderzugehen kann gefährlich sein, da jeder zwar ein bisschen gewinnt, aber eben auch ein wenig verliert.
5. Kooperation
   - Das Beste ist ein lösungsorientiertes Bearbeiten des Konfliktes und ein Ausblenden einer möglichen Ursachen- und Schuldfrage. Hieraus kann ein beidseitiger Gewinn entstehen, der alle Interessen berücksichtigt und eine kreative Lösung beinhaltet (Synergieeffekte) (Gewinner-Gewinner).

Rollenspiele als Übungsfeld

Letztere Form der Konfliktlösung lässt sich gut üben in Form von Rollenspielen in kleineren Gruppen (4–5 Schüler) zu fiktiven Konflikten (Hinweis auf Spielcharakter!!). Die beiden Konfliktparteien erhalten zunächst die Aufgabe, sich jeweils in ihre Sichtweise einzuarbeiten und dann in die Auseinandersetzung mit der anderen Konfliktpartei zu treten. Jeweils 2–3 Außenstehende, die als neutrale Beobachter fungieren und ihre Wahrnehmungen schildern (Achten auf Körpersprache, Ausdruck, Stimmlage, Wortwahl usw.), beobachten die Situation. Im Anschluss an das Konfliktgespräch werden alle beteiligten Konfliktpartner wieder in die Realität „zurückgeholt" (z. B. durch Musik). Nunmehr werden sowohl von den beiden Konfliktparteien als auch von den Beobachtern die jeweils gemachten Wahrnehmungen und Emotionen geschildert und reflektiert. Abschließend sollen alle Beteiligten zielführende Lösungsmöglichkeiten des Konflikts finden. Auch die Lehrkraft bringt noch einmal alle denkbaren Konfliktbewältigungsstrategien ins Gespräch, betont jedoch, dass in der Regel die Kompromiss- und insbesondere die Kooperationsstrategie am gewinnbringendsten sind.

Richtiger Umgang mit Killerphrasen

Vermeidung von Killerphrasen

In Konfliktsituationen wird oftmals nicht sachlich, sondern vielmehr emotional und beleidigend – durch das Aussprechen von Pauschalurteilen bzw. Vorwürfen – argumentiert. Diese sollen vielfach gezielt verletzen.

Um eine Eskalation zu vermeiden, sollten bereits im Vorfeld mögliche Umgangsmuster auf derartige Äußerungen überlegt werden. Auf diese Weise kann man in einer real eintretenden Konfliktsituation einen „kühlen Kopf" bewahren. Zunächst gilt es, nach Beleidigungen erst einmal tief durchzuatmen und nicht sofort zu reagieren, sondern seine Gedanken vielmehr zu sammeln. Sodann lassen sich mit BÖTTCHER/LINDART folgende vier Vorgehensweisen empfehlen:

- „Diplomatie – den Einwand versachlichen und konkretisieren
  - Wie ist der Eindruck bei dir entstanden?
  - Ich denke, wir sollten wieder auf eine Sachebene kommen.
- Gegenwehr – Grenzen aufzeigen
  - Du gehst hier definitiv zu weit.
  - So lasse ich nicht mit mir reden.
- Humor – den Angriff ironisieren
  - Guter Witz – und was denkst du wirklich?
  - Spaß beiseite – kommen wir wieder zur Sache.
- Gegenfrage – den Ball zurückspielen
  - Was veranlasst dich zu dieser Meinung?
  - Wo liegen deine Vorstellungen?" (BÖTTCHER/LINDART 2009, S. 108)

Partnerübungen zum Schutz vor Killerphrasen

Diese Umgangsformen lassen sich in kurzen Partnereinheiten üben, indem zunächst ein Schüler eine Killerphrase vorgibt (darauf achten, dass hier nichts persönlich/wörtlich genommen wird, sondern das Ganze nur eine Übung ist!!) und der andere hierauf reagieren muss. Im Anschluss daran werden die Rollen getauscht. Wird ein Schüler mit der Killerphrase konfrontiert, muss er versuchen, mehrere Antwortoptionen zu finden.

Im Anschluss wird das Gespräch reflektiert und überlegt:

- Wie habe ich mich gefühlt, als mir diese Killerphrase entgegengebracht wurde?
- Welche Reaktion lag mir spontan „auf der Zunge"?
- Welche möglichen Reaktionsformen gab es allgemein?
- Wie hat der andere jeweils auf meine unterschiedlichen Antworten reagiert?
- Welche Reaktionsform war – im Sinne von Deeskalation – die günstigste?

Die gegenteilige Reflexion

Auch die gegenteilige Reflexion ist in folgender Form sinnvoll:

- Wie habe ich mich gefühlt, als ich dem anderen eine Killerphrase „hingeschleudert" habe?
- Wie sah es in mir auf seine Reaktionen hin aus?
- Welche Reaktion hat mich am meisten überzeugt, was noch wütender gemacht?

Eine Schlussreflexion kann sich schließlich mit folgenden Fragen beschäftigen:

- In welchen Lebenssituationen habe ich derartige Killerphrasen schon gehört?

- Wie habe ich damals darauf reagiert, wie würde ich heute darauf reagieren? Hat sich bei mir also etwas geändert?
- In welchen zukünftigen Situationen könnte ich derartige Killerphrasen erfahren? Wie sollte ich dann darauf reagieren?

Konfliktgespräche gewaltfrei führen

Sollen verbale Streitereien nicht eskalieren, braucht es eine angemessene Sprache, die den anderen als Person mit seiner individuellen Würde wertschätzt und ihn als Gesprächspartner anerkennt. Hierfür sollten Schüler für die jeweils im Sprachverhalten implizit versteckten Botschaften sensibilisiert werden und lernen, einen adäquaten Umgangston zu verwenden. Modellhaft führt die Lehrkraft hierzu in die Techniken der Giraffensprache sowie der Wolfssprache ein und stellt deren jeweilige Spezifika dar.

Giraffensprache

- Teilt dem anderen mit, was einen stört, ohne ihn zu verletzen
- Offenbart dem anderen die eigenen Gefühle
- Legt die eigenen Wünsche deutlich dar
- Formuliert konkret eine Bitte bzw. einen Wunsch an den anderen

> „Das größte Herz aller Landtiere auf der Welt hat die Giraffe. Sie braucht so ein großes Herz, um das Blut durch den langen Hals bis in den Kopf zu pumpen. Die Giraffe lebt friedlich mit den anderen Tieren zusammen, mit den Antilopen, den Zebras, den Löwen und den Elefanten. Die Giraffe hat einen langen Hals und sieht die Welt mehr von oben. Daher kann sie vieles sehen und beobachten, was andere Tiere nicht sehen können.
> Sie nimmt keinem Tier etwas weg, weil sie mit ihrem langen Hals nur dort frisst, wo kein anderes Tier herkommt. Es gibt somit keinen Streit mit der Giraffe, und sie kann mit allen friedlich zusammenleben." (PIT 2011, S. 86)

Wolfssprache

- Verletzt den anderen mit Worten
- Redet schlecht über den anderen
- Enthält einen Ausdruck von Wut
- Sucht gezielt den Streit mit dem anderen

> „Wölfe stehen hier für Lebewesen, die nicht den Überblick wie die Giraffen haben und nicht über ein so großes Herz verfügen. Wenn Wölfe wütend sind, dann schnappen sie zu, knurren andere an und verletzen sie in irgendeiner Weise. Wenn Wölfe Angst haben, dann verstecken sie ihre Gefühle und sagen nicht, wie es ihnen wirklich geht." (PIT 2011, S. 87)

Nach Erarbeitung der charakteristischen Merkmale wird gemeinsam herausgearbeitet, welche Botschaften in einem Gespräch die beiden Sprachmuster deutlich machen. Neben dem entsprechenden Wortlaut ist es noch mehr die Einstellung des Sprechers zum Gegenüber, die hier sichtbar wird.

Anschließend gibt die Lehrkraft mehrere Sätze in Wolfssprache vor, die die Schüler in eine weniger verletzende Giraffensprache „übersetzen" sollen.

Rollenspiele zur Giraffensprache

Ein darauf folgendes, von Schülern freiwillig vorgespieltes Rollenspiel kann zunächst eine problematische Gesprächssituation symbolisieren, die die Klasse gemeinsam reflektiert. Danach wenden Kleingruppen die nunmehr besprochenen Sprachmuster der Giraffensprache im gegenseitigen Dialog an. Zwei Schüler spielen die Dialogpartner, der dritte Schüler den neutralen Beobachter. Der Beobachter achtet auf

- die Körpersprache der Konfliktpartner (Kopfhaltung, Blickkontakt, Gestik, Mimik, Arm- und Beinbewegungen usw.),
- die Sprache der Konfliktpartner (Lautstärke, Tonfall, Sprechtempo, Wortwahl, Gesprächshäufigkeit, „Ich"- oder „Du"-Botschaften).

Auch hier werden die jeweiligen Rollen reihum gewechselt, bis eine für alle Gruppenmitglieder akzeptable Lösung gefunden wird. Jede Gruppe stellt sodann der Klasse ihr Lösungsmuster vor und erneut wird dieses gemeinsam reflektiert.

Empathie entwickeln

Entwicklung von Empathie

Schüler sollen mit fortschreitendem Alter lernen, die Emotionen ihrer Mitmenschen richtig zu verstehen und zu deuten. Dies kann dadurch gelingen, dass sie die Ursachen sowie die Erscheinungsformen und innere Beschaffenheit von Emotionen und Gefühlen, von Wünschen wie auch von Ängsten, bewusst erleben bzw. darüber informiert werden.

Gefühle der Mitmenschen kann jeder Einzelne auf verschiedene Weise wahrnehmen:

- durch den gezielten Blick auf den anderen (Gesicht, Körperhaltung usw.),
- durch das Hören auf die Äußerungen des anderen (Schimpfen, Weinen usw.),
- durch gezielte Fragen an den Mitmenschen nach dessen Befinden.

Schüler sollten lernen, für ein umfassendes Bild von der momentanen Befindlichkeit des anderen alle Erfahrungskanäle gemeinsam zu nutzen.

Überdies sollten sie bereits im Vorfeld spezifische Anzeichen für eine bestimmte (negative) Stimmungslage des anderen erkennen und möglichst umgehend mit „positiven Gegenmaßnahmen" darauf reagieren.

Schritte zum Aufbau von Empathie

Beginnen kann man dabei mit einer Pantomime, bei der Schüler verschiedene Tätigkeiten darstellen, die die anderen erraten müssen (z. B. Berufe). Auf diese Weise werden die Mitschüler dazu veranlasst, genau auf die Person des anderen, auf seine Mimik und Gestik zu achten.

Anschließend können persönliche Gefühle des Einzelnen pantomimisch dargestellt werden (z. B. Wut, Ärger, Freude, Angst). Ein folgendes Gespräch über die wahrgenommenen Beobachtungen zeigt dem Beobachteten, wie er auf die anderen gewirkt hat. Der Beobachter wiederum erfährt, ob er nonverbale Äußerungen des Gegenübers richtig interpretiert hat.

In einem weiteren Schritt können sich die Schüler in Kleingruppen – unter Wahrnehmung vereinbarter Gesprächsregeln – kurze Geschichten erzählen, in denen sie von sich vier wichtige Eigenschaften nennen. Drei dieser Eigenschaften sind zutreffend, eine vierte sollte erfunden sein. Dem Beobachter kommt nun die Aufgabe zu, zu erkennen, welche der genannten Eigenschaften nicht zutrifft (z. B. anhand der veränderten Mimik, Gestik, Stimme beim Schwindeln).

Literatur

Baer, U. / Bücken, H. (u. a.) (o. J.): Remscheider Spielkartei. Ökotopia, Münster.

Böttcher, W. / Lindart, M. (2009): Schlüsselqualifiziert. Schüler entwickeln personale und soziale Kompetenzen. Beltz: Weinheim, Basel.

Dambach, K. E. (2009): Mobbing in der Schulklasse. Reinhardt: München u. a. 2009 (3. Aufl.).

Eisenberg, N. / Fabes, R. A. / Uthrie, I. K. / Reiser, M. (2002): The role of emotionality and regulation in children's social competence and adjustment. In: Pulkkinen, L. / Caspi, A. (Eds.): Paths of successful development. Personality in the life course. Cambridge University Press: New York, pp. 46–70.

Jugert, G. / Rehder, A. / Notz, P. / Petermann, F. (2009): Soziale Kompetenz für Jugendliche. Grundlagen und Training. Juventa, Weinheim/München (6., überarb. Aufl.).

Kase, G. (1995): Samfund und Miteinandern. Bausteine zum psychosozialen Lernen in der Schule, Teil 1–4. Verband Schleswig-Holsteinischer Schulpsychologen e. V.: Lübeck.

Olweus, D. (2006): Gewalt in der Schule: was Eltern und Lehrer wissen sollten – und tun können. Huber: Bern (4., durchges. Aufl.).

Petermann, F. / Wiedebusch, S. (2008): Emotionale Kompetenz bei Kindern. Hogrefe: Göttingen (2., erw. Aufl.).

Prävention im Team (PIT) (2011): Ein Programm zum sozialen Lernen und zur Kriminalprävention im Jugendalter. Brigg: München (2. überarb. Aufl.).

Schiffer, P. / Von der Linde, B. (2002): Mit Soft Skills mehr erreichen. Verlag moderne-industrie: München.

Weidner, M. (2005): Soziale Kinder lernen besser. In: Grundschule 2/2005, S. 22–28.

4.3 Elternarbeit mit (ausländischen) Schülereltern

Stefan Seitz / Karin Leibl

4.3.1 Zur Bedeutung von Elternarbeit allgemein

Dass Elternarbeit mittlerweile als wesentlicher Faktor einer gelingenden schulischen Erziehungs- und Bildungsarbeit erkannt wird, hängt zusammen mit unserer Zeit, in der die pluralen gesellschaftlichen Wertvorstellungen oftmals keine klaren Bezugspunkte zur eigenen Lebensgestaltung mehr bieten, familiäre Beziehungen in steigendem Maße erodieren und den Schulen immer mehr Erziehungsaufgaben übertragen werden. Um zum einen nicht selbst überfordert zu werden, zum anderen aber auch um unseren Kindern und Jugendlichen feste und miteinander harmonierende Orientierungsmuster zu einem gelingenden Persönlichkeitsaufbau zu bieten, müssen Schule und Elternhäuser dringend aufeinander zugehen und feste Formen der Kooperation institutionalisieren. In einer engen Erziehungspartnerschaft muss die gemeinsame Erziehungs- und Bildungsverantwortung für die Heranwachsenden besser aufeinander abgestimmt werden. Dies betont etwa auch der WISSENSCHAFTLICHE BEIRAT FÜR FAMILIENFRAGEN, wenn er schreibt: „Für Kinder ist es eminent wichtig, dass die Personen, die sich ihre Erziehung teilen, in der grundlegenden Ausrichtung ihres Erziehungsverhaltens übereinstimmen, dass sie ähnliche Ziele verfolgen, konkretes Erziehungsverhalten in ähnlicher Weise begründen und dass sie vieles von dem, was sie Kindern mit auf den Weg geben wollen, in ähnlicher Weise auch selbst vorleben. [...] Dabei kann das Verhältnis zwischen Eltern und den außerhalb der Erziehung Beteiligten nur als ein partnerschaftliches verstanden werden, das heißt, es müssen Erziehungspartnerschaften eingegangen und gepflegt werden.“ (WISSENSCHAFTLICHER BEIRAT FÜR FAMILIENFRAGEN 2005, S. 20)

Elternarbeit als zentraler Faktor

Dieses Faktum des Vorlebens gemeinsamer Erziehungsgrundlagen gilt nun umso mehr bei Schülereltern mit Migrationsgeschichte, deren familiäre und gesellschaftliche Vorstellungen in vielen Belangen von deutschen Wertemustern differieren und in den Heranwachsenden somit Unsicherheiten auslösen. Nur ein Miteinander aller Beteiligten schafft in gegenseitiger Abstimmung der jeweiligen Zuständigkeiten, Gemeinsamkeiten wie auch Differenzen eine stabile Erziehungsvorstellung und Erziehungssituation für Kinder und Jugendliche mit Migrationsgeschichte. Überhaupt braucht der Lehrer für eine pädagogisch legitimierte fruchtbare Arbeit umfassende Kenntnisse über die Lebenssituation seiner Schüler, die er nur über deren Eltern bekommen kann.

Bedeutung der Elternarbeit im Kontext Migration

Elternarbeit als Basis für Schulzufriedenheit

Auch korreliert eine gegenseitige Unterstützung von Lehrkräften und Eltern positiv mit der Schulzufriedenheit der Kinder (vgl. ECCLES 1996) und hilft diesen, Spannungen des Schulalltags besser zu bewältigen. Eine gegenseitige Akzeptanz schlägt sich so in einem Wohlfühlen in der eigenen Klasse nieder (vgl. SCHMID/KUNTSCHE/FELGRANDE 2001). Zudem spielt die Zusammenarbeit von Eltern und Schule für den Schulerfolg der Kinder eine Schlüsselrolle, wie eine von der Europäischen Kommission geförderte Studie ergab (vgl. SAAD/LEUMER 1997).

Nicht zuletzt haben aber auch die ausländischen Eltern einen Anspruch auf Information und Rechenschaftslegung der Lehrkraft für einen maßgeblichen Sozialisationsabschnitt im Leben ihrer Kinder. Durch Offenlegung der objektiven schulischen Sozialisationsbedingungen (Einflüsse, Anforderungen und Zwänge), der fachlichen Anforderungen (Lehrpläne usw.) wie auch der Erziehungsstile und der Beziehung der Lehrkräfte zum Schüler kann einer Furcht ausländischer Eltern vor einer „Verdeutschung" ihrer Kinder vorgebeugt werden.

4.3.2 Forschungsbefunde zur Elternarbeit

Problemstellen der Elternarbeit

Die Arbeit mit Schülereltern generell wird im schulischen Alltag immer wieder durch verschiedene Probleme und Missverständnisse erschwert. Zu den hinderlichen Bedingungen sind so unter anderem zu zählen:

- Angst der Eltern (vor Schullaufbahnentscheidungen der Schule, vor Benachteiligungen des eigenen Kindes bei Artikulation der eigenen Meinung usw.)
- Überhöhtes Anspruchsdenken der Eltern an die Schule (Förderung und Sorge insbesondere für das eigene Kind)
- Unzufriedenheit mit der schulischen Notengebung
- Unterschiedliche Arbeitszeiten und beiderseitige berufliche Belastungen, die ein gemeinsames Zusammentreffen erschweren
- Unzureichende Information der Eltern über die schulischen Leistungsbedingungen bzw. über den Leistungsstand des einzelnen Schülers
- Unterschiedliche Erfahrungshorizonte aufgrund von Bildungsunterschieden zwischen Lehrkräften und Eltern
- Negative Selbsterfahrungen mancher Eltern mit der Schule (eigene Schulzeit)
- Verschiedenartige Erziehungsziele
- Finanzielle Überforderung mancher Eltern durch Anschaffungswünsche einzelner Lehrkräfte

- Mangelhafte Fortbildung von Lehrkräften in Bezug auf eine konstruktive Elternarbeit
- Differierende Leistungsansprüche und unterschiedliche Meinungen zu den erforderlichen schulischen Lernformen
- Unpersönlicher Schriftverkehr der Schule mit den Elternhäusern
- Sprachbarrieren (unpassende fachbezogene Wortwahl bzw. Verständigungsprobleme mit ausländischen Schülereltern)
- Überengagierte Eltern
- Beiderseitige Vorurteile (vgl. DOPPKE/GISCH 2005, S. 23–27)

Formen der Elternkontakte

Diese Probleme vermögen oftmals durch die bestehenden Formen der Kooperation nicht zufriedenstellend behoben zu werden. Dies verwundert nicht weiter, wenn man bedenkt, dass die meisten Elternkontakte (jeglicher Nationalität) bei Klassenelternabenden (ein- bis zweimal im Jahr) stattfinden (83 %), gefolgt von Elternsprechtagen (70,1 %; ein- bis zweimal jährlich) und Sprechstunden (64,9 %; ein- bis zweimal im Jahr). Die häufigsten Kontakte fanden dabei im Allgemeinen mit Eltern von Primarschülern statt (vgl. SACHER 2005, S. 2). Darüber hinaus ist zu konstatieren, „dass bei einem nicht unerheblichen Teil der Lehrkräfte die Elternkontakte Besorgnis erregend schwach ausgeprägt sind:

- Bei mehr als der Hälfte der Lehrkräfte (54,2 %) besucht allenfalls die Hälfte der Eltern die Sprechstunden, bei einem reichlichen Viertel (25,7 %) der Lehrkräfte sogar weniger als ein Viertel.
- Bei fast einem Viertel (24,7 %) der Lehrkräfte besucht allenfalls die Hälfte der Eltern die Elternabende, bei 4,4 % kommt sogar weniger als ein Viertel.
- Ebenfalls bei nahezu einem Viertel (23,1 %), in Realschulen und Gymnasien sogar bei fast einem Drittel (32 %) der Lehrkräfte besucht höchstens die Hälfte der Eltern die Elternsprechtage, bei 4,1 % sogar weniger als ein Viertel." (SACHER 2005, S. 3)

Ursache mangelder Kontakte

Dieser fehlende Umgang miteinander liegt zum einen sicherlich an den Lehrkräften selbst, von denen SACHER mehr als ein Drittel aller Befragten (36,8 %), überwiegend an Gymnasien und Realschulen tätige sowie ältere Lehrkräfte, zu den „Kontaktunwilligen" (SACHER 2005, S. 10) zählt. Dem Gegentypus der „Aufgeschlossenen" rechnet SACHER nur 17,5 % der Lehrkräfte zu, wobei er schlussfolgert: „Bemerkenswert ist, dass ein ausgesprochen kontaktfreudiger Typ anscheinend nicht existiert. Auch die ‚Aufgeschlossenen' praktizieren keineswegs alle Kontaktformen regelmäßig oder gar häufig." (SACHER 2005, S. 11) Ursächlich hier sind überkommene Vorstellungen der Eltern hinsichtlich einer Funktionsteilung zwischen Schule und Elternhaus, wonach sich die Schule vorwiegend um Unterrichtliches zu kümmern hätte, die Erziehungsaufgaben hingegen den Eltern überlassen sollte.

Umgekehrt erfahren aber auch die Eltern selbst vielfach zu wenig Nutzen aus der Zusammenarbeit mit Lehrkräften (vgl. SACHER 2005, S. 6), weshalb sie an eine derartige Kooperation wohl ebenfalls mit Vorurteilen herangehen.

Unzulänglichkeiten im gegenseitigen Verständnis

Um wie viel stärker gelten diese Unzulänglichkeiten des gegenseitigen Verständnisses und einer kooperativen Arbeit in Bezug auf ausländische Schülereltern, denen oft neben einer erhöhten Angst vor deutschen Institutionen, mangelnden Deutschkenntnissen und vielfach nicht vorhandenen Möglichkeiten einer adäquaten schulischen Unterstützung ihrer Kinder fremde Wertemuster unseres Gesellschaftssystems und der Schule als ihrer Einrichtung entgegenschlagen.

Trotz dieser eher ernüchternden Befunde kommen Lehrer dennoch nicht umhin, aufgrund der Erziehungspartnerschaft auf Schülereltern zuzugehen und diesen eine Zusammenarbeit anzubieten, um gemeinsame Erziehungsleitlinien für die Kinder zu verfolgen und sich bei ihrer Umsetzung abzustimmen.

4.3.3 Zu den Ausgangsbedingungen bei Schülereltern mit Migrationsgeschichte

Heterogenität der Migrationssituation

Allgemeingültige Aussagen über Eltern und Kinder mit Migrationsgeschichte zu treffen ist unmöglich, ebenso gibt es keine allgemeingültigen Tipps. An jeder Schule ist der Anteil von Kindern mit Migrationshintergrund anders, er differiert von unter 5 % bis über 80 %. Entsprechend unterschiedlich ist natürlich die Vorerfahrung der Lehrkräfte und der Eltern mit der Zusammenarbeit. Ebenso muss man unterscheiden, in der wievielten Generation die Schüler hier in Deutschland sind, denn auch hier ist es sehr unterschiedlich, wie Eltern und Kinder dem System Schule gegenüberstehen. Zudem hat jede Nationalität, jede Kultur, jedes Herkunftsland eine andere Betrachtungsweise auf Bildung, das System Schule und die Notwendigkeit von Kooperation zwischen Schule und Elternhaus.

Um Elternarbeit mit ausländischen Schülereltern adäquat voranbringen zu können, ist für eine Lehrkraft zunächst das entsprechende Bewusstsein der jeweiligen Unterschiede und eine grundsätzliche Offenheit und Toleranz für differierende Vorstellungen vom Leben und von der Kindererziehung vonnöten. Diese resultieren aus oftmals andersartig gewachsenen kulturellen und religiösen Traditionen, denen zufolge Kinder oft schon in frühem

Alter bei der Hausarbeit oder auch der Betreuung kleinerer Geschwister mithelfen müssen und überdies in teilweise recht großen Familien und unter beengten Wohnverhältnissen aufwachsen. Sie haben vielfach keinen ruhigen eigenen Arbeitsplatz zur Erledigung ihrer schulischen Arbeiten und genießen keine besondere schulische Förderung; Talente werden auf diese Weise vielfach nicht erkannt.

Überhaupt sind feste Orientierungsmuster auch für die neu zugewanderten Eltern schwierig, da sie vielfach selbst durch die fremden Lebensgewohnheiten und die für sie fremdartigen kulturellen Werte in Deutschland Orientierungsprobleme haben und teilweise darauf reagieren, indem sie zwanghaft an Überkommenem festhalten. Über unser hiesiges Gesellschaftssystem und die damit verbundenen Institutionen haben sie mitunter selbst nur rudimentäre Kenntnisse, die sie aufgrund mangelnder eigener Sprachkompetenz auch nicht ausbauen können. Auch ihre Kontakte zum deutschen Umfeld zwecks Information und Hilfe sind eher gering. Somit ziehen sie ihre Vergleiche vielmehr mit der eigenen Heimat und deren Vorstellungen, Bräuchen und Lebensweisen sowie Bildungszielen.

Familiäre Problemlagen in Migrantenfamilien

An dieser Stelle erfahren sie unmittelbar die sich gerade auch im schulischen Bereich ergebenden Differenzen; oftmals bleibt unser stark gegliedertes Schulsystem für sie undurchschaubar. Vielfach sind sie als Folge jedoch nicht bereit, die mit unserem schulischen System verbundenen Opfer, Anstrengungen und Verzichte zur Förderung ihrer Kinder wie deutsche Familien auf sich zu nehmen. Zudem sind sie mit den diversen Hilfeleistungen zumeist überfordert, da ihr eigener schulischer Bildungsstand überwiegend unzureichend ist.

Eltern mit Migrationsgeschichte, die bereits in der zweiten, dritten oder vierten Generation in Deutschland leben, haben oftmals andere „Hürden" bezüglich der Kontaktaufnahme mit der Schule: Sie erleben bei der Wiederbegegnung mit Lehrkräften eine Re-Aktivierung früherer Ängste und fühlen sich dann, wenn sie zum Elternabend oder zu einem Gespräch gebeten werden, zitiert und zensiert. Viele dieser Eltern fühlen sich nicht nur in der Begegnung mit Lehrkräften, sondern auch gegenüber ihren Kindern unsicher oder in Erziehungsfragen vollständig hilflos. Einerseits haben sie ihre eigenen Erfahrungen mit dem System Schule in Deutschland gemacht, andererseits haben sich die Probleme der Jugendlichen mit Migrationshintergrund seit ihrer Adoleszenz stark verändert und die Eltern wissen nicht, wie sie darauf reagieren sollen. Es ist außerordentlich bedeutsam, dass Lehrkräfte in diesen Fällen die Chance erkennen, die Position dieser Eltern zu verstehen, Vertrauen aufzubauen, Angst auszuräumen und durch ein Bünd-

„Hürden" zwischen Schule und Elternhaus

nisangebot sowohl die Position der Eltern als auch die eigene pädagogische Position zu entlasten.

4.3.4 Grundsätze einer gelingenden Elternarbeit

Angesichts dieser Schwierigkeiten ist es für die einzelne Lehrkraft bzw. für die Schule allgemein wesentlich, zunächst einmal eine geänderte Einstellung zur Elternarbeit zu erlangen und sie als unabdingbare Voraussetzung für eine erfolgreiche Schulentwicklung fest im schulischen Programm zu verankern. Als konkrete Kompetenzen sind hierbei gefordert:

Grundsätze einer gelingenden Elternarbeit

- eine partnerschaftlich geprägte kooperative Grundeinstellung; Herstellen eines Grundkonsenses in Erziehungsfragen,
- Transparenz der eigenen Arbeit,
- Beherrschung von Techniken der Gesprächsführung (sorgfältig die eigenen Gedanken vorbereiten, Inhalte notieren, Abmachungen und Ziele schriftlich festhalten),
- Hilfe und Beratung anbieten; Anregungen zur häuslichen Unterstützung geben.

Von Lehrern hört man häufig den Satz: „Die Eltern, die ich bräuchte, kommen nicht – und die, die da sind, haben brave Kinder und es gibt nichts zu sagen." Genau das aber ist das, was Eltern befürchten: Dass sie in die Schule kommen sollen, weil nur dann was zu sagen ist, wenn das Kind schlechte Leistungen zeigt oder sich schlecht benimmt. In vielen Kulturen ist aber genau das etwas, was alleine von der Schule geleistet werden soll, die Eltern haben im Herkunftsland damit nichts zu tun. Die Lehrer aber erwarten, dass die Eltern sie in ihrer Erziehungsarbeit unterstützen, und vergessen dabei häufig, dass das implizit Kritik an der Erziehung der Eltern ist. Die wechselseitigen Erwartungen müssen hinreichend thematisiert bzw. geklärt und gemeinsame Zielvorstellungen entwickelt werden. Beide Parteien müssen einander mit Respekt und Anerkennung vor der jeweils anderen Leistung begegnen und sich als Partner in der gemeinsamen Sorge um das Wohl und die bestmögliche Förderung der Schüler gegenseitig akzeptieren. Um das aber thematisieren zu können, müssen Eltern erst einmal der Einladung der Schule folgen.

Klärung der gegenseitigen Erwartungen

4.3.5 Elternarbeit auf Klassenebene

Grundeinstellungen der Lehrkraft

Erfolgreiche Elternarbeit mit ausländischen Schülereltern beginnt für den Lehrer damit, dass er gründliche Informationen einholt über deren Sitten und Gebräuche, über Mentalität, Familienleben, Rollenverteilung, Lebensgewohnheiten, Religion usw. (z. B. durch Befragungen der Eltern, der Schüler oder auch von Experten der jeweiligen Herkunftsländer) und so das notwendige Wissen über die kulturellen Hintergründe erwirbt. Verständnis von Seiten der Lehrkraft für die Problemlage der ausländischen Eltern und ihre kulturelle Eigenart ist hier eine ebenso wesentliche Voraussetzung wie umfassende Kenntnisse der jeweiligen Familiensituation, die auch außerschulische soziale Probleme in sich bergen kann. Wenn der Migrantenanteil in der Klasse jedoch mehr als 90 % beträgt und die Zahl der Nationalitäten 10 und mehr beträgt, ist das selbstverständlich schwierig. Denken Sie daran: Je mehr Nationalitäten in der Klasse sind, desto heterogener ist die Klasse und desto weniger fällt das einzelne Kind wegen seiner Nationalität auf.

Die Grundeinstellung der Lehrkraft

Eine Hilfe kann etwa die Einrichtung von landesübergreifenden Lehrer-Selbsthilfegruppen sein. So haben sich etwa in Bayern Lehrkräfte zum „LeMi – Bayerisches Netzwerk für Lehrkräfte mit Migrationsgeschichte" zusammengeschlossen, das unter anderem auch anderen Lehrern Hilfen anbietet, auch in Kooperation mit dem bayerischen Staatsinstitut für Schulqualität und Bildungsforschung (ISB).

Des Weiteren muss der Lehrer von sich aus den ersten Schritt auf die Eltern zugehen, da diese selbst vielfach (weniger aus Desinteresse, sondern in Unkenntnis ihrer Mitwirkungsmöglichkeiten, aufgrund von Skepsis gegenüber Behörden, einer etwaigen Geringschätzung formalisierter Kommunikation wie auch aufgrund sprachlicher Barrieren) kaum die Sprechstunden besuchen. Er muss versuchen, die Gründe der Eltern für ihre Kontaktscheu und Zurückhaltung zu eruieren, und Schwellenängste sukzessive abbauen. Sein Anliegen muss es sein, mit den Eltern regelmäßige Gespräche zu führen und sich mit ihnen bereits von Beginn an zu positiven Anlässen des schulischen Lebens (und nicht nur aufgrund formaler Anlässe oder schulischer Probleme) auszutauschen. Wichtig ist hierbei der erste Eindruck. Die Zusammenarbeit darf nicht als einseitige Belehrung der Eltern durch den Lehrer missverstanden werden, sondern sollte als gegenseitiger Lernprozess verstanden werden.

Die Lehrkraft als Initiator und Impulsgeber

Darüber hinaus muss der Lehrer möglicherweise bestehende Sprachprobleme ausländischer Schülereltern berücksichtigen und dementsprechend Dolmetscher einschalten oder auch Deutsch sprechende Eltern als Multiplikatoren einsetzen. Manche Lehrer haben in diesen Gesprächen die betroffenen Schüler dabei. In den meisten Fällen kann man auf deren authentische Übersetzung vertrauen und der Schüler erlebt mit, worum es geht, worin der Kommunikationsbedarf besteht. Auf diese Weise wird er vom „Be-sprochenen" zum Mit-Handelnden. Bis die Eltern besser Deutsch sprechen, ist es hilfreich, sich zunächst auf die gesellige Kommunikation zu beschränken und überwiegend jene Themen anzusprechen, die über das Schulische hinausgehen. Überhaupt muss der Lehrer die Komplexität der eigenen Sprache reduzieren, also einfache Wörter und mögliche visuelle Hilfen verwenden.

Flexibilität als Grundkompetenz einer Lehrkraft

Schließlich muss ein Lehrer in einem gewissen Rahmen flexibel mit seiner Zeitplanung umgehen können, da die Schülerväter oftmals Schichtarbeiter sind und die Mütter, die ohnehin kaum allein in Sprechstunden gehen (traditionellerweise nehmen Väter in vielen Kulturkreisen unserer Migranten die Außenkontakte wahr), kleine Geschwisterkinder betreuen oder selbst arbeiten. Ein festes Pochen auf die wöchentliche Elternsprechstunde bringt hier nichts. Auch darf zeitliche Überlastung nicht als Argument gegen eine grundlegende Elternarbeit ins Feld geführt werden. Gegebenenfalls müssen verschiedene Termine, auch an Nachmittagen, zur gemeinsamen Aussprache angeboten werden. Ein Zuspätkommen der Eltern bei vereinbarten Terminen darf nicht als persönliche Herabsetzung gewertet werden, sondern muss einem vielfach völlig anderen kulturellen Zeitverständnis zugeschrieben werden, das feste Zeiten in der ihnen hierzulande zugeschriebenen Wertigkeit nicht besitzt. Und überhaupt muss der Lehrer darauf vorbereitet sein, dass die Arbeit mit ausländischen Eltern ein langwieriger, von Rückschlägen bedrohter Prozess ist. Wichtig ist aber natürlich: Auch wenn die Elternarbeit in den Lehrerdienstordnungen der einzelnen Bundesländer geregelt ist und Lehrer von guter Elternarbeit profitieren, muss jede Lehrkraft darauf achten, dass sie ihre Arbeitszeit entsprechend einteilt. Wenn ich in einer Klasse sehr viel Zeit für die Elternarbeit und für die Differenzierung bei den Schülern aufwende, dann muss ich andere Dinge reduzieren, um mich selbst nicht zu überfordern.

Abbau von Vorurteilen

Überlegen Sie in diesem Zusammenhang auch, wie Sie als deutsche Lehrkraft, häufig weiblich, auf die Eltern wirken, und begegnen Sie diesen Vorurteilen: Wir gelten als sehr pünktlich (und zeigen deswegen Verständnis, wenn Eltern zu spät kommen), wir Deutschen gelten gerne als Besserwisser, Alleswisser mit einem Hang zum Perfektionismus, als kleinkariert, plump, zu direkt, humorlos, oft sehr ernst, selten spontan, steif, unflexibel, ungeduldig, unfreundlich, gründlich, pflichtbewusst; uns sagt man eine strenge Trennung zwischen privatem und öffentlichem Leben nach. Nicht immer können Eltern mit Migrationshintergrund gut mit sehr jugendlich oder sehr freizügig gekleideten Lehrkräften umgehen. Bedenken Sie all dies, um Mauern erst gar nicht in den Köpfen der Eltern aufzubauen.

Eine gute Möglichkeit der effizienten Kontaktaufnahme ist häufig das Telefonieren. Auch wenn die Mutter nicht fließend Deutsch spricht, telefoniert sie manchmal lieber, als dass sie in die Schule kommt. Auch für die arbeitenden Väter ist die Möglichkeit einer telefonischen Kontaktaufnahme gut. Wenn Sie als Lehrer nicht in der Schule telefonieren können, bietet sich die Anschaffung eines Arbeitshandys an.

Positive Mitteilungen über das Kind

Um der Befürchtung/Erwartung der Eltern entgegenzuwirken, dass nur dann über ihr Kind gesprochen wird, wenn es etwas „angestellt" hat, können Lehrkräfte grundsätzlich mit positiven Mitteilungen arbeiten. Auch die Kinder sind das nicht gewohnt. Schreiben Sie doch Mitteilungen nach Hause, wenn das Kind zwei Wochen lang zielstrebig und beständig gearbeitet hat. So werden auch die ruhigen Kinder gewürdigt, und die Eltern, die sonst immer hören, dass ihr Sohn zu lebendig oder zu unstrukturiert ist, freuen sich, sehen, dass ihr Kind wahrgenommen wird, und kommen lieber zur nächsten Gesprächseinladung. Auch bei Kindern, mit denen schon ganz kleine Zielsetzungen ein echtes Problem sind, können Eltern dann durch eine positive schriftliche Mitteilung nach Hause motiviert werden, weiter am Ball zu bleiben. Außerdem lobt man ggf. auch die Eltern mit: „Wie Sie bei unserem letzten Gespräch schon sagten, hat Ihre Tochter gezeigt, was in ihr steckt, nachdem wir sie gemeinsam dazu ermunterten …"

Klasseninterne Kooperationsmöglichkeiten

Als Möglichkeiten des gegenseitigen Kennenlernens, Erfahrungsaustausches und der Kooperation auf Klassenebene bieten sich neben den traditionellen Formen der Elternsprechstunde bzw. des Elternsprechtages eine ganze Reihe von sinnvollen Möglichkeiten an. Einige sollen im Einzelnen kurz vorgestellt werden.

Möglichkeiten klasseninterner Kooperation

- Gestaltung von Elternabenden, auf denen die Klasse ihre Leistungen präsentiert
  Elternabende bieten nicht nur die Möglichkeit, Schülereltern über verschiedene organisatorische, unterrichtsrelevante und erziehungsspezifische Fragen des Schulbetriebes umfassend zu informieren. Vielmehr bieten sie auch die Möglichkeit, dass in den Eltern der Stolz auf ihre Kinder wächst, wenn sie deren schulische Ergebnisse präsentiert bekommen. Gerade bei ausländischen Schülern, die in den traditionellen Kernfächern unserer Schule weniger ansprechende Leistungen zeigen, können hier beispielsweise besondere musische, künstlerische oder handwerkliche Fähigkeiten zum Einsatz kommen. Die Vorbereitung und Durchführung dieser Abende sollte auch Hilfsleistungen dieser Schülereltern in

Anspruch nehmen, indem das Rahmenprogramm (z. B. musikalische Gestaltung, Bewirtung) gemeinsam gestaltet wird.

- Konstruktive Förderung der Klassenatmosphäre
  Ausländische Eltern können eine positive Klassenatmosphäre nachhaltig mitgestalten. So können sie z. B. Pflanzen und Einrichtungsgegenstände für das Klassenzimmer mitbringen, um die Wohnraumqualität zu erhöhen. Auch zum Gelingen gemeinsamer Klassen- oder Schulfeste und -feiern können sie maßgeblich beitragen, indem sie beispielsweise kulinarische Köstlichkeiten aus der Heimat vorbereiten und Musik, Tänze, Spiele sowie handwerkliche Traditionen vorführen. Ebenso bieten sich eine gemeinsame Vorbereitung von Basaren sowie Ausstellungen über die Herkunftsländer wie auch gemeinsame außerschulische Unternehmungen (z. B. Grillfeste, Elternstammtische, Museums- und Büchereibesuche, Besichtigung der lokalen Sehenswürdigkeiten) an. Seien Sie hier jedoch sensibel: Reduzieren Sie Eltern und Kinder nicht auf ihr Herkunftsland. Nicht jede türkische Mutter kann beispielsweise traditionelle Rezepte backen – vielleicht ist sie schon in der vierten Generation hier.
- Einbeziehung von Schülereltern in den Unterricht
  Ausländische Schülereltern können auch in den schulischen Unterricht gewinnbringend integriert werden. Dies beginnt beim Einsatz als Helfer bei Unterrichtsgängen, Klassenfahrten, Wanderungen usw. und erstreckt sich bis zu ihrer Integration in den Unterricht als Experten zu bestimmten Themenfeldern (z. B. über Geographisches, über traditionelle Gebräuche und Religionen oder auch Handwerkskunst ihrer Herkunftsländer).
- Hausbesuche
  Ausländische Familien freuen sich vielfach und sehen es als Ehre an, wenn sich die Lehrkraft zu ihnen nach Hause begibt. Auf diese Weise erhält die Lehrkraft Einblick in die soziale Situation der Familie, in die Wohnkultur und in traditionelle Gebräuche, die ein besseres Verständnis für manche Verhaltensweisen der Schüler ermöglichen. Schwellenängste und Vorurteile werden in heimischer Umgebung für ausländische Eltern leichter abgebaut und die Distanz zwischen Lehrkraft und Eltern damit eher verringert als im befremdenden schulischen Rahmen, zumal wenn die Lehrkraft ihr Interesse an den Familien und ihren Sorgen offen bekundet und sich von ihrer persönlichen Seite zeigt. Wenn die Lehrkraft bereit und interessiert ist an Besuchen zu Hause, sollte sie im Vorfeld einer derartigen Kontaktaufnahme ihre damit verbundene Intention auf einem Elternabend darstellen und sich grundlegende Kenntnisse über

das jeweilige Einzugsgebiet beschaffen, um auch gegenüber Widerständen und möglicherweise negativen Reaktionen gewappnet zu sein. Zu einer gelingenden Organisation gehört auch das persönliche Achten der Lehrkraft auf ein ansprechendes äußeres Erscheinungsbild und ein angemessenes, höfliches Auftreten.

Reduzierung der Barrieren durch Hausbesuche

Sollten Sie selbst nicht gerne zu den Eltern und Kindern nach Hause gehen wollen und/oder an Ihrer Schule gibt es eine Kraft der Jugendsozialarbeit an Schulen, so kann so ein Besuch durch diese erfolgen – hier wäre die Schwelle noch niedriger, weil die JaS-Kraft zwar Vertreter der Schule, aber keine Lehrkraft ist.

4.3.6 Maßnahmen auf Schulebene

Über diese Ansätze auf der individuellen Klassenebene hinaus ist die Arbeit mit ausländischen Eltern freilich nicht nur Sache der einzelnen Lehrkraft, sondern des ganzen Kollegiums. Hier gilt es, Elternarbeit in gemeinsamer Kooperation (im Idealfall zusammen mit den an der Schule unterrichtenden ausländischen Lehrerkollegen) auf eine solide Grundlage mit langfristiger Planungsperspektive zu stellen.

Information und Fortbildung

Zunächst ist es wesentlich, dass ausländische Schülereltern über alle schulischen Belange und Aktivitäten, die sie und ihre Kinder betreffen und die nicht der Vertraulichkeit unterliegen, regelmäßig und hinreichend informiert werden. Dies betrifft zunächst grundlegende Informationen über das deutsche Schulsystem und dessen Nahtstellen (Schulanfang, Übertritt auf weiterführende Schulen, berufliche Ausbildungswege usw.) sowie über die Zielsetzungen der einzelnen Schularten. Die Bedeutung von Schulabschlüssen und schulischen Forderungen muss den ausländischen Eltern bewusst gemacht werden; Entscheidungshilfen müssen ihnen an die Hand gegeben werden. Dazu kommen Informationen über neuralgische Punkte unseres Schulwesens wie schulische Erziehungsgrundsätze und Verhaltensnormen, Unterrichtsinhalte und -methoden, Lerntechniken oder Lernhilfen, Hausaufgaben usw. sowie über lebensrelevante Alltagsthemen wie Verkehrserziehung, Erziehungsschwierigkeiten usw.

Information und Fortbildung für Schülereltern

Diese Inhalte können auf Informationsabenden oder im Rahmen einer Elternschule zur Elternfortbildung vermittelt werden. Günstig ist es hierbei, wenn Dolmetscher mit eingebunden werden, die die Eltern kennen und als Landsleute schätzen. Zudem ist es wichtig, ein wirksames Einladungsverfahren hierfür einzurichten (z. B. immer gleichbleibende Symbole im Brief-

Tranzparenz auf allen Ebenen

kopf der Einladung; Übersetzung der Einladung in die verschiedenen Muttersprachen). Einen derartigen Abend könnte man etwa in gemütlicher Atmosphäre (mit Getränken, Kleinigkeiten zum Essen usw.) beginnen und dabei auch Musik aus den Herkunftsländern abspielen, um mögliche innere Barrieren abzubauen. Sinnvoll ist auch ein kurzes gegenseitiges Vorstellen der Anwesenden. Beim eigentlichen Ablauf sollten die ausländischen Eltern mit ihren Fragen und Wünschen selbst viel zu Wort kommen und auch ggf. vorhandene Probleme anschaulich darstellen dürfen. Wichtige Ergebnisse sollten schriftlich festgehalten und den Eltern nachträglich zugestellt werden.

Hinsichtlich der täglichen Gestaltung des schulischen Ablaufes sind zudem alle geplanten Aktivitäten und Vorhaben an der Schule transparent zu machen, beispielsweise durch monatliche Elternbriefe oder turnusgemäße Schulzeitungen, die auch in die jeweiligen Landessprachen übersetzt werden. Eine eigene Informationswand im Schulhaus, die der Elternbeirat mitgestaltet, ist ebenso denkbar wie ein eigener Bereich des Elternbeirats auf der Homepage einer Schule im Internet.

Schließlich sind auch gemeinsame Fortbildungen für Lehrkräfte und Eltern zu für beide Seiten relevanten Themenfeldern (z. B. Drogenprävention, Mobbing, ADHS, Legasthenie) sinnvoll.

Regelmäßige Schulkonferenzen

Regelmäßige Schulkonferenzen mit Elternbeteiligung

In regelmäßigen schulischen Konferenzen zum Thema Elternarbeit müssen neue Freiräume entdeckt und genutzt werden. Auch die gewählten Elternvertreter sollten Gehör finden und sich an der Ausrichtung der gemeinsamen Erziehungsarbeit beteiligen können. Mit dem neuen Wahlverfahren des Elternbeirats nach der Allgemeinen Schulordnung (AScho) in Bayern ist es der Schule z. B. sehr gut möglich, auch Eltern mit Migrationsgeschichte einzubeziehen: Es wird der Elternbeirat nicht aus den Klassenelternsprechern gewählt, sondern alle Eltern jedes Kindes können sich als Kandidaten zur Verfügung stellen. Die Schulleitung kann hier gezielt Eltern ansprechen. Kernfragen der Schulgestaltung (z. B. gemeinsamer Entwurf eines Leitbildes unter der Perspektive interkultureller Verständigung), aber auch allgemeine Planungsvorhaben (z. B. für das kommende Schuljahr geplante interkulturelle Feiern) sollten hier unter Teilnahme gewählter Elternvertreter kooperativ bearbeitet werden. Sinnvoll sind auch Datenerhebungen über Elternbefragungen (durch Schulleitung und Lehrkräfte in Kooperation mit den gewählten Elternvertretern) zu den unterschiedlichen schulischen Belangen (Schulzufriedenheit der Kinder, Elternzufriedenheit hinsichtlich der

Kooperation mit der Schule und sonstigen schulischen Veranstaltungen, Zufriedenheit mit den schulischen Aktivitäten generell, Grad des „Sich-gewürdigt-Fühlens" an der Schule usw.).

Alle anderen Eltern, die auf den Konferenzen nicht zugegen sind, sollten systematisch auf Informationsabenden, über Elternbriefe usw. über das geplante Konzept der Elternarbeit informiert werden, um dessen Akzeptanz zu erhöhen. Hierzu gehört die regelmäßige und aktive Werbung für dieses Konzept. Es muss verdeutlicht werden, dass es sich nicht um ein Einmischen der Schule in private Erziehungsangelegenheiten der Eltern handelt, sondern vielmehr um eine gemeinsame Fokussierung der Ausbildung sozial und sittlich gereifter junger Menschen als Basis der Sicherung unserer demokratischen Grundordnung.

Weitergabe der Ergebnisse an alle Eltern

Bereitstellen der notwendigen Ressourcen

In einem weiteren Verfahrensschritt müssen die notwendigen Ressourcen für eine fruchtbare Elternarbeit bereitgestellt werden, insbesondere die hierfür erforderliche Zeit. KORTE (2008) schlägt hier ein Ausweisen fester Stunden für Elternarbeit im Stundenplan der Lehrkräfte vor (z. B. durch Entnahme von Pool-Stunden oder durch Umbenennung von Förderstunden), um ein gemeinsames Gesamtkonzept zu erarbeiten und dennoch einer Überbelastung der Lehrkräfte vorzubeugen.

Ebenso kann an der Schule ein Briefkasten für die gewählten Elternvertreter installiert werden, in den alle Schülereltern bei Bedarf ihre Sorgen und Anliegen einwerfen können und damit zeitnah (wöchentliche Leerung!) behandelt wissen. Auch die Einrichtung eines Elterntelefons oder die Benennung einer Vertrauenslehrkraft für Eltern sind probate Möglichkeiten der Meinungsbildung.

Gewährleistung notwendiger Ressourcen

Eine Schule kann auch im Rahmen der Elternschule spezielle Fortbildungsangebote für interessierte Eltern einrichten, sei es eine Erziehungsberatung als feststehendes Angebot oder auch die Organisation spezieller Sprachkurse zum Erlernen der deutschen Sprache, deren zeitlicher Rahmen sich an den Möglichkeiten der Eltern ausrichtet. Zudem sollten ausländische Eltern mit den Angeboten der örtlichen Einrichtungen (z. B. Freizeitangebote, Bildungsstätten) vertraut gemacht werden, um eine bessere Integration in ihre deutsche Lebenswelt voranzubringen. Nicht zuletzt ist auch die unterstützende Organisation von häuslicher oder außerhäuslicher Nachhilfe für ausländische Schüler mit Lernproblemen denkbar.

Gemeinsame Aktivitäten in der Schule

Elternabend und Elternschule

Gleich zu Beginn eines jeden Schuljahres bietet es sich an, bestimmte Anlässe gemeinsam mit Elternvertretungen an einer Schule wahrzunehmen (z.B. Begrüßung neuer Schülereltern). Am Schuljahresende wiederum könnte ein Elternabend mit dem Motto „Dankeschön" für diejenigen Schülereltern stattfinden, die sich um schulische Belange und eine gegenseitige Kooperation besonders verdient gemacht haben.

Auch Aktionen im Rahmen von Elternschule, die einer gezielten Information und Weiterbildung von Eltern zu Erziehungsfragen o. Ä. dienen, sollten gemeinsam besprochen und vorbereitet werden. In diesem Zusammenhang könnten auch (freiwillige) Arbeitsgemeinschaften für interessierte Eltern angeboten werden. Allerdings seien Sie nicht enttäuscht, wenn die Nachfrage (zunächst) eher verhalten ist – die Schule als Institution ist manchmal hemmend. So sind einige Gemeinden dazu übergegangen, die Kurse „Mama lernt Deutsch" von der Schule weg zu verlagern, um die Hemmschwelle des Gebäudes an sich abzubauen.

Gemeinsame Feste und Projekte

Eine gute Möglichkeit, die Schulumwelt in den schulischen Kontext zu integrieren, bieten zudem Projekttage bzw. -wochen, bei denen sich die Eltern entweder gleich an Aktivitäten beteiligen können (Mithilfe, Übernahme von Workshops mit den Kindern usw.) oder aber eingeladen werden, von den Klassen erstellte Produkte im Schulhaus zu besichtigen und hierüber ins Gespräch mit den Lehrkräften zu kommen. Auch ein „Tag der offenen Tür" lädt Eltern zum Verweilen im Schulgebäude bzw. dem Klassenzimmer ihrer Kinder ein und bietet ihnen einen Zugang zu der Lebenswelt, die einen Großteil der Zeit ihrer Kinder in Beschlag nimmt. Arbeitsstrukturen, die Lernumgebung u. a. können so erschlossen werden, um das eigene, zumeist überholte Bild von Schule zu erneuern und durch einen zeitgemäßeren Lernbegriff zu ergänzen. Auch können Eltern hier sehen, was Lehrkräfte mit den Kindern alles leisten, welche Arbeitsanforderungen das Leistungspotential der Kinder herausfordern.

Umgekehrt lässt sich aber auch das Potential der Eltern gezielt nutzen, wenn diese der Schule eigene Kompetenzen zur Verfügung stellen oder auch bei gemeinsamen „Inländer-Ausländer-Festen" den deutschen Mitbürgern ihre jeweiligen kulturellen Traditionen (z.B. Tänze, Kleidung, Musik, Kulinarisches) vorstellen.

Es gibt somit vielfältige Wege, auf denen sich deutsche Lehrkräfte und ausländische Schülereltern begegnen und den interkulturellen Austausch und das gegenseitige Verständnis erhöhen können. Eine institutionalisierte Zusammenarbeit mit Eltern bietet so die Möglichkeit, dass die Schule ihre besonderen Chancen als interkulturelles Lernfeld nutzt und Eltern mit Migrationsgeschichte im Sinne einer gemeinsamen Erziehungsarbeit mit multinationaler Perspektivität von Schulkultur nachhaltig an sich bindet.

Literatur

DOPPKE, M. / GISCH, H. (2005): Elternarbeit. Fakten, Gründe, Praxistipps. (Schulmanagement-Handbuch, Bd. 115) Oldenbourg: München.

ECCLES, J. et al. (1996): Schools, families, and early adolescents: What are we doing wrong and what can we do instead? In: Developmental and Behavioral Pediatrics, 17(1996)4, S. 267–276.

GUTACHTEN DES WISSENSCHAFTLICHEN BEIRATS FÜR FAMILIENFRAGEN (2005): Stärkung familialer Beziehungs- und Erziehungskompetenzen. (hrsg. vom Bundesministerium für Familie, Senioren, Frauen und Jugend) Kurzfassung.

KORTE, J. (2008): Erziehungspartnerschaft Eltern – Schule. Von der Elternarbeit zur Elternpädagogik. Beltz: Weinheim/Basel.

SAAD, H. / LEUMER, W. (1997): Lernen, in einer multikulturellen Gesellschaft zu leben: Der Bezug Elternhaus – Schule. National Institute of Adult Continuing Education: Leicester.

SACHER, W. (2005): Elternarbeit: Forschungsergebnisse und Empfehlungen. Zusammenfassung der Repräsentativ-Untersuchung an den allgemeinbildenden Schulen Bayerns im Sommer 2004. (Schulpädagogische Untersuchungen Nürnberg, Nr. 25) Nürnberg.

SCHMID, H. / KUNTSCHE, D. N. / DELGRANDE, M. (Hrsg.) (2001): Anpassen, ausweichen, auflehnen? Fakten und Hintergründe zur psychosozialen Gesundheit und zum Konsum psychoaktiver Substanzen von Schülerinnen und Schülern. Haupt: Bern.

4.4 Individuelle Formen der Konfliktlösung im Klassenzimmer und der gesamten Schule

Felix Reichel / Sabine Reichel

4.4.1 Interkulturelle Konflikte – was ist das eigentlich?

Bevor wir uns im Anschluss den Möglichkeiten der Konfliktlösung auf der Mikro- und Mesoebene zuwenden, sollten wir uns zunächst damit beschäftigen, was ein interkultureller Konflikt im Klassenzimmer oder im Kontext Schule für uns bedeutet. Oftmals entstammen diese Konflikte einem Mangel an interkultureller Kompetenz (vgl. ERLL/GYMNICH 2014). Diese gliedert sich in kognitive Kompetenz (relevantes Wissen über verschiedene Kulturen, kulturelle Unterschiede und deren Auswirkungen auf Interaktionsprozesse sowie Selbstreflexivität), affektive Teilkompetenzen (Interesse und Aufgeschlossenheit gegenüber dem Anderen, Empathie und Ambiguitätstoleranz) sowie pragmatisch-kommunikative Teilkompetenzen (Einsatz geeigneter kommunikativer Muster sowie von Konfliktlösungsstrategien).

Interkulturelle Konflikte entstehen im Klassenzimmer immer dann, wenn es zu Missverständnissen oder Barrieren im Sinne der störungsfreien

Kommunikation (vgl. hierzu: SCHULZ VON THUN 2003) kommt. Die Gründe dafür sind natürlich vielfältig und des Öfteren intentional, also von den Konfliktparteien durchaus bewusst und gewollt herbeigeführt.

Heterogenität als Herausforderung

Die Herausforderung der Heterogenität spricht dementsprechend auch das Handbuch der Sozialen Arbeit mit Kinderflüchtlingen an. Darin ist zu lesen, dass die Flüchtlingskinder ganz unterschiedliche Voraussetzungen besitzen und ihre schulischen Bedürfnisse weitestgehend different sind. Man kann auch nicht wirklich immer voraussetzen, dass diese in Bezug auf das Lernen genügend Motivation mitbringen oder entsprechende Voraussetzungen haben, um das Bildungsangebot zu nutzen (vgl. Handbuch der Sozialen Arbeit mit Kinderflüchtlingen 2000, WOGE e. V., INSTITUT FÜR SOZIALE ARBEIT E. V., S. 423).

Unmotivierte oder sogar desinteressierte Flüchtlingskinder führen häufig zu Konflikten im Klassenzimmer und darüber hinaus.

In ihrem Buch „Interkulturelle Kompetenzen – erfolgreich kommunizieren zwischen den Kulturen" verweisen ERLL und GYMNICH auf verschiedene Probleme interkultureller Kommunikation (siehe ebd., S. 103 ff.).

Für das mehrsprachige, multikulturelle Klassenzimmer, welches in weiten Teilen Deutschlands schon seit längerem Realität ist, ziehen wir daraus folgende Konfliktschwerpunkte:

- Wenn die sprachliche Kompetenz der Beteiligten unzureichend ist,
- wenn interkulturelle Kompetenzen auf der Inhaltsebene fehlen,
- wenn die Beziehungen der Lernenden (und Lehrenden) gestört sind,
- wenn nonverbale Kommunikation missverstanden wird,
- wenn Probleme bei sog. critical incidents (besonders konfliktbeladene Gesprächssituationen) auftreten (siehe ebd., S. 120),

... kommt es zu interkulturellen Konflikten im Klassenzimmer.

4.4.2 Interkulturelle Konflikte im Klassenzimmer lösen?

Kulturelle Vielfalt als Chance

Das Lösen interkultureller Konflikte im Klassenzimmer ist sicherlich auch mit Hilfe dieses Artikels nicht immer und schon gar nicht pauschal möglich. Wir wollen im Folgenden nur aufzeigen, wie wir uns in der Mittelschule interkulturellen Konflikten gestellt und diese bestanden haben. Dies ist jedoch weder ein Interkultureller Konfliktratgeber noch ein Lösungshandbuch. Jeder Konflikt im Klassenzimmer ist anders und muss von der professionellen Lehrkraft entsprechend individuell behandelt und gelöst werden. Kulturelle Vielfalt muss hierbei wahrgenommen und als Chance für ein gewinnbringendes Miteinander gesehen werden.

4.4.3 Willkommenskultur pflegen

Für jeden Schüler ist es erst einmal schwierig, sich in einer neuen Schule zurechtzufinden. Für ein Kind – und selbstverständlich auch für dessen Familie –, das die Sprache und die Abläufe nicht versteht, ist die erste Orientierung noch viel komplizierter. Deswegen müssen in der Schule Absprachen getroffen werden, wie mit Migranten oder Flüchtlingen (besonders ohne adäquate Deutschkenntnisse) umgegangen werden soll.

Methodenbausteine

Es folgen nun einige Beispiele aus der Praxis, wie man eine Willkommenskultur anregen und pflegen kann, die alle Ankömmlinge in einer Schule ernst nimmt.

4.4.4 Abfrage zum Sprachverständnis zu Schuljahresbeginn

In allen Klassen der Schule findet eine Abfrage statt. Folgende Fragen könnten beispielsweise gestellt werden:

- „Welche Sprachen werden zu Hause gesprochen?“
- „Welche Sprachen kann der Schüler verstehen?“

Mithilfe dieser Abfrage gewinnen Schulleitung und Lehrkraft rasch einen Überblick über die verschiedenen Sprachen, die die Schüler der Schule verstehen oder sogar sprechen können. Falls ein Kind oder Jugendlicher im Laufe des Schuljahres neu in eine Klasse kommt und massive Verständnisprobleme hat, so kann ein Schüler erst einmal „dolmetschen“, bis die Anfangsschwierigkeiten überwunden sind. Die Schüler werden als Experten für ihre eigene Sprache und Kultur ernstgenommen und zu Rate gezogen. Dies wiederum steigert deren Selbst- und Fremdkompetenz. Für Elterngespräche sollte man – auch schon aus datenschutzrechtlichen Gründen – jedoch auf Dolmetscher professioneller Anbieter zurückgreifen.

4.4.5 Ein offenes Miteinander

Die Herkunftsländer und Sprachen der Kinder und Jugendlichen sollten im Eingangsbereich der Schule präsent sein. Immer wieder sieht man in Schulgebäuden große Plakate, auf denen Begrüßungssätze in allen in der Schule vertretenen Sprachen geschrieben stehen. Auch mithilfe einer Weltkarte, auf der die Herkunftsländer markiert sind, kann auf die kulturelle Vielfalt hingewiesen werden. Ähnlich wird im Klassenzimmer verfahren: Eine Möglichkeit ist beispielsweise, ein Plakat in Form eines Klassenbaumes zu gestalten. Jedes Kind bekommt dazu ein Papier in Form eines Laubblattes. Dieses malt es in den Farben der eigenen Länderfahne aus und schreibt noch seinen Namen dazu. Die Blätter werden dann an einen aus Tonpapier gestalteten Baum mit Ästen gehängt bzw. geklebt.

Insgesamt ist es absolut unerlässlich, die Besonderheiten der unterschiedlichen Kulturen immer wieder zu thematisieren, um Toleranz und Offenheit sukzessive zu entwickeln.

Besonders motivierend ist es, wenn gemeinsam ein internationales Kochbuch mit besonderen Rezepten aus verschiedenen Ländern entwickelt wird. Die Übersetzung von Begriffen ins Deutsche kann beispielsweise übers Internet mit dem Übersetzungstool von google.de erfolgen. Aber Vorsicht: Nicht immer stimmt die Formulierung nach dem Übersetzen mit dem ursprünglich gemeinten Text in der anderen Sprache überein!

4.4.6 Ein Wegweiser

Für Eltern ist eine erste Orientierung in der Schule ebenfalls hilfreich: Hierzu kann man ein Faltblatt gestalten, auf dem die wichtigsten Informationen (Telefonnummer, Erreichbarkeit, Ferientermine, tägliche Routinen und Abläufe wie der Schulbeginn usw.) im Idealfall mit Icons oder Bildern zusammengestellt sind. Eventuell kann die Schulleitung den Text in gängige Sprachen (Englisch, Arabisch, Russisch, Türkisch) übersetzen lassen.

4.4.7 Monatsmotto zur Wertevermittlung

Gerade für jüngere Schüler ist eine beständige Werteerziehung unerlässlich. Wenn viele Kinder aus unterschiedlichen Herkunftsländern mit ganz eigenen Werte- und Normvorstellungen in der Schule aufeinandertreffen, gewinnt ein gemeinsamer Konsens im Hinblick auf Regeln und akzeptable Verhaltensweisen noch mehr an Bedeutung. Ein für alle Beteiligten einer Schule verbindliches Monatsmotto ist eine effektive Möglichkeit, das soziale Miteinander in einer großen Gemeinschaft besonders intensiv zu pflegen und positiv zu entwickeln.

Für jeden Monat im Schuljahr wird ein Ziel formuliert, das für alle Lernenden und Lehrenden der gesamten Schule gleichermaßen gilt. Im Folgenden sind mögliche Beispiele für solche Monatsmottos aufgelistet:

PRAXIS

September: Wir grüßen uns höflich.
Oktober: Wir halten die Toiletten sauber.
November: Wir streifen unsere Schuhe ab, wenn wir das Schulhaus betreten.
Dezember: Wir halten die Garderoben sauber.
Januar: Wir gehen langsam durchs Schulhaus.
Februar: Wir halten das Schulhaus gemeinsam sauber.
März: Wir verwenden keine Schimpfwörter.
April: Wir begegnen uns in der Pause friedlich.
Mai: Wir helfen anderen Schülern, wenn sie Hilfe benötigen.

Juni: Wir lösen Streit ohne Gewalt.
Juli: Im Schulhaus verhalten wir uns leise.

Diese Regeln werden gemeinsam mit allen Lehrkräften und eventuell über die Klassensprecherversammlung vereinbart. Auch die Eltern sollten darüber – wahlweise in einem Brief oder über die Homepage – informiert werden. Zu Monatsbeginn versammeln sich alle Klassen beispielsweise in der Aula. Das gemeinsame Motto wird von einer Klasse mit einem szenischen Spiel (o. ä.) dargeboten und erläutert. Die Zusammenkunft stärkt das Gemeinschaftsgefühl. Im Anschluss erhalten die Klassensprecher das Monatsmotto auf Papier, das sie in ihrem Zimmer dann an eine entsprechende „Regelwand" pinnen können. Am Freitag wird vor Schulschluss gemeinsam im Kreis reflektiert, inwieweit das Motto eingehalten wurde. Besonders interessant ist es, wenn man passend zu den Regeln einen immerwährenden Kalender gestaltet. Dazu werden die Mottos bebildert – und mithilfe einer Collage oder anhand von Fotos auf den zwölf Kalenderblättern dargestellt. Dieser Werte- oder Regelkalender wird im Klassenzimmer oder Schulhaus aufgehängt und kann bei Schulveranstaltungen präsentiert werden.

Verbindliche Regeln erleichtern das Miteinander

Tipp: Oftmals geraten die „alten" Monatsmottos schnell in Vergessenheit. Beim Wochenabschluss macht es deswegen Sinn, auch über die Einhaltung der anderen Regeln zu sprechen.

4.4.8 Lernentwicklungsgespräche mit DaF-Kindern führen

Das Lernentwicklungsgespräch ist eine Alternative zum Zwischenzeugnis der Grundschule in Bayern und erfreut sich zunehmender Beliebtheit. Diese Form des Austausches zur individuellen Lernentwicklung bietet sich für Schüler mit Migrationshintergrund auch im Sekundarbereich an. Zu diesem Gespräch werden Eltern und Kind eingeladen, wobei die Erziehungsberechtigten bei diesem Termin in erster Linie zuhören und beobachten sollen. Das Gespräch findet zwischen Lehrkraft und Kind statt. Kurze Zeit vor dem Gespräch füllen Schüler und Lehrkraft jeweils unabhängig voneinander einen vom Kollegium vorgefertigten Einschätzungsbogen zum Lern-, Arbeits-, Sozial- und Leistungsverhalten aus. Hier werden in der Regel fachliche Kompetenzen aufgeführt (wie etwa „Ich kann gebräuchliche Begriffe aus Fachsprachen situationsgerecht verwenden"). Ob diese Kompetenz erreicht ist, wird angekreuzt. Hierzu werden Abstufungen zum Ankreuzen (zum Beispiel „immer", „oft", „manchmal", „nie") vorgegeben. Differente und analoge Einschätzungen dienen als Grundlage für das Gespräch.

Erfahrungsgemäß fällt es auch vielen deutschsprachigen Kindern nicht leicht, sich mithilfe eines solchen Bogens richtig einzuschätzen. Schülern, die Deutsch als Fremdsprache (DaF) erlernen, bereitet das Ausfüllen besonders große Probleme und es ist auch für Lehrkräfte eine spannende Herausforderung. Folgende Tipps können bei der Planung und Durchführung von Lernentwicklungsgesprächen mit Schülern, die noch nicht über einen großen Wortschatz in der deutschen Sprache verfügen, nützlich sein.

4.4.9 KIS (Keep it simple)!

Die Bögen zur Selbsteinschätzung sollten vorab „entsprachlicht" werden. Sätze wie „Ich konnte mich im Zahlenraum bis zur Million orientieren" überfordern diese Schüler schlichtweg. Alternativ kann man nur ein Wort notieren oder mit Bildern sowie Illustrationen arbeiten. Symbole wie „Smileys" oder „Daumen hoch" haben in anderen Kulturen nicht unbedingt die gleiche Bedeutung wie bei uns, weswegen darauf verzichtet werden sollte.

Gegebenenfalls sind Zahlen (von 0 bis 5) sinnvoller für die Einschätzung. Eventuell kann ein anderes Kind aus der Schule, das die Muttersprache ebenfalls beherrscht, den Bogen im Vorfeld erklären. Auch die Förderlehrkraft ist eine sinnvolle Unterstützung, wenn gravierende Verständnisschwierigkeiten vorhanden sind.

Für das Gespräch, bei dem die Eltern unbedingt dabei sein sollten, können die zentralen Begriffe und Inhalte auch in die Muttersprache der Eltern übersetzt und auf entsprechende Wortkarten gedruckt werden. Doch auch diese Vorgehensweise kann Verwirrung stiften, da die Begriffe in der anderen Sprache eventuell wieder eine ganz andere Bedeutung haben. Sollten die Eltern in ihrem Herkunftsland selbst keine Schule besucht haben und gar nicht lesen können, ist dieses Vorgehen auch eher kontraproduktiv als dienlich.

4.4.10 Konkret werden!

Lehrer als Berater

Gespräche in diesem Bereich transparent und gewinnbringend zu führen ist nicht einfach. Ratsam erscheint es deshalb, dem Kind und den Eltern genau Schritt für Schritt zu zeigen, was sie üben können. Sätze wie „Du musst viel rechnen üben!" bringen im Regelfall wenig. Besser ist folgendes Vorgehen, welches allerdings auch einiger Vorbereitung bedarf: Man gibt dem Schüler Material zum Üben mit und zeigt ihm noch während des Gesprächs im Beisein der Eltern, was und wie geübt werden kann. Die meisten dieser Eltern haben selbst ein ganz anderes oder im extremsten Fall gar kein

Schulsystem erlebt und deswegen oftmals auch keine Ahnung, wie Schule und Lernen in Deutschland funktionieren.

Die Fokussierung auf einen Aspekt während des Gesprächs erscheint sinnvoll, löst die Verständigungsprobleme aber nicht. In kritischen Fällen muss deswegen ein Dolmetscher zum Gespräch eingeladen werden, der allerdings eine Verschwiegenheitserklärung unterschreiben sollte.

4.4.11 Sprachförderung durch „Radioarbeit"

Sich intensiv mit der eigenen und auch mit einer fremden, neuen Sprache auseinanderzusetzen, ist gerade dann besonders wichtig, wenn viele unterschiedliche Sprachen zusammenkommen. Sprache zu konservieren, hörbar zu machen und sie als Medium der Verständigung bewusst wahrzunehmen – all diese Aspekte lassen sich durch die Arbeit mit auditiven Medien (hier betitelt als „Radioarbeit") in besonderer Art und Weise anbahnen.

Sprachhandeln muss produktiv sein

Wichtigste Anschaffung dafür ist ein digitales Aufnahmegerät, außer man vertraut der Aufnahmequalität seines Smartphones. Hochwertige und einfach zu bedienende Audiorecorder gibt es bereits ab 200 Euro im Fachhandel zu kaufen. In der Regel werden die Tonaufnahmen auf einer SD-Card gespeichert, die Aufnahmen kann man auch mit relativ geringem Aufwand am Computer mithilfe eines (kostenfreien) Schnittprogramms, z. B. mit Audacity, nachbearbeiten.

Natürlich sollte man die Schüler auch in diesem Bereich dort abholen, wo sie stehen, und kein zweistündiges Hörspiel mit ihnen produzieren. Im Folgenden werden einfache Beispiele aus der Praxis geschildert, die sich auch mit Schülern umsetzen lassen, die noch nicht so gut Deutsch sprechen.

4.4.12 Ein Text in vielen Sprachen

Ein kurzer Text wird in allen Sprachen, die in der Klasse gesprochen werden, aufgenommen und aneinandergeschnitten. Es kann sich dabei um die Begrüßung in der jeweiligen Sprache handeln oder etwa um eine kurze Aussage zur Schule. Die verschiedenen Textstücke werden am Computer zu einer Datei zusammengefügt. Die Schüler lieben es in der Regel, sich ihre Aufnahmen im Anschluss anzuhören und zu erraten, welcher Mensch hinter der jeweiligen Stimme steckt.

Multilingualität im Klassenzimmer

Ein Sprechvers zum Wiederhören

Wenn Kinder und Jugendliche einen deutschen Sprechvers, einen Reim oder ein Gedicht auswendig gelernt haben, wird das Ergebnis mit dem digitalen Rekorder aufgenommen. Die Schüler sind stolz, wenn sie die Aufnahme danach anhören. Sie erkennen, wie gut sie bereits die deutsche Sprache beherrschen. Die Aufnahme schafft in diesem Falle besondere Wertschätzung.

Geräusche zu einem Wortschatz

Zu einem bestimmten Thema wird ein Wortschatz erarbeitet (zum Beispiel „Wasser“: Dusche, Wasserhahn, Toilette, Regen, Pfütze …). Die Schüler erstellen nun zu den gelernten Begriffen in Gruppen ein Geräusche-Rätsel.

Dazu nehmen sie passende Sounds auf. Die Ergebnisse werden im Anschluss gemeinsam mit der ganzen Klasse angehört und erraten. Durch die Aufnahmen und den anschließenden Austausch verfestigt sich der neue Wortschatz in besonderem Maße. Generell gilt: Bei der Sprachförderung durch „Radioarbeit“ geht es in erster Linie nicht um das Erstellen und Gestalten eines perfekten Produktes, sondern um einen sprachbezogenen Lernprozess, der so auch hörbar gemacht werden darf.

4.4.13 Der Klassenrat im interkulturellen Klassenzimmer

Ablauf:

- (Konflikt-)Themen sammeln – auf einem Plakat, im Klassenratsbuch o. Ä.
- Klassenrat einberufen – entweder regelmäßig, beispielsweise am Freitag vor der zweiten Pause oder nach Bedarf
- Sitzkreis bilden – barrierefrei und kommunikativ – alle auf einem Niveau
- Ämter verteilen – Protokollführer, Klassenratsmoderation, Impulsgeber, Zeit- und Themenwächter
- Themen verbindlich festlegen
- Diskussion
- Ergebnisse festhalten
- Lösungsvorschläge diskutieren
- Gemeinsames Beenden des Rates.

Zeit: ca. 30–45 Minuten

Der Klassenrat … ist sicherlich keine neue Erfindung, aber ein ganz wichtiges Instrument, um interkulturelle Konflikte im Klassenzimmer aufzuarbeiten – oder besser noch zu vermeiden.

Voraussetzung dafür, dass ein Klassenrat funktionieren kann, ist natürlich, eine gemeinsame Sprache zu finden. Dass diese im aktuellen Kontext nicht immer Deutsch ist, scheint selbstverständlich. Auch dieser Umstand bedingt wieder weitere Aspekte des Lernens im Klassenzimmer. Die Schüler erleben plötzlich, dass beispielsweise Englisch nicht nur ein schwieriges

Unterrichtsfach voller Vokabeln und grammatikalischer Strukturen ist, sondern ein Stück weit der Völkerverständigung und dem Bewältigen von Alltag dienen kann.

Zu Anfang sollte stets das Erkennen des eigentlichen Konflikts stehen. Nebenbei bemerkt können natürlich auch andere Dinge im Klassenrat besprochen werden: Klassenfahrten, Schulfeste, Ausflüge, anstehende außerschulische Aktivitäten, Geburtstage, Rituale etc. JOHN M. PLATT (2006) empfiehlt, den Klassenrat mindestens dreimal pro Woche durchzuführen. Dies lohne sich, da so viele Konflikte, die sonst den Unterricht stören, gelöst würden. Wichtig ist es, im Vorfeld zu klären, wer am Konflikt beteiligt ist, worum es konkret geht und ob eventuell bereits Lösungsvorschläge existieren. All dies sollte schriftlich – auf einem Plakat (gut sichtbar; Nachteil: Der Konflikt bleibt präsent und führt möglicherweise immer wieder zu Diskussionen!) oder in einem Klassenratsbuch festgehalten werden (hier können alle wichtigen Themen gesammelt werden, auch das Sitzungsprotokoll könnte hier festgehalten werden; Nachteil: Der Konflikt ist nicht so präsent, die Schüler fühlen sich unter Umständen nicht ernst genommen!).

Sprache löst Missverständnisse und somit Konflikte

Der Klassenrat findet stets im Sitzkreis statt – Ziel ist ja eine barrierefreie Kommunikation unter Gleichgestellten. Die Moderation stellt hierbei eine große Herausforderung dar. Sie sollte die Kommunikation ermöglichen und fördern sowie das Gesagte visualisieren, um eine gewisse Transparenz zu schaffen. Außerdem ist es wichtig, zurückhaltende Teilnehmer einzubeziehen und auch die „Vielredner" zurückzuhalten. Der Moderator steuert die Kommunikation und ist zielorientiert. Sein Umgangsstil ist Vorbild für die Teilnehmer (vgl. DAUSCHER 1996, S. 29–32). Zurückhaltung in der Sache, aber Steuerung des Prozesses sind hierbei ebenso zu berücksichtigen wie das Beherrschen grundlegender Techniken (vgl. www.uni-bielefeld.de). Sollte all dies die Schülerschaft zunächst überfordern, muss die Lehrkraft hier zunächst die Moderation übernehmen. Eine ebenso wichtige wie schwierige Aufgabe ist die Protokollführung. Gerade in Klassen mit hohem Migrationsanteil und mangelhaften Deutschkenntnissen in Sprache und Schrift ergeben sich hier Probleme. Dies kann man auf zwei Arten lösen:

- Audiotagebuch – sprich Aufnahme der Sitzung per Diktiergerät und eventuell Zusammenschnitt am PC
- Graphic Recording (vgl. www.graphic-recorder.eu)

Die restlichen Rollen im Klassenrat ergeben sich dann fast wie von selbst. Hilfreich bei allen Klassenratssitzungen ist ein Plakat o. Ä., um Themen für alle sichtbar und somit auch verbindlich zu machen. Hier können dann auch alle wichtigen Diskussionspunkte und v. a. die Ergebnisse festgehalten werden. Auch hier kann eine einstweilige Hilfestellung durch die Lehrkraft von Nöten sein.

Die Lösungsvorschläge sollten bis zum Ende (Zeit beachten!) durchdiskutiert werden, ein Konsens der Gruppe über das verbindliche Ergebnis des Rates ist fundamental für die weitere Arbeit.

4.4.14 Chancen und Gefahren

Der Klassenrat kann, wie oben beschrieben, eine nachhaltige Methode sein, um interkulturelle Kompetenz zu fördern und interkulturelle Konflikte zu lösen. Kann, muss aber nicht! Im schlimmsten Fall wird der Klassenrat zum Zeitfresser, indem Belanglosigkeiten besprochen werden. Hier ist es natürlich Aufgabe der pädagogisch und didaktisch geschulten Lehrkraft, Prozess und Ergebnis des Klassenrats im Auge zu behalten (weiterführende Literatur vgl. DAUSCHER 2006; SCHOENAKER/MÜLLER/PLATT 2010; ERLL/GYMNICH 2014).

4.4.15 Der Klassenraum – Ort des interkulturellen Miteinanders

Er ist durchschnittlich 60 m^2 groß, 3 m hoch und besitzt zumindest meist Tisch und Stühle für jeden Lernenden und Lehrenden. Darüber hinaus enthält er häufig noch eine Tafel, einen Overheadprojektor und andere nützlich Medien für den Unterricht. Ganz klar – es geht hierbei um den Klassenraum, das Herzstück der deutschen Bildungsarbeit. Hier wird gelernt, gearbeitet und zugehört. Hier finden Bildung und neuerdings auch der Kompetenzerwerb statt. Hier werden Bildungskarrieren entschieden, aufs Leben vorbereitet und sozialisiert.

Sprachraum Klassenzimmer

Das Klassenzimmer ist jedoch – gerade durch die Bildungsbewegung hin zur Ganztagsschule – viel mehr als reiner Klassenraum. Es ist inzwischen ein Stück Lebensraum geworden und somit auch Ruhe- und Rückzugsraum, Arbeitsraum, Freizeitraum, Prüfungsraum, Lernraum, Lehrraum, manchmal auch Leerraum, Versammlungsraum, Bühnenraum, (sozialer) Handlungsraum, Orientierungsraum, (Ohn-)Macht(s)raum, Beziehungsraum, Ritualraum, Kontrollraum, Freiraum, visueller, akustischer und auch haptischer Raum (vgl. KELLERMANN/WULF 2014), Warte- und Aufenthaltsraum, Verwahrraum, Strafraum, Bezugsraum, Bewegungsraum, Proberaum, Werteraum, Zeitraum und eben auch Unterrichtsraum.

Leider wird diesen vielen Funktionen in der Praxis oft nur wenig Rechnung getragen. Ergonomisch geformte Stühle, raumsparende, mitwachsende Tische, Rückzugsecken, Lese- und Entspannungsecken, Materialaufbewahrungssysteme, Gruppen- und Differenzierungsräume – man sucht sie an vielen Schulen und in vielen Klassenräumen vergebens. Das Fehlen all dieser räumlichen Voraussetzungen führt zwangsläufig zu (interkulturellen) Konflikten.

Wie kann ich als Lehrkraft bzw. wie kann mein Klassenraum nun aber all diesen Anforderungen gerecht werden?

Die Antwort lautet: in einigen Bereichen gar nicht. Ein 100-jähriger, denkmalgeschützter Schulpalast lässt sich nur sehr schwierig in einen topmodernes, skandinavisch-orientiertes Haus des Lernens verwandeln. Trotzdem – auch im kleinsten Raum können bestimmte Dinge neu durchdacht werden.

Stellen Sie sich vor, Sie ziehen um in eine neue Wohnung, ein Haus etc. Ganz ehrlich: Wie viel Zeit verbringen Sie damit, sich neu einzurichten, damit Sie sich wohlfühlen? Wie oft werden da Möbel auf dem Reißbrett hin und hergerückt, Farbpaletten gewälzt, Vorhänge ausgesucht und Fahrten ins nahe Möbeleinkaufsparadies mit anschließendem Hot-Dog-Essen unternommen?

Und jetzt vergleichen Sie diesen Aufwand mit dem Aufwand, den Sie unternehmen, wenn Sie in ein neues Klassenzimmer kommen. Beides ist identisch? Dann wird Ihnen der folgende Abschnitt nur aus der Seele sprechen, für alle anderen gibt es eventuell noch Neues zu entdecken.

1. Die Tee-Ecke

Sie kann Raum für Kommunikation, interkulturellen Austausch und Entspannungsphasen sein. In jedem Büro ist sie jedoch noch weitaus mehr als das. Sie ist das Herzstück vieler Arbeits- und Sozialprozesse. Eine Tee-Ecke in der Schule bringt natürlich auch Gefahren mit sich – heißes Wasser, eventuell ein Wasserkocher, Kannen und Tassen, die zu Bruch gehen können, Ablenkungspotential ... All dies habe ich aber in meiner 10-jährigen Tätigkeit als Lehrer nie erlebt. Die Tee-Ecke war stets von Schülern für Schüler organisiert worden – Tee, Tassen etc., all dies brachten die Schüler selbst mit und achteten auch auf Sauberkeit und die sonstigen Regeln, die sie für die Tee-Ecke entwarfen. Besonders nachhaltig sind mir die Momente in Erinnerung geblieben, wenn hier Essen und Trinken aus aller Herren Länder an mich herangetragen wurde. In der klasseneigenen Tee-Ecke habe ich meinen ersten Chai-Tee getrunken und mein erstes Baklava gegessen.

Lern- und Lebensraum

2. Das persönliche Fach / Privatsphäre im Kleinen

Jede Lehrkraft hat zu Hause im Büro Ordnersysteme und Regale, um den Schulalltag mit all seinen Materialien ordnen zu können. Sicherlich hat hier jeder auch seine ganz eigene Ordnung. Jedes Büro, jeder Arbeitsplatz besitzt

Fächer und Kommoden, um der Flut von Papier und Büchern Herr zu werden. Warum hat nicht jeder Klassenraum so etwas? Gerade im Ganztag, wo ganztägig im Klassenraum gelernt und gearbeitet wird, braucht es einen Platz, an dem die Schüler ihre Bücher, Hefte, Stifte, Geodreiecke, Taschenrechner und andere Hilfsmittel verwahren können.

3. Rückzugs-, Lese- und Studierecken

„Aus der internationalen Schulbauforschung wissen wir, dass der Zustand und die Gestaltung der Lernorte, die Art und Weise, wie diese miteinander in Beziehung stehen, das Ineinanderfließen von Innen und Außen, das richtige Verhältnis zwischen persönlichen Räumen und Gemeinschaftsräumen, die Anordnung der verschiedenen Lernlandschaften, die farbliche Gestaltung und die Sauberkeit der Räumlichkeiten nicht nur die Bildungs- und Erziehungsprozesse beeinflussen. All dies wirkt sich auch auf das Wohlbefinden und die psychische Gesundheit der Schüler und Lehrer, die wiederum Voraussetzungen für gelingende Lernprozesse sind, aus. Den Bauformen und Farben der Schulanlagen, der Ausstattung und der Raumgestaltung muss daher die gleiche Aufmerksamkeit geschenkt werden wie der Qualität z. B. der Methoden, des Schulklimas oder des Leitungshandelns." (Deutsche Gesetzliche Unfallversicherung 2012)

Es braucht ein paar Pflanzen, eventuell ein Regal als Raumteiler (welches Schall schluckt und gleich noch als Ablage- und Ordnungssystem genutzt werden kann) und ein paar Stühle (schöner ist natürlich eine Couch – bitte den Brandschutz beachten!). Und schon ist sie fertig – die Lese- und Studierecke. Sie strukturiert den Klassenraum neu und gibt den Schülern zumindest das Gefühl, sich einmal zurückziehen zu können. Gerade in dieser Atmosphäre arbeiten viele Schüler besser, länger und lieber. Auch ich habe mich oftmals in Freistunden in die Leseecke meines Klassenzimmers zurückgezogen, um dort zu korrigieren.

Gerade durch die Individualisierung der Lernprozesse kommt es im Klassenzimmer immer häufiger zum sogenannten Lombard-Effekt (vgl. https://portal.hogrefe.com/dorsch/lombard-effekt/). Wenn eine Gruppe sich intensiv mit einem Thema auseinandersetzt und somit immer mehr Lärm entwickelt, wird die andere Gruppe im Klassenraum ebenfalls lauter. Dies führt wiederum zu einer Lärmerhöhung bei der ersten Gruppe usw. Um diese Lärmspirale, die v. a. im (Fremd-)Sprachenunterricht sehr schnell zu Konflikten führen kann, zu durchbrechen, bedarf es sogenannter Ruheinseln im Klassenzimmer, die als Lärmbrecher dienen.

4. Der Kicker- und Spieletisch

In meiner pädagogischen Praxis war er stets umstritten: der Kicker- und Spieletisch im Klassenzimmer. Was wurde diesem Möbelstück immer alles angedichtet. Verursacht Lärm, Streit, kostet Geld, lenkt vom Lernen ab. Warum aber hat der Kickertisch in meinem Klassenzimmer, den die Klassensprecherin auf Geheiß des Klassenrats kostengünstig organisiert hatte, dann immer so viel Anklang gefunden und stets zu einer entspannten Atmosphäre beigetragen? Vielleicht weil es „unser Tisch" war, den die Klasse gemeinsam gekauft, gepflegt und dann auch am Ende überspielt hat? Vielleicht aber auch, weil der Kickertisch etwas ermöglicht, das im Schulalltag oftmals verloren geht:

„Das Spiel. Gerade beim Spielen lernen Kinder sich und ihre Umwelt besser kennen. Ihr Selbstvertrauen und ihre Identität entwickeln sich beim Spielen. Besonders wichtig ist der Spaßfaktor beim Spielen. Je mehr Spaß das Spiel macht, umso größer ist die Bereitschaft, das Spiel zu wiederholen, womit sich auch die Lerneffekte beim Kind steigern. Durch das Spielen lernt das Kind Situationen und Gefühle kennen – vor allem aber den Umgang damit – die ihm später in abgewandelter Form im Alltagsleben begegnen werden. So zum Beispiel Sieg, Niederlage oder Angst. Neben sozialem Verhalten lernen Kinder beim Spielen auch Rücksichtnahme, Durchsetzungsvermögen, „Anführen" und „Unterordnen", Verhalten bei Niederlagen und Bloßstellen. Sie trainieren aber auch ihre Wahrnehmung und Geschicklichkeit und entwickeln über das Spielen ihre Phantasie, entdecken ihr kreatives Potential neu, schulen ihr Sprachvermögen. Vor allem aber fördert das Spielen ihre Bewegung und Motorik." (http://www.spille-mer.de/warum_spielen.pdf)

Nebenbei: Nicht nur die Schülerschaft spielte gerne am Kickertisch, auch ich habe viel beim Kickern von, über und mit meinen Schülern gelernt, gelacht und gelebt.

5. Freiraum – „Raum für den Kreis"

Bei all den Leseecken, Kickertischen und Ablagesystemen sollte, nein muss immer noch Platz bleiben, damit man einen modernen, methodisch vielfältigen und raumgreifenden Unterricht betreiben kann. Sei es für die Gruppen,- Partner- oder Stationenarbeit, für den Sitzkreis oder für die Phantasiereise – der Raum darf alles in allem nicht zu voll werden. Hierbei nur noch die Anmerkung: In Deutschland werden einem Hund im Zwinger 10 m^2 zugewiesen – ein Schüler im Klassenzimmer sollte mindestens 2 m^2 Platz haben …

6. Raum im Kopf

Zu guter Letzt: Bitte nehmen Sie sich ab und zu einfach den Freiraum, mal über Ihren Klassenraum nachzudenken – so können Sie sich Ihren Arbeitsalltag konfliktfreier und angenehmer gestalten.

Anmerkung: Bitte bedenken Sie immer, dass Sie natürlich im öffentlichen Raum Schule auch einem bestimmten rechtlichen Rahmen unterworfen sind – Brandschutz, Schulordnung und anderen rechtlichen Verordnungen muss natürlich entsprochen werden.

4.4.16 Das Szenische Spiel in der interkulturellen Klassengemeinschaft

Bühne, Bretter, die die innere Welt verändern. (Manfred Hinrich)

Frei nach Shakespeare ist alles Theater, und Theater ist zugleich alles. Auf der Bühne, die im schulischen Kontext entweder separat in einer Schulaula oder doch eher in einem Klassenraum zu finden ist, kann gerade interkulturelles Lernen stattfinden und somit Konflikte vermieden werden.

Didaktische Begründung:

- „Lernwirksam werden Lernprozesse dann, wenn Handeln mit Wissen, wenn Erleben mit Vor- und Nachdenken, wenn Aktion mit Reflexion möglichst eng verknüpft wird." (von Bialy 2006);
- „Das szenische Lernen ist eine Unterrichtsmethode, die den Schüler ganzheitlich aktiviert. Durch den Einsatz von Körper und Sprache werden nachhaltig Lerninhalte vermittelt." (Scheller 1998)
- „Das szenische Spiel ist eine Methode der spielerischen Darstellung von Szenen, in denen es um Verhalten und den Umgang mit Konflikten, aber auch um das Nachempfinden von Situationen anderer Menschen geht. Ziel ist es, komplexe, teilweise unbekannte Themen mit der eigenen Persönlichkeit so zu verbinden, dass sie nicht mehr als etwas Abstraktes äußerlich bleiben." (http://methodenpool.uni-koeln.de/szenisch/frameset_szenisch.html, zuletzt aufgerufen am 04.05.2017)
- „Das szenische Interpretieren eines Textes, das Herauspicken einzelner Zitate (Wörter, Sätze oder Satzreihen) ist kollektive Interpretation." (Meyer 2003)

Ein mögliches Beispiel
Biographisches Arbeiten mit Schülern:
Durch das szenische Spiel werden die verschiedensten Kompetenzen der Schüler und auch der Lehrer gefordert und gefördert (vgl. VOLK von BOLY 1994). Die sogenannte Selbstkompetenz: Autonomie (Wer bin ich?); Beziehungsfähigkeit (Wer bist du für mich?); Kontaktfähigkeit (Was möchte ich mit dir tun ...?); Integration von Verallgemeinerung und Differenzierung (Wo und wann genau ist was wie mit wem geschehen?); Integration von Verstand und Gefühl (Wozu genau habe ich dies getan und jenes unterlassen?); Integration von Entwicklung und Routine (Welches Verhalten ist hilfreich/störend für mich?); Entdeckung von Sinn und Sinnlichkeit (Erleben und Reflexion sind verbunden); Selbst- und Beziehungserkundung

Was ist Theater? Sprache, Körper, Kreativität, Reflexion und noch vieles mehr. Biographisches Arbeiten ist v. a. Selbst- und Fremderfahrung. Indem die Kinder- und Jugendlichen sich mit sich selbst, ihrer Geschichte und auch ihrer Herkunft auseinandersetzen und dies in Wort, Spiel und Performance kleiden, werden sie zunächst selbst- und dann auch fremdkompetent. Sie werden also interkulturell kompetenter.

Das Theater ist die tätige Reflexion des Menschen über sich selbst. (NOVALIS)

Ablauf
Wichtigstes Kriterium für ein gelingendes biografisches Arbeiten ist die Freiwilligkeit. Jeder kann und darf von sich erzählen, jedoch keiner muss. Um über sich ins Gespräch zu kommen, sollten die Theaterspielenden zunächst über sich nachdenken. Was habe ich bisher erlebt? Welche Ereignisse in meinem Leben haben mich geprägt? Worüber würde ich gerne / kann ich sprechen? Diese Gedanken schreiben sie auf – so entsteht eine Liste, beispielsweise „Die Top-Ten meines Lebens – diese 10 Dinge haben mich geprägt". Diese Liste fertigt jeder Schüler an. Dann geht sie einmal durch die Klasse und jeder kreuzt das Thema an, welches ihn/sie am meisten interessieren würde. Am Ende schreibt jeder Schüler die Geschichte zu seinem Ereignis auf. Da im Verschriftlichen oft der Hemmschuh liegt, können Sie natürlich auch auf andere Hilfsmittel zurückgreifen: Audiotagebuch (gerne auch auf dem Schülerhandy), Bilder/Collagen etc. Diese Geschichten werden anschließend theatral auf der Bühne umgesetzt. Wichtig hierbei ist es, den Schülern eine Distanz zu ihrer Rolle zu ermöglichen. Nun werden Kleingruppen gebildet und jede Gruppe erarbeitet ihre eigene Szene; dabei treffen die gesammelten Ereignisse und daraus resultierenden Bühnenfiguren aufeinander. Sinnvoll für eine gelingende Inszenierungsarbeit ist es, den Schülern im Vorfeld verschiedene dramaturgische Tipps mit auf den Weg

zu gehen – v. a. zum Aufbau einer Geschichte. Die Gruppen spielen einander anschließend ihre Ergebnisse vor – die Spielleitung korrigiert, gibt Tipps, die restlichen Gruppen ebenso. So entsteht langsam eine zusammenhängende Collage mit verschiedenen biographischen Versatzstücken der Spielenden. Meist entwickelt sich hieraus auch noch ein übergeordnetes Thema wie Zukunftsängste, Flucht, Gewalt, Liebe etc. In der letzten Phase ist nun erneut die Spielleitung gefragt: Sie muss das Gesamtprodukt im Auge behalten und die einzelnen Versatzstücke zu einem in sich stimmigen Ganzen verbinden.

Kunst und Leben verschmelzen auf der Bühne für einen Augenblick zu einer schönen Illusion. (HEIKO STANG)

Literatur

BOAL, A. (1979): Theater der Unterdrückten. Suhrkamp Verlag: Frankfurt/Main.

DEUTSCHE GESETZLICHE UNFALLVERSICHERUNG E. V. (DGUV) (2012): Klasse(n) – Räume für Schulen – Empfehlungen für gesundheits- und lernfördernde Klassenzimmer, Ausgabe Januar 2012.

DAUSCHER, U. (2006): Moderationsmethode und Zukunftswerkstatt. ZIEL: Augsburg, 29–32.

ERLL, A. / GYMNICH, M. (2014): Interkulturelle Kompetenzen – erfolgreich kommunizieren zwischen den Kulturen. Klett Verlag: Stuttgart.

GORDON, T. (2012): Lehrer-Schüler-Konferenz, wie man Konflikte in der Schule löst. Heyne Verlag: München.

KELLERMANN, W. (2014): Schulraum-Klassenraum-Bildungsraum. In: SCHNEIDER, M. u. a. (2014) (Hrsg.): Bildungsräume in Bewegung, Perspektiven aus Wissenschaft, Wirtschaft und Praxis. wbv: Bielefeld.

KIRSCH, D. (2013): Szenisches Lernen: Theaterarbeit im DaF-Unterricht. Deutsch als Fremdsprache. Hueber Verlag: Ismaning.

MORGENSTERN, I. (2011): Projekt Lebensbuch, Biografiearbeit mit Jugendlichen; [geeignet für die Klassen 5–7]. Verlag an der Ruhr: Mülheim an der Ruhr.

PLATH, M. (2014): Partizipativer Theaterunterricht mit Jugendlichen, praxisnah neue Perspektiven entwickeln. Beltz Verlag: Weinheim (u. a.).

PRINZ, W. (2013): Selbst im Spiegel, die soziale Konstruktion von Subjektivität. Suhrkamp Verlag: Berlin.

SCHELLER, I. (1998): Szenisches Lernen. Handbuch für die pädagogische Praxis. Cornelsen Scriptor: Berlin.

SCHOENAKER, T. / MÜLLER, E. / PLATT, J. M. (2010): Eltern & Lehrer für eine erfolgreiche Schulzeit: Ermutigung, Klassenrat, Hausaufgaben. RDI-Verlag: Bocholt.

SCHULZ VON THUN, F. (2003): Miteinander reden. Rowohlt-Taschenbuch-Verlag: Reinbek bei Hamburg.

VOLK VON BOLY, H. (2006): Wirksam lernen in Inszenierungen: Szenische-dialogische Bildung. In: WIECHMANN, J. (2006) (Hrsg.): Zwölf Unterrichtsmethoden: Vielfalt für die Praxis. Beltz: Weinheim/Basel, 93–108.

http://www.graphic-recorder.eu/ (letzter Zugriff am 05.05.2017).
http://methodenpool.uni-koeln.de/szenisch/frameset_szenisch.html (letzter Zugriff am 04.05.2017).
http://www.member.unioldenburg.de/hilbert.MEYER/download/Thextheater_20032.pdf (letzter Zugriff am 05.05.2017).
www.uni-bielefeld.de/ikg/zick/Moderationsmethode.doc (letzter Zugriff am 05.05.2017).

4.5 Unterrichtsideen aus einer Übergangsklasse, 8./9. Jahrgang

Margit Yesiltas

4.5.1 Grundsätzliches

Konflikten in der Klasse soll man sich stellen, auch wenn sie nicht – oder gerade wenn sie noch nicht – den Unterricht beeinträchtigen.

Es ist unerlässlich für eine Lehrkraft, in deren Klasse Schüler aus anderen Ländern lernen, sich bewusst zu machen, dass alles, was im Unterricht passiert – sei es von ihr gesteuert oder nebenbei – von diesen Schülern vielleicht ganz anders interpretiert wird, als sie es vermuten würde. Da jeder Mensch eine erlebte Situation sehr unterschiedlich wahrnimmt und deutet, kann dies natürlich, wenn wohl auch seltener, in einer Klasse mit ausschließlich deutschen Schülern die Entstehung von Konflikten begünstigen. Die Verhaltensweisen jedes Schülers in der Klasse einschätzen zu können erfordert vor allem Zeit, Reaktionen zu beobachten und mögliche Interpretationen – auch die von Mitschülern – mit im Blick zu haben, ist wichtig. Sehr bewusst sollte man die Beobachtung von den eigenen Interpretationen trennen. Notizen erleichtern dies, denn Klischeevorstellungen fließen oft unbeabsichtigt ein. Nachfragen bei den Schülern sind natürlich hilfreich, wenn dies sprachlich bereits möglich ist. Signalisieren Lehrkräfte Interesse abseits der Stoffvermittlung, nehmen Schüler dies in der Regel sehr positiv auf. Oft zieht es bereits erwünschte Verhaltensänderungen nach sich, obwohl die sprachlich erkennbaren Ergebnisse solcher Gespräche die Erwartungen der Lehrkraft nicht erfüllen konnten. Die Äußerungen, die wir täglich von unseren Schülern zu hören bekommen, sind ein Teil des Gesamtbildes. Oft sind wir stark fixiert auf die verbalen Äußerungen. Es ist wichtig, die Wahrnehmungsfähigkeit für alles Übrige zu trainieren.

Schülerbeobachtung ist unverzichtbar für positive Veränderungen

Im Folgenden gebe ich ein paar Tipps, wie man dies angehen kann:

- Phasen, in denen die Klasse ruhig arbeitet bzw. Partner- oder Gruppenarbeit stattfindet, sollten regelmäßig genutzt werden, um das Verhalten der Schüler zu beobachten. Wo schauen die einzelnen Schüler hin? Von wem möchten sie beachtet werden? Gibt es „böse" Blicke oder zur Schau gestellte Gleichgültigkeit? Gut ist es, sich dazu Notizen zu machen, auch wenn einem manches belanglos erscheint. Nur so kann man Veränderungen im zeitlichen Verlauf feststellen.
- Besteht die Möglichkeit, dass man in der eigenen Klasse hospitiert, wenn ein Kollege oder ein Praktikant unterrichtet, kann man die eigene Klasse ohne den Druck, auf alles reagieren zu müssen, anders beobachten. Man wird sich wundern, dass man aus dieser Warte bestimmte Verhaltensweisen, die man eigentlich kennt, positiver oder auch negativer wahrnimmt als im eigenen Unterricht. Bewusst sollte man den Sitzplatz variieren; an den Seiten zu sitzen, verändert die Perspektive, von hinten bekommt man zu wenig mit.
- Jede Information, die man über das Leben in den Herkunftsländern der Schüler bekommen kann, sollte man als wichtigen und hilfreichen Hintergrund für den Unterrichtsalltag betrachten. Und dies nicht nur bei Schülern wie den aktuell geflüchteten, die ihr vertrautes Umfeld noch nicht lange verlassen haben, sondern auch bei denjenigen, die hier geboren sind. Neben vielen anderen Faktoren übt auch bei ihnen noch die Kultur des Herkunftslandes einen wichtigen Einfluss aus, wenn auch auf verschiedenste Weise verändert oder auch verstärkt aufgrund fehlender Korrektur durch eigene Alltagserfahrungen in ihrem vermeintlichen Heimatland.
- Als kleine kreative Anregung sei das Fotografieren individuell unterschiedlicher Klassenbilder hier vorgestellt. Diese Aufgabe dient in diesem Zusammenhang vor allem als guter Gesprächsanlass und liefert nebenbei viele aufschlussreiche Informationen. Jeder Schüler darf genau ein Foto von der Klasse machen oder besser von einem unbeteiligten Fotografen aufnehmen lassen, da er selbst ja mit auf dem Bild sein sollte. Wichtig ist, dass einige Regeln beachtet werden, z. B. dass jeder der anwesenden Schüler auf dem Bild zu sehen sein muss, dass niemand gezwungen wird, in für ihn unangenehmer Position auf dem Bild zu sein. Ob man als Lehrkraft mit einbezogen werden möchte, kann man frei entscheiden. Es muss auch gewährleistet sein, dass die Schüler – mit Einschränkungen versteht sich – die Anordnungen des jeweiligen Fotografen befolgen. Im Vorfeld sollten sich selbstverständlich alle in Ruhe Gedanken machen über „ihr" perfektes Klassenbild, sonst wird es zu

spontan. Legt man am nächsten Tag die ausgedruckten Bilder nebeneinander und lässt die Schüler erst in Gruppen darüber reden, wo Unterschiede bzw. Gemeinsamkeiten zu erkennen sind, entsteht im besten Fall Empathie. Vielleicht lässt sich dadurch eine Grundlage für offenere Gespräche schaffen oder bisher schlummernde Probleme werden aufgedeckt. Darüber sollte man nicht erschrecken, denn es ist besser, diese zu kennen, und absolut erforderlich, um informierter und gezielter weiterarbeiten zu können.

- Nicht zuletzt dienen auch die beiden nun im Anschluss vorgestellten Unterrichtsideen dem Zweck, die Schüler besser kennenzulernen, ihre Konflikte ernst zu nehmen und sie zu unterstützen, selbstständig damit umgehen zu lernen. Es sollte nie das Ziel sein, sie anzupassen, d. h. ihre grundlegenden Einstellungen zu verändern. Ein Unterricht, in den neben vielem anderen auch die folgenden Beispiele passen, will erreichen, dass die Schüler ihre Einstellungen erst als ihre eigenen wahrnehmen, sich fragen, wie sie zu diesen gekommen sind und warum andere zu anderen Ansichten kommen. Es wäre verwunderlich, wenn durch wiederkehrende Beschäftigungen innerhalb dieses Themenfeldes nicht erreicht werden könnte, dass jeder Einzelne interessierter und mit Offenheit auf seine Mitschüler schaut. Jede Verringerung der in einer Klasse auftretenden Konflikte – und damit ist nicht die Unterdrückung der sichtbaren und störenden Folgen gemeint – schafft Raum für positive Erfahrungen. Vor allem verbessert sich dadurch die Chance auf entspanntes Zuhören, was gerade für Sprachlerner sehr wichtig ist. Die Beschäftigung mit den Problemen, die die Schüler untereinander haben, ist Teil des Unterrichtes und muss nicht parallel dazu bewältigt werden. Oft hört man, dass zu wenig Zeit für echten Unterricht bliebe, wenn man sich der Konfliktbewältigung widme. Dieser vermeintliche Nachteil einer zeitintensiven Beschäftigung wird meiner Meinung nach entkräftet durch die Steigerung der Konzentration bereits während dieses Prozesses und eine reibungslosere Zusammenarbeit, die durchaus erreicht werden kann, woraus nicht zuletzt ein schnellerer Lernzuwachs erwächst.

Die Auseinandersetzung mit Konflikten ist keine Zeitverschwendung

4.5.2 Rollenspiele mit Spielfiguren ermöglichen echte Gespräche

Liest man den Text oben, kann man natürlich einwenden, dass Gespräche einen gut entwickelten Sprachstand im Deutschen erfordern. Und das ist im Prinzip auch richtig. Trotzdem ist es notwendig, Wege zu finden, einerseits einzelne neu dazugekommene Schüler, die noch wenig Deutschkenntnisse haben, mit einzubeziehen und andererseits in Sprachlernklassen neben dem reinen Spracherwerb bereits von Beginn an die eigentliche Funktion der Sprache, nämlich den Austausch untereinander, in den Mittelpunkt zu stellen. Die unterschiedlichen Auffassungen der Schüler, woraus sich Konfliktsituationen entwickeln können, stehen ganz klar von Beginn an mit im Raum. Und dies nicht erst, wenn der Sprachstand der Schüler ein Niveau erreicht hat, das uns ausreichend erscheint, gemeinsam mit ihnen eine Lösung zu finden. Verbote und Unterdrückung bestimmter Verhaltensweisen sind sicherlich Mittel, die in bestimmten Situationen durchaus ihre Berechtigung haben. Nachhaltiger wirken erfahrungsgemäß die von Schülern selbst gefundenen Erkenntnisse. Gerade Schüler, die aus ihren Heimatländern weniger an eine derartige Herangehensweise in der Schule gewöhnt sind, werden sich anfangs schwerer tun. Das ist selbstverständlich, Geduld und Durchhaltevermögen sind hier unverzichtbar. Ich unterrichte seit vielen Jahren Sprachlerner zwischen 14 und 18 Jahren an einer Mittelschule in Nürnberg, mal auf Anfängerniveau, öfter im 2. und 3. Lernjahr. Bereits mit sehr geringen Deutschkenntnissen ist es Schülern dieser Altersstufe mit dem Wörterbuch und der Hilfe von Mitschülern, die die gleiche Muttersprache haben, möglich und enorm wichtig sich mitzuteilen. Wenn zusätzlich geeignete Satzstrukturen angeboten werden, also am besten schriftlich im Raum präsent sind, erleichtert dies den Sprachlernern wie auch Muttersprachlern, die sich nicht differenziert genug ausdrücken können, die eigenen Ansichten deutlich zu machen und die der anderen zu hinterfragen bzw. sich mit ihnen zu solidarisieren. Es schafft Offenheit in der Klasse, wenn es Raum gibt, etwas anzusprechen, das auch vorher unausgesprochen da war. Es erfordert Sensibilität, um zu merken, dass nichts konstruiert, sozusagen extra „erfunden" wird, um eine gestellte Aufgabe zu erfüllen. Ein Anzeichen dafür ist meistens, dass das Gespräch dann schnell lächerlich wird. Offenbaren Schüler ihre wirklich vorhandenen Einstellungen, beispielsweise hinsichtlich kultureller Gruppen, oder werden Zweifel geäußert, ob man eine Meinung teilen soll, und Fragen gestellt über etwas, worüber man sich noch nicht im Klaren ist, herrscht in der Regel eine ernsthafte Atmosphäre. Dies rührt daher, dass Schüler in dieser Situation merken, dass es um sie persönlich geht, dass sie ernst genommen werden und es jetzt nicht darum geht, Vorgefertigtes übernehmen zu müssen. Gewonnen hat man meiner Meinung nach, wenn Schüler bereit sind, Formulierungen wie „Ich weiß nicht genau, was ich über (...) in meinem Heimatland bzw. in Deutschland denken soll" oder „Ich bin unsicher, weil ich (...) nicht verstehe bzw. nicht kenne" zu verwenden. Einsetzbar ist hier von „Kleidungsstil" bis „Ernährung", von „Familienleben" bis „Werte" alles Mögliche.

Bei geringem Sprachstand entwickeln sich Konflikte

Aber nun im Einzelnen: Rollenspiele sind ein altbekanntes Mittel zur Bewusstmachung des eigenen Verhaltens. Sie ermöglichen Gespräche über die Gründe und Folgen dieses Verhaltens. Schüler können „im Spiel“ leichter erklären und dazu stehen, warum sie bzw. die Figuren, die sie gerade spielen, dies oder jenes so und nicht anders machen möchten. Dieses spielerische Erproben kann den Blick öffnen für ein anderes Verhalten, das man sich im realen Kontext nicht zutraut – sei es aus persönlicher Unsicherheit oder weil es in der eigenen Kultur nicht erlaubt ist. Ob diese oder jene Reaktion für den jeweiligen Schüler ganz konkret im Bereich des Möglichen liegt, ist „im Spiel“ vorerst zweitrangig.

Der Einsatz von Spielfiguren ermöglicht Distanz

Bei der nun geschilderten Unterrichtsidee wird eine zusätzliche Möglichkeit eingebaut. Sie bietet für Schüler noch mehr Rückzugsmöglichkeit. Schülergruppen (drei bis vier Schüler sind ideal) erhalten Spielfiguren oder suchen sich selbst eine passende Anzahl heraus. Playmobilfiguren bieten sich hierfür an, da diese auch verschiedene ethnische Gruppen abbilden.

© Margit Yesiltas

Aufträge bzw. Impulse für die Arbeit in der Gruppe können wie folgt gegeben werden. Die Beispiele sind als Auswahl zu verstehen, nicht als aufeinander aufbauende Vorgehensbeschreibung.

- „Schau in die Köpfe der Figuren! Was denken sie? Was sagen sie?“ Kärtchen in verschiedenen Farben regen an, positive, neutrale und negative Aussagen zu kennzeichnen. Man kann auch Kärtchen in zwei verschiedenen Farben verwenden, um zu markieren, was man selbst denkt und was andere denken könnten. Es wird eine Unterlage mit ausgeteilt, auf der verschiedenfarbige Positionspunkte aufgemalt sind, z. B. ein schwarzer Punkt, auf den die Schüler die Figur stellen, die sie negativ bewerten oder die in ihrem Spiel das „Opfer“ ist. Wichtig ist zu thematisieren, wie diese sich fühlt. Die Schüler müssen „ihr“ Stück mehrmals spielen, jeder sollte jede Rolle einmal „sprechen“. Ein Austausch darüber, wie unterschiedlich man sich in diesen Rollen fühlt, muss stattfinden. Interessant ist, dass es Gruppen gibt, die eine Figur, die sie selbst aus irgendwelchen

Nur Akzeptiertes zu äußern fördert keine gewinnbringende Auseinandersetzung

Gründen ablehnen, auf den „negativen" Punkt stellen. Dies muss ernst genommen und darf nicht zu schnell als falsch beurteilt werden. Andere Gruppen stellen hingegen auf diesen Punkt eine Figur, die für sie negativ ist, weil diese selbst viele Vorurteile hat und andere ablehnt. Es sollte also unbedingt Zeit dafür eingeplant werden, dass diese unterschiedliche Sicht verstanden wird. Dazu müssen sich die verschiedenen Gruppen gegenseitig ihre Ergebnisse vorstellen. Durch die Anschaulichkeit des Arrangements reicht ein einfaches Sprachniveau aus, um die Botschaft der Gruppe zu verstehen.

- Wie stellen wir uns eine Figur vor, die wir auf den „positiven", z. B. orangefarbenen, oder den „neutralen" weißen Standpunkt stellen?

Sehr gern konzipieren die Schüler mit Hilfe der Spielfiguren Handlungen oder Entwicklungen. Gut ist es, die Figuren nicht auf den Tisch, sondern auf ein Blatt Papier zu stellen. Darauf kann man zeichnen, z. B. wo die Situation stattfinden soll, oder es werden Wörter notiert, die man braucht. Die Lehrkraft kann etwas symbolisieren und so nachfragen, wie die Gruppe eine Situation versteht. Gern spielen vor allem Schülerinnen einen idealtypischen Verlauf nach.

- „Die lacht immer, weil ich so schlecht Deutsch spreche."
- „Die zieht sich an wie meine Oma."
- „Die bemüht sich nicht mal, so zu sein wie wir."

- „Es ist egal, wo einer herkommt."
- „Seit wir uns kennen, versuchen wir ständig irgendwie zu quatschen."
- „Ich lerne Wörter aus ihrer Sprache und sie aus meiner."

Die von den Schülergruppen aufgestellten Situationen kann man fotografieren oder einfach als Gedächtnisstütze stehen lassen. Sie können auch als leicht verständlicher „Arbeitsauftrag" dienen, wenn dazu Dialoge oder Geschichten schriftlich formuliert werden sollen.

© Margit Yesiltas

Nach einem geglückten Abbau von Vorurteilen ist es nicht selbstverständlich, dass jeweils neu Hinzugekommene nun leichter integriert werden. Die vormals Neuen fürchten gerade extrem um den Erhalt ihrer Position und vergessen leicht die eigenen Erlebnisse und Gefühle vor ihrer Zugehörigkeit.

Einmal wurde die oben fotografierte Situation von einer Schülergruppe aufgestellt und selbst erklärt. Ich griff diese von den Schülerinnen erfundene oder vielleicht nach einer realen Erinnerung nachgestellte Konfliktsituation auf und gab einer anderen Schülergruppe folgende Aufgabe dazu vor: Lakshmi kommt erst neu in die Klasse, als Rita schon gut integriert ist. Die Schülerinnen äußerten sich hierzu sehr kontrovers:

PRAXIS

„Die Rita (Schülerin aus Uganda) muss aufpassen, dass die Neue jetzt nicht beliebter wird.“ „Das ist nicht leicht für die Lakshmi. Ich glaube, niemand braucht die jetzt.“ „Wenn die Rita sich jetzt um die Lakshmi kümmert, wird ihre deutsche Freundin denken, dass sie undankbar ist.“

Die letzte Aussage muss meiner Meinung nach unter allen Umständen aufgearbeitet werden. Vielleicht kann erreicht werden, dass die Annahme einer Ungleichwertigkeit der beiden Mädchen, die dieser Aussage offensichtlich zu Grunde liegt, für alle offensichtlich wird. Wenn nur einer für eine Freundschaft dankbar sein soll, ist es eigentlich keine.

Genaues Hinhören und Sensbilität sind gefragt

© Margit Yesiltas

Diskutiert wurde natürlich auch die im Bild links festgehaltene Variante: Die Migranten haben doch mehr Gemeinsamkeiten oder gleiche Erfahrungen. Am Ende sind sie lieber miteinander befreundet.

Viel erreicht ist schon, wenn man von Verallgemeinerungen wegkommt. Schüler lassen sich relativ leicht darauf ein, dass es immer auch Ausnahmen gibt.

Dass diese auf dem Bild oben dargestellte Fortsetzung der Geschichte eben auch möglich ist, aber nicht zwingend den genannten Grund haben muss, ist eine wichtige Erkenntnis. Die Schülerinnen wussten eigentlich, dass es viel mehr von individuellen Sympathien als vom Herkunftsland abhängig ist, was passiert. Einige hatten sogar stützende Beispiele dafür parat, trotzdem wurde die Ansicht, Migranten seien auf der einen, Deutsche auf der anderen Seite, relativ diskussionslos stehengelassen und als „wirklicher" bezeichnet.

Vorurteile unbeachtet lassen oder zum Thema machen

Doch wie geht es weiter? Vorurteile zu vorsichtig zu formulieren, besser gar nicht auszusprechen, blockiert nur die Auseinandersetzung. Im Alltag haben viele Schüler ohnehin mehr mit Vorurteilen zu tun, als wir glauben – sowohl auf der einen als auch auf der anderen Seite. Im Unterricht denken sich Schüler Vorurteile für Spielfiguren aus. Was denken andere über sie? Was denken sie über andere? Warum ist dies wichtig? Die Spielfigur mit den vielen Vorurteilen ist ja gar nicht real. Jeder kann aussprechen, was er sich sonst nicht traut. Auch wenn ich es nicht zugeben möchte, werde ich feststellen, dass einige der formulierten „Vorurteile", wenn auch vielleicht in abgeschwächter Form, bei mir vorhanden sind. Solange ich mir dies nicht eingestehen kann, kann ich auch nicht darüber diskutieren. Es erfordert, auch bei der Lehrkraft, den Glauben daran, dass persönliche Ansichten, über die ich sprechen kann, leichter in einem Prozess gehalten werden. Nur so können neue Erfahrungen – vielleicht positivere in einer gelingenden Klassengemeinschaft – alte Ansichten verändern und verhindern, dass sich etwas bereits im Jugendalter verfestigt. Man muss sich darüber im Klaren sein, dass Meinungen, wenn man so will Vorurteile hinsichtlich der Mitschüler, der Lehrer, der neuen Umgebung, bei den Schülern sowieso vorhanden sind. Wenn kein Austausch darüber stattfindet, werden sehr leicht innerhalb der Klasse und über Klassengrenzen hinweg Gruppierungen unter den Schülern entstehen, die bestimmte Meinungen teilen und sich gegenseitig bestätigen. Die Chance, einer Verfestigung von unreflektierten Meinungen entgegenzuwirken, wird größer, wenn ich einen Austausch darüber anrege. Wenn ich versuche, möglichst wenig unter die Oberfläche zu schauen und ein reibungsloser Unterrichtsablauf das vorrangige Ziel ist, ist der Gewinn meist nur kurzfristig und über heftigere Konflikte sollte man sich nicht wundern.

Jetzt nähert man sich bereits einer In-Frage-Stellung der Vorurteile. Sind sie unveränderlich? Gibt es Situationen, in denen sie unwichtig werden? Schnell greifen Schüler hier zu dem Klischee: Zwei Playmobilfiguren verlieben sich ineinander. Dann sind doch die Vorurteile plötzlich weg. Ist das wirklich so? Verliebt man sich überhaupt in eine Person, die sehr offensichtlich andere Ansichten hat oder von der ich zumindest annehme, dass sie unmöglich zu mir passen kann? Oder können zwei Mädchen, von denen eines Kopftuch trägt, das andere nicht, befreundet sein und wirklich die jeweiligen Probleme der Freundin verstehen oder geht das nicht? Entscheidend ist für die Lehrkraft, im Kopf zu behalten, dass keine allgemeinen Lösungen gefunden werden müssen oder können. Die Schüler merken jedoch schnell, dass es verschiedene Erfahrungen zu diesen Themen gibt, und erweitern ihre Denkmöglichkeiten dazu. Ganz nebenbei lernen sie, dass man unterschiedliche Ansichten sehr oft nicht miteinander in Einklang bringen kann, dass dies jedoch nicht unweigerlich zu Missstimmungen, Beleidigtsein oder aggressivem Verhalten führen muss. In Konfliktsituationen einen kühlen Kopf zu behalten, vielleicht sogar bestimmte Situationen gar nicht als bedrohlichen Konflikt zu betrachten, kann vor allem durch dieses Wissen erreicht werden. Und gerade auch bei Schülern, die wegen ihres geringen Sprachniveaus im Deutschen nicht alles korrekt verstehen und dadurch aus manchen Situationen von ihnen erwartete, aber vielleicht falsche Dinge „herauslesen", kann allein schon durch das „Erleben" von Gesprächen der geschilderten Art eine positive Veränderung beobachtet werden. Man kann darauf vertrauen, dass sie, selbst wenn sie nicht alles ganz genau verstehen und sich noch kaum differenziert dazu äußern können, eine Ahnung von Gesprächskultur und Toleranz mitbekommen. Aus meiner Erfahrung kann ich sagen, dass die Schüler diese Wandlung zwar auch später, wenn sie besser Deutsch sprechen, nicht mehr genau beschreiben können, sich jedoch an die positiven Auswirkungen erinnern. Wichtig ist, dass eine regelmäßige Reflexion über den Ist-Zustand hinsichtlich Konfliktpotential und Strategien zum besseren Auskommen stattfindet. Schüleräußerungen wie „Wenn wir nicht so viel streiten müssen, komme ich lieber in die Schule" oder „Wenn …, kann ich mich besser konzentrieren" weisen in eine gute Richtung.

Das „Stehenlassen" unterschiedlicher Ansichten muss geübt werden

Um es anschaulicher zu verdeutlichen, gebe ich einen kurzen Einblick anhand eines echten Klassengesprächs, worum es gehen kann. Aus den eben geschilderten Gründen sollten solche Gespräche mit wechselnden Inhalten ein wiederkehrender Bestandteil des Unterrichts sein. Eine Schülerin aus Syrien „erfand" im vergangenen Schuljahr in einem Klassengespräch

Offenes Gespräch über gegenseitige Zuschreibungen

spontan den Begriff „zurückgegebenes Vorurteil". Sie war noch nicht ganz zwei Jahre in Deutschland und bekam zum ersten Mal die Gelegenheit zu erklären, welche Gedanken bei ihr selbst ablaufen, wenn sie hier wahrnimmt, dass Mädchen in ihrem Alter vollkommen anders gekleidet sind als sie selbst. Man merkte ihr deutlich an, dass sie bereits viel darüber nachgedacht hatte, dass sie sich nun auch sprachlich einigermaßen in der Lage sah, sich mitzuteilen, und vor allem, dass ihr dieses Thema ein dringliches Anliegen war. Es stellte sich – auch für mich erst einmal verwunderlich – heraus, dass dieses Mädchen – nennen wir sie Thamar – keinerlei negative Gedanken gegenüber Mädchen mit Miniröcken oder bauchfreien Oberteilen hat. Sie sagte: „Ich kenne doch Mädchen, die so angezogen sind, aus den Fernsehserien. Und die habe ich immer geliebt. Ich weiß, dass Mädchen, die so angezogen sind, genauso fies oder genauso nett sein können wie Mädchen mit Kopftuch oder Nikab." Auch wenn sie, bevor sie nach Deutschland kam, im echten Leben noch nie mit solchen Mädchen in Kontakt gekommen sei, würde sie nie aufgrund der äußerlichen Erscheinung Rückschlüsse auf deren Charakter ziehen. Durch das Zusammentreffen mit realen Personen, die denen aus ihren Lieblingsserien ähnelten, passierte nun etwas Neues, denn Thamar war nun nicht mehr nur Zuschauerin, sondern merkte, dass sie selbst ja nun auch von den anderen wahrgenommen wurde. Sie versuchte, in diesem Gespräch zum ersten Mal ihren Mitschülerinnen aus Polen oder Brasilien zu erklären, dass sie anfangs nur ein Gedanke beherrschte: „Wie nehmen mich die denn eigentlich wahr?" Thamar war viel zu beschäftigt mit dieser Frage, um sich eine eigene Meinung über sie zu bilden. Dabei ging es nicht darum, dass sie selbst gern ihr äußeres Erscheinungsbild angepasst hätte. Ganz im Gegenteil: Sie wollte schnell einen Zugang zu ihnen finden. Sie hoffte, von den Mitschülerinnen akzeptiert zu werden, trotz oder besser mit ihrer Kleidung, die sie als Teil ihrer Identität sieht. Die enorme Offenheit in Thamars Satz „Aber sie konnten meinen Charakter ja nicht richtig kennenlernen, da ich sie abschreckte. Das denke ich jetzt" war verblüffend. Anscheinend sah sie in diesem Gespräch doch noch eine Möglichkeit, die verfahrene Situation zu verändern. Dazu ist zu bemerken, dass es nicht zu offenen Feindseligkeiten oder gar Aggressivität gekommen war, doch war die nicht vorhandene Kommunikationsbasis und mittlerweile Gleichgültigkeit von beiden Seiten nicht sehr erfreulich für das Klassenklima. Thamar meinte, dass es sich wohl schon um eine Art festen Vorurteils handle, das sich bei ihr entwickelt habe. In der Weise, dass sie nun sofort annimmt, dass Mädchen, die freizügiger oder auch ganz gewöhnlich „deutsch" gekleidet sind, nichts mit ihr zu tun haben wollen, gar nicht versuchen, mit ihr ins Gespräch zu kommen und ihr allein aufgrund ihrer Kleidung zu verstehen geben, dass sie nicht dazugehören kann. Sie ist sich jetzt fast sicher, dass so ziemlich alle Leute ein Vorurteil hinsichtlich Kopftuch und Ähnlichem haben. In Gesprächen mit anderen Mädchen aus Syrien werde sie auch in dieser Meinung bestärkt. Sie räumt ein, dass sich ihr Vorurteil vielleicht weniger durch eigene negative Erlebnisse verstärkte als vielmehr durch Gespräche mit Mädchen in der gleichen Situation. Einmal wurde dieses Gespräch auch in einer reinen Mädchenrunde vertieft, was noch größere Offenheit ermöglichte. Für alle wurde klar, was Thamar unter einem „zurückgegebenen Vorurteil" versteht: ihr Vorurteil, das gegen die Gruppe der andersgekleideten Mädchen gerichtet ist, das aber erst dadurch entstanden ist, dass sie selbst die ablehnende Haltung der anderen Mädchen praktisch als selbstverständlich annahm. Hinzu kam, dass sie vorher niemals in der Situation war, sich irgendwie als andersaussehende Außenseiterin zu fühlen und dadurch überfordert war. Als sie sich dessen erstmalig bewusst wurde, konnte sie natürlich nicht zu einer neutralen Haltung zurückfinden, doch zumindest wurde ihr ein Mechanismus bewusst, von dem sie vorher gar nicht gedacht hätte, dass er bei ihr wirken könnte. Sie war selbstverständlich davon ausgegangen, sie würde ganz objektiv auf konkrete Erfahrungen reagieren.

Hier eine ähnliche Situation:

„Dieses blonde doofe Mädchen will sicher nichts mit mir zu tun haben, weil sie sowieso hochnäsig ist."

© Margit Yesiltas

Wenn die Person, die sich bislang nur als Adressat von Vorurteilen erlebt hat, beginnt, die eigenen verfestigten Meinungen zu hinterfragen, gibt es in einem Gespräch zwischen Vertretern zweier oder mehrerer kultureller Gruppen erst eine reelle Chance für Annäherung.

Die Bilder sollen auch illustrieren, dass mit Hilfe von Spielfiguren und in Verbindung mit dem wiederholten Versprachlichen dargestellter Situationen oder symbolisierter Zustände auch bei Sprachlernern ein Austausch über anspruchsvolle Themen stattfinden kann.

Die Unterstützung beim Zurechtfinden im fremden Umfeld ist der entscheidende Aspekt, der Beschleunigungseffekt für den Sprachlernprozess ist ebenso erwünscht. Dieser tritt ein, wenn es um Fragen geht, die die Schüler wirklich interessieren und die sie auch im Klassenverband klären wollen. Der eigene Standpunkt muss in einer gemischtsprachigen Klasse notwendigerweise auf Deutsch vertreten werden. Eine Rechtfertigung, zugegebenermaßen schwierige Themenfelder lieber zu vermeiden oder auf später zu verschieben, weil sie als zu sprachintensiv eingestuft werden, wird schwieriger, wenn man hilfreiche Techniken kennt. Vor allem darf man nicht vergessen, dass bei den Sprachlernern eine altersgemäße Einsicht in die Problematik ja vorhanden ist, die innere Auseinandersetzung damit naturgemäß aber ausschließlich in der eigenen Sprache abläuft. Diese muss auch mobilisiert werden. Lässt man Schüler in ihrer Muttersprache einen Text verfassen oder auch nur eine Liste mit erforderlichen Vokabeln zu einer bestimmten Thematik anfertigen, erkennen sie schneller, was erforderlich ist, um dies auch im Deutschen bewältigen zu können. Dies betrifft Wortschatz und Satzstrukturen gleichermaßen. Der Anreiz, bestimmte Inhalte ausdrücken zu wollen, ist immer auch ein Anreiz, sich auf den Weg zu einer besseren Sprachbeherrschung zu machen.

Die Muttersprache muss miteinbezogen werden

Eine einfachere Anweisung, die zum Einstieg auch von Sprachanfängern bewältigt werden kann, wäre die Zuordnung vorher inhaltlich geklärter Aussagen zu Spielfiguren, die zum Beispiel durch Name und Herkunftsland festgelegt wurden, wie unten aufgelistet. Ähnlich ordnen Schülergruppen diese Aussagen meist den Figuren zu.

PRAXIS

Claire aus Frankreich: „Ich finde es sehr wichtig, dass man immer schöne Kleidung anhat und gut aussieht."
Tala aus Syrien: „Das Schlimmste für mich wäre, wenn ich weit entfernt von meiner Familie leben müsste."
Andi aus Deutschland: „Es ist schon richtig wichtig, dass man pünktlich ist, damit die anderen sich auf mich verlassen können."
Dima aus der Ukraine: „Das Wichtigste ist, dass ich genug Freizeit habe, um mit meinen Freunden Spaß zu haben, und natürlich auch, dass ich mir bald ein schnelles Auto leisten kann."

Ebenso können zu vorgegebenen Aussagen von der Gruppe selbst passende „Personen" entworfen werden, oder die vermeintlich „typischen" Aussagen werden selbst formuliert. Dies kann zur Folge haben, dass Schüler mit Vorurteilen konfrontiert werden, die nun wirklich sie betreffen und nicht nur die erfundene Figur. Dies muss gut begleitet werden. Eine positive Folge daraus könnte jedoch sein, dass man vorsichtiger mit eigenen Aussagen wird, vielleicht sogar in Erstaunen gerät über anscheinend so selbstverständliche Verallgemeinerungen.

Interessanterweise arbeiten Schüler auch gern mit den sehr kleinen Spielfiguren, wie man sie im Zubehör für Modelleisenbahnen findet. Auch mit ihnen kann man Geschichten erfinden, sie als Fotostorys auch Sprachanfängern leichter näherbringen oder Monologe bzw. Tagebucheinträge für einzelne Figuren schreiben.

Die Geschichten, die je nach Leistungsfähigkeit der Klasse mündlich in Gruppen oder schriftlich vorbereitet werden, sollten im Anschluss unbedingt von den Schülern nachgespielt und erprobt werden. Entscheidend ist hier wieder die Gewissheit: „Ich spreche nur für die Figuren, ich bin nicht der eigentlich Handelnde." Die Kleinheit der Figuren regt erfahrungsgemäß zu besonderen Szenarien an und beflügelt anfangs leichter die Phantasie der Schüler. Sind sie noch nicht an diese Arbeitsform gewöhnt, eignen sie sich sogar besser, denn es kann passieren, dass die vermeintlich nur für Kinder zu „Spielzwecken" zu gebrauchenden Playmobilfiguren anfangs abgelehnt werden. Dies gibt sich aber meist nach kurzer Zeit.

Dialoge lesen und erfinden fördert Offenheit

Zu der oben abgebildeten Szene wurden von Schülergruppen sowohl lustige als auch traurige Texte und Dialoge verfasst. Hier möchte ich auf eine ganz gute Methode verweisen, die man einsetzen kann, wenn man Schüler mit noch nicht so guten Sprachkenntnissen gemeinsam mit Muttersprachlern in der Gruppe hat. Die Sprachlerner beteiligen sich mündlich, versuchen ihre Ideen einzubringen. Meist ist es so, dass jeder gut versteht, was sie meinen. Problematisch ist nur die schriftliche Umsetzung. Man kann auch festlegen, dass die Schüler, die Deutsch als Muttersprache sprechen oder sehr gut Deutsch können, jetzt nur die Aufgabe haben, die mündlichen Aussagen der anderen in schönen Sätzen und mit guten Überleitungen festzuhalten. „Diktierte Geschichten" habe ich diese Art der Zusammenarbeit genannt. Als Beispiel füge ich einen Phantasiedialog an, der zu obigem Bild mit dieser Methode entstand. Nach mehrmaliger Überarbeitung wurde er so beliebt, dass alle ihn immer wieder vorlesen wollten, einige bemühten sich sogar, ihn auswendig zu sprechen.

Frau: „Warten Sie bitte! Warum ist dieses Ticktack so groß?"
Mann: „Weil wir verzaubert sind."
Frau: „Aber wer hat das gemacht?"
Mann: „Eine böse Hexe."
Frau: „Ich möchte es gerne mitnehmen."
Mann: „Was?"
Frau: „Das Ticktack natürlich. Haben Sie vielleicht ein Auto?"
Mann: „Ich hatte mal ein Auto."
Frau: „Mögen Sie es nicht?"
Mann: „Was?"
Frau: „Das Ticktack!"
Mann: „Sie wissen noch nicht, dass Sie ganz andere Probleme bekommen werden."
Frau: „Ist unser Haus auch so klein wie wir?"
Mann: „Nein, das Haus und alles andere ist normal."
Frau: „Sie meinen, meine Kleider und Schuhe passen mir nicht mehr?"
Mann: „Ganz genau. Das Tippen auf dem Handy ist mein Fitnessprogramm."

Können Konflikte entstehen, wenn Gespräche nicht „funktionieren"

Diese Geschichte hat nichts mit Vorurteilen zu tun und vordergründig auch nichts mit Konflikten. Sie zeigt einfach nur, dass bei der Arbeit mit Sprachlernern die Figuren erst einmal die echten Akteure in Rollenspielen ersetzen können, da freies Sprechen noch nicht möglich ist, und dass auch Spaß als Sprachlernmotor nicht zu unterschätzen ist. Doch fand eine Schülerin, die in die Erfindung des Dialogs einbezogen war, dass die beiden sich nicht so gut verstehen werden, wenn sie erst einmal ein Paar sind (eine Randinformation, die dann doch nicht eingebaut wurde). Dass die Schüler den Dialog lustig fanden, kam ja daher, dass die Interessen der beiden Figuren nicht so gut übereinstimmen und ihre Kommunikation nicht reibungslos funktioniert. Die meisten Schüler stimmten darin überein, dass Kommunikation auch in normalen Alltagssituationen manchmal schwierig ist. Schnell war dann auch klar, dass das beste Mittel, dies zu überwinden, in möglichst vielen Nachfragen besteht. Und zwar bevor man sich entnervt abwendet oder sich entsprechend der eigenen Veranlagung in sein Schneckenhaus zurückzieht oder eine Situation handgreiflich zu klären versucht. Das Verb „aneinander vorbeireden" verstanden danach alle und speicherten es in Verbindung mit diesem Dialog ab.

Eine Anregung zur Heranführung an den Themenkomplex Vorurteile, die sich auch für jüngere Schüler eignet, gebe ich noch kurz zum Schluss:

© Margit Yesiltas

Schüler der Jahrgangsstufen 5 und 6 beschäftigten sich erst vollkommen frei mit den Spielfiguren, zusätzlich waren noch verschiedene Tiere vorhanden. Dadurch wurden die Schülergruppen zu Geschichten angeregt, zu denen sie dann „illustrierende" Situationen aufstellten und fotografierten. So entstand auch das oben wiedergegebene Bild. Man kann eine Sammlung von Gedanken zu diesem Bild entweder in der eigenen Klasse durchführen oder einige Schüler als „Reporter" in andere Klassen schicken, um Aussagen dazu aufzuschreiben. Auf diese Weise erhält man vielfältigere Ergebnisse von Schülern verschiedener Altersstufen. Diese bilden dann die Grundlage für die Arbeit in der Klasse. Sie können geordnet werden, man kann durch Abstimmung ermitteln, welche die meiste Zustimmung erhalten, oder sie dienen Sprachlernern erst einmal wieder zur sprachlichen Weiterentwicklung im Bereich Meinungsäußerung.

Auch positive Zuschreibungen verhindern Aufgeschlossenheit

Hier eine Auswahl aus den gesammelten Äußerungen:

PRAXIS

„Afrikanische Kinder haben eine gute Beziehung zu Tieren."
„Sie können Elefanten auf ihrem Schulweg bewundern."
„Das Bild erinnert mich an meinen Kinderatlas. Da waren auf dem Kontinent Afrika immer Kinder und wilde Tiere abgebildet, manchmal auch Frauen, die Körbe auf dem Kopf tragen."
„Ich habe noch nie im Leben einen Elefanten gesehen. In meinem Land nicht und auch nicht im Nürnberger Tiergarten, da gibt es ja auch keine."
„In meiner Heimatstadt Kampala in Uganda kannst du nirgends Elefanten sehen. Ich weiß, dass es Gebiete gibt, in die vor allem Touristen fahren, um afrikanische Tiere zu sehen."

Im konkreten Unterrichtsbeispiel kam die interessante Frage auf: Kann auch eine positiv gemeinte Zuschreibung ein Vorurteil sein? Schüler formulieren dies natürlich anders, doch sie bemerken mit etwas Unterstützung, dass jede Verallgemeinerung im Grunde nicht richtig ist. Dass Bilder in Kinderbüchern sehr früh bestimmte Meinungen begünstigen, ist klar. Man denke nur an die meist blonden Prinzessinnen und schwarzhaarigen bösen Zauberinnen. Wenn nun z. B. in einem Kinderatlas Kinder mit Rehen, Füchsen und Hasen auf der Europa-Seite abgebildet wären, würde dies jeder hier zu Recht merkwürdig finden. Über den Kontinent Afrika geben Illustrationen in Kinderbüchern Informationen weiter, die oft zu wenig hinterfragt werden. Wenn man es schafft, Schüler hierfür zu sensibilisieren, lernen sie, offener auf andere zuzugehen sowie Texte und Bilder kritischer zu betrachten.

4.5.3 Ein ungewöhnliches Bild als Blicköffner für die Situation von Sprachlernern

© Fotolia/eve_paris

Das Foto eines Hauses, das wie aus dem Boden gerissen aussieht, erschien mir wie ein Symbol für die Geschichte vieler Schüler. Die Ideen für den Einsatz in meiner Übergangsklasse, 8. und 9. Jahrgang, mit Schülern aus zwölf verschiedenen Ländern entstanden nach und nach. Es gibt in der Klasse nicht nur geflüchtete Jugendliche, die mit oder auch ohne Familie noch nicht lange in Deutschland sind, sondern auch Schüler aus EU-Staaten und „nachgeholte“ Kinder mit wenig Deutschkenntnissen, deren Eltern oder Elternteile aber schon länger in Deutschland leben.

Nicht nur die einzelne Schülerin, der einzelne Schüler ist hier in Deutschland „nicht mehr zu Hause“, sondern auch alles, was diese Jugendlichen dabeihaben, nicht nur materiell, sondern auch in Gestalt ihrer Einstellungen, Erinnerungen und Träume, ist nun gemeinsam mit ihnen nicht mehr am richtigen Platz. Es ist dem normalen „Boden“ entrissen. So interpretierte ein Teil der Klasse dieses Bild. Die Einstellungen, die im Herkunftsland akzeptiert und selbstverständlich waren, die auch durch die strukturellen Regelungen unterstützt wurden, erscheinen hier plötzlich in einem anderen Licht, vielleicht sogar als abwegig. Ohne Einsicht in die Notwendigkeit sollen sie plötzlich von Kindern und Jugendlichen erklärt werden und nicht selten auch verteidigt. Lehrer vergessen zu oft, dass die Jugendlichen dies bisher nie mussten.

Welche Verhaltensweisen „passen“, hängt vom Umfeld ab

Ein Beispiel, das häufig ausschließlich im Kontext „notwendige Anpassung an das Gastland“ angeführt wird, darf hier einmal von der anderen Seite beleuchtet werden. Die muslimischen Jugendlichen mussten bisher nie erklären, dass sie in der Fastenzeit vor allem anfangs oft müde sind und vielleicht auch nicht so gut für Klassenarbeiten lernen können. In ihrem Umfeld war es selbstverständlich. Dies soll nicht heißen, dass dies hier auch selbstverständlich werden soll, doch auf dem Weg zu einer akzeptablen Anpassung müssen diese Jugendlichen nicht als zu wenig integrationsbereit oder gar ungewöhnlich angesehen werden, denn sie sind es nur deswegen, weil sie hier nicht mehr im passenden Umfeld sind. Die Schüler sind damit überfordert, unsere Sicht auf diese unbefriedigende Situation mitzudenken. Wir müssen gemeinsam einen gangbaren Weg suchen und unter Einbeziehung ihrer bisherigen Erfahrungen schrittweise eine Annäherung herbeiführen. Nur wenn wir probieren, aus ihrer Warte auf das Leben in Deutschland zu schauen, erreichen wir auch, dass sie beginnen, hier geltenden Regeln und Gebräuchen unvoreingenommen zu begegnen.

Besitzen wir die Unvoreingenommenheit, die wir erwarten

Doch zurück zur Arbeit mit dem Bild. Manche Schüler dachten viel konkreter und genau in die andere Richtung, nämlich von Deutschland zurück zu ihrem Herkunftsland. Sie erklärten, dass das Haus auf dem Bild vom Baustil her eher nach Deutschland passt. In ihrer Heimat würde es ziemlich auffallen. „Wenn man es in Deutschland ausgerissen hat und zu uns nach Syrien bringt, möchten die Leute nicht so gern dort wohnen“, meinte ein Junge, „einfach deswegen, weil es fremd wirkt, vielleicht würden sie es nicht mal ausprobieren.“

Einen kleinen Schritt weiterzudenken, zu verallgemeinern, war in der Diskussion nun einfach: Wir probieren oft nicht aus, wie etwas ist, nur weil wir es nicht kennen. Diese Sichtweise war jedoch eher selten, da die „Haus-Wurzeln“, die ja wie herausgerissen wirken, meist mit der Heimat assoziiert wurden. Die neuen Verben *verpflanzen* und – ganz schwierig – *ausreißen* im Unterschied zu *ausreisen* eigneten sich fast alle in dieser Phase an. Die Jugendlichen müssen reflektiert oder auch unbewusst eine Haltung zu ihrer neuen Lage entwickeln. Je nach Herkunftskultur und Erfahrungshintergrund geht dies unterschiedlich schnell, meist jedoch nicht so schnell, wie wir dies erwarten. Auch ihre Lebensträume und konkreten Zukunftsvorstellungen sind ja nicht von heute auf morgen austauschbar. Im Unterricht muss auch Raum sein, dass sie aussprechen dürfen, welche beruflichen Erwartungen sie bisher hatten. Vielen Schülern wird erst langsam bewusst, dass zu deren Umsetzung nun ganz andere Hürden zu überwinden sind. Zu erkennen, dass sie darauf gar nicht vorbereitet sein können, ist wichtig für Lehrkräfte wie auch für die Jugendlichen selbst. Für manche wiegt der Verlust der klaren Berufspläne sowie der Rollen innerhalb der Familie schwer, andere sehen hier neue, attraktivere Chancen. Wer klarstellen möchte, dass der Arztberuf für sie nun unerreichbar geworden ist, liegt nicht nur falsch, sondern verhält sich unsensibel und erreicht eine Abnahme der gesamten Motivation.

Ein weiterer Schüler interpretierte das Bild konträr zu den anderen, als leider nicht realisierbaren Wunschtraum. Er meinte, die Eingewöhnung würde ihm hier leichter fallen, wenn er sein Haus, sein Zimmer und alle Sachen darin mit hierher hätte bringen können. So müsste er sich zumindest nicht an seine unmittelbarste Umgebung gewöhnen. Alles Wichtige wäre mit ihm zusammen aus dem Heimatboden ausgerissen worden und sozusagen auch genau wie er nach Deutschland ausgereist. („Ich habe einmal geträumt, dass mein Haus mit mir gekommen ist, in das Land, wo ich hin muss. Und in nächste Land und in dritte auch. Weil dort war meine erste Schritt und alle gute Erinnerung. Ich will, dass mein Haus bei mir bleibt.") Andere wandten sofort ein, dass ein Haus doch nicht das Wichtigste sei. Oder sollten vielleicht alle Freunde und Verwandten mit ins Haus gepackt werden, die Lieblingsplätze im Heimatort, der Fluss, die Berge oder das Meer sogar dazu? Leidenschaftlich verteidigte der Schüler, der den Text verfasst hatte, seine Ansicht, dass ein vertrautes Haus doch vieles vereinfachen würde. Als die sehr konkreten Probleme bei der Wohnungssuche mancher Familie zur Sprache gebracht wurden, erahnte ich, wie vielfältige Gedanken diese Bildbetrachtung wachrufen kann. Einig waren sich alle schnell darüber, dass die Erinnerungen, die im Heimatland durch Familienmitglieder, Orte und Gegenstände stets repräsentiert waren, bei den meisten hier langsam verblassen („In jeder Ecke kann man sich an was erinnern. Aber das vergisst du. Ich weiß nicht mehr meine Tapete."), oder sie werden bei dem einen oder anderen ganz unerwartet viel wichtiger, als dieser es erwartet hätte („Ich hab ein Heft mit Bildern gehabt. Nicht Fotos, aber so ausgeschnitten. Da war ich noch klein, wenn ich das gemacht hab. Die wollte ich gar nicht mitnehmen. Aber jetzt wäre schön."). Unglaublich, wie 15- und 16-Jährige solche Sätze verständnisvoll aufnehmen konnten, vielleicht dadurch an etwas anderes erinnert wurden, das sie zurückgelassen hatten. Natürlich sind es nur kurze Momente und schnell ist wieder wichtig, was man sich hier wünscht, und das ist auch gut so.

Thematisieren gemeinsamer Erfahrungen hilft, Konflikte zu minimieren

Die Furcht, mit der Zeit vielleicht zu viel zu vergessen, zeigte sich deutlich darin, dass alle Schüler jene aufrichtig beneideten, die in den Ferien in ihr Heimatland, sei es Polen, Spanien oder Bulgarien, reisen können.

Was hat nun aber diese Unterrichtsidee mit der Bewältigung interkultureller Konflikte zu tun? Auf der Hand liegt, dass sich die Jugendlichen beim Auffinden von gemeinsamen Erfahrungen oder durch das Ringen um die plausiblere Interpretation dieses mehrdeutigen Bildes ernsthaft miteinander auseinandersetzen. Es können sich sogar Schüler einander annähern, die sich das nicht vorstellen konnten. Dem Lehrer obliegt es, in jeder Situation darauf zu achten, dass Toleranz gegenüber unterschiedlichen Ansichten eingefordert wird, falls dies nötig ist. Je häufiger Schüler in solchen unterrichtlichen Arrangements gegenseitiges Zuhören geübt und das Interesse von Mitschülern gespürt haben, desto leichter werden sie es schaffen, in Konfliktsituationen wieder einzulenken. All dies kann weder ein Garant sein, dass es immer so funktionieren wird, noch dass keine Konflikte mehr auftreten werden. Es ist aber ein praktikabler Weg. Die erläuterten Ideen geben nur Beispiele, die jede Lehrkraft an die Persönlichkeiten und die Klassensituation anpassen muss. Neben bereits zitierten Auszügen aus mündlichen und schriftlichen Schüleräußerungen soll zum Schluss ein ungekürzter, kaum verbesserter Text die Auseinandersetzung mit diesem Bild verdeutlichen. Der Autor, ein unbegleiteter Jugendlicher aus Eritrea, war zu diesem Zeitpunkt etwas über ein Jahr in Deutschland. Die enorme Sprachkompetenz rührt u. a. daher, dass er in einer deutschen Pflegefamilie lebt. Für eine inhaltlich engagierte Beschäftigung mit Themen von Toleranz bis Empathie, von Vorurteilen über Mobbing zu aggressiven Auseinandersetzungen ist ebenso wie für die Beschleunigung des Spracherwerbs entscheidend, dass man Methoden und Medien einsetzt, die die Klasse ansprechen. Beides ist untrennbar – und oft fehlen ja auch Muttersprachlern adäquate sprachliche Mittel für eine funktionierende Kommunikation. So ist vieles, das hier eingebunden in den Spracherwerb von Geflüchteten oder aus anderen Gründen erst seit kurzem hier lebenden Schülern erläutert wurde, in ähnlicher Weise auch in Regelklassen ein Gewinn.

Im Unterricht für den Alltag proben

Haus in der Luft

Ich sehe das Bild an und ich denke mir, was könnte das bedeuten? Meine Lehrerin sagt, es hat mit Menschen zu tun. Ich stelle mir vor, das Haus fliegt. Aber wohin? So geht es mir. Ich habe meine Wurzeln in Eritrea. Jetzt bin ich in Deutschland. Um hier heimisch zu werden, braucht es Respekt, Toleranz und Integration und auch Erinnerung. Es ist wie bei einer Pflanze. Wenn sie überleben soll, muss man sie mit Wurzeln und Erde einpflanzen.

4.6 Autorität sein – authentisch bleiben

Kerstin Zischler

4.6.1 Ein echtes Bewusstsein für die eigene Lehrerpersönlichkeit

Übergangsklassen sprießen durch den Zustrom Asylsuchender allerorten aus dem Boden. Häufig werden in diesen Klassen Lehrkräfte eingesetzt, die sich zu Beginn ihrer Laufbahn kaum Gedanken über eine derartige Herausforderung gemacht haben dürften.

Das ohnehin vielschichtige Spannungsfeld, in dem der Lehrerberuf in unserer aktuellen Gesellschaft verankert ist, wird für sie nun um das bislang unbekannte Fach „Deutsch als Zweitsprache" erweitert. Im Hinterkopf tummeln sich Wortfetzen aus Leitkultur-Diskussionen, Schmähungen über Gutmenschen und jede Menge Stereotype zu Kulturen aus aller Herren Länder.

Sind Überforderung und Scheitern vorprogrammiert

Ein Gefühl der Überforderung macht sich breit, eine latente Angst vor möglichen Konfrontationen und den Konflikten mit Kindern und Jugendlichen, die durch andere Werte geprägt sind, greift Raum. Die Aufgabe scheint unerfüllbar, ja belastend, und wirft die Frage auf, wie eine einzelne Person dies bewältigen soll. Schließlich ruht nicht zuletzt auch in jeder Lehrkraft der Anspruch, wie ihn Hans Aebli (1983) formuliert hat: „Wo eine gute Lehrerin, ein guter Lehrer am Werk ist, wird die Welt ein bisschen besser." (Aebli 1983)

Was also tun, um die Herausforderung einer multikulturellen Klasse erfolgreich anzunehmen? Was also tun, um sich selbst im Spannungsfeld des eigenen Berufes nicht zu verlieren? „Der Zusammenhang zwischen Stress, Konflikten und beruflicher Unzufriedenheit ist offenkundig. Lehrende, die sich oft in konfliktträchtigen Situationen befinden, erleben andauernden Stress, der ihr persönliches und berufliches Selbstbild beeinflusst und zu Burnout führen kann" (Buchwald/Hobfoll 2004)." (Buchwald/Ringeisen 2007, S. 78)

Gelassenheit und eigene Persönlichkeit als Garant des Gelingens

Aufgrund dieser Überlegungen will das folgende Kapitel helfen, die Gelassenheit zu vermitteln, die notwendig ist, um eine Führungsaufgabe im interkulturellen Kontext zu übernehmen. Wenn man sich nämlich als Lehrer der Kraft seiner eigenen Persönlichkeit – also seiner eigenen Stärken und Schwächen – bewusst ist, ergibt dies eine Lehrkraft, die bewirkt, dass interkulturelle Konflikte möglicherweise erst gar nicht entstehen bzw. souverän gemeistert werden können.

4.6.2 Heterogenität hilft! – Vielfalt eröffnet Möglichkeiten

Um die Inhalte anschaulicher darzustellen, werden in diesem Kapitel immer wieder Einzelfallbeispiele aus einer Übergangsklasse in Bayern geschildert, welche die Jahrgänge 5 bis 9 umfasst und sich im Durchschnitt aus 20 Schülern im Alter von 10 bis 17 Jahren, die aus mindestens neun unterschiedlichen Nationen stammen, zusammensetzt. Hinzu kommt, dass die Kinder und Jugendlichen unterschiedlich lange in Deutschland sind, folglich sich ihr Sprachstand auf unterschiedlichem Niveau befindet – ebenso wie der Bildungsstand aus ihrem Herkunftsland.

Bringt die Ausgangslage auch Vorteile?

Aus dieser Heterogenität heraus lassen sich aber, sowohl für den täglichen Arbeitsalltag als auch für den Frieden innerhalb der Klasse, positive Wirkungen erzielen.

Viele unterschiedliche Niveaus bedeuten(,) …

- eine notwendige Differenzierung, z. B. in drei Gruppen: Anfänger, Mittelstufe und Fortgeschrittene. Unruhe bzw. Konfliktpotenzial durch Über- bzw. Unterforderung wird dadurch auf ein Minimum reduziert.
- dass Schnellere Langsameren helfen, leistungsstärkere Schüler mit schwächeren lernen. Die Lehrkraft wird entlastet, die Kinder und Jugendlichen empfinden den Wert dessen, was sie schon gelernt haben, generieren somit Selbstwert und tragen Verantwortung.

Viele unterschiedliche Nationen verhindern(,) …

- dass die Muttersprache innerhalb der Klasse eine zu dominante Rolle spielt. Die Kommunikation muss auch untereinander in Deutsch stattfinden.
- den Rückzug in die eigene Nationalität. Die Schüler müssen aufeinander zugehen statt sich abzugrenzen.
- dass von außen hereingetragene politische Konflikte Unfrieden stiften. Durch starke Durchmischung können sich keine „Parteien" bilden.

Viele unterschiedliche Jahrgänge führen …

- zu einer „Geschwisterstruktur" innerhalb der Klasse. Jüngere finden Halt und orientieren sich an Älteren. Letztere übernehmen Mitverantwortung, da sie dies schon aus der eigenen Familie kennen, und entlasten so die Lehrkraft.
- dazu, dass sich altersspezifische Verhaltensweisen, z. B. Pubertierender, nicht ballen und dadurch multiplizieren.

4.6.3 Sich selbst wappnen

Das Rüst- und Handwerkszeug einer erfahrenen Lehrkraft ermöglicht es schon im Vorfeld, Konfliktherde durch organisatorische Maßnahmen zu entschärfen. Innerhalb eines interkulturellen Kontextes ist es aber besonders hilfreich, sich seiner persönlichen Charaktereigenschaften bewusst zu sein und zu reflektieren, ob man im täglichen Umgang einige wichtige Grundsätze beachtet.

Schutz vor Konflikten schon im Vorfeld

Berufserfahrung als Rüstzeug

Wie oben schon erwähnt, liegt es im Einfluss der Lehrkraft, durch geschickte Unterrichtsorganisation und das entsprechende Classroom Management befriedend zu wirken. Erreicht wird dies u.a. mit einer durchdachten Sitzordnung, ausgewählten Lernformen und/oder durch die Vermeidung von Unter- bzw. Überforderung. Zu bedenken ist, dass eine intensive Differenzierung nach dem Sprachstand zwar einen höheren Arbeitsaufwand nach sich zieht. Aber das Herausbilden leistungsstärkerer Gruppen führt auch dazu, dass diese umso freier arbeiten können, je mehr sie die Sprache beherrschen, sodass die Lehrkraft dadurch entlastet wird. Eine durchdachte Sitzordnung hilft sowohl, die einzelnen Lerngemeinschaften voneinander zu trennen als auch Konfliktpotential durch Störungen untereinander zu vermeiden.

Im Rahmen der schulorganisatorischen Möglichkeiten hat es sich zudem bewährt, dass die Schüler so lange in der Übergangsklasse verbleiben, bis sie über angemessene Deutschkenntnisse verfügen, um dem Unterricht in der Regelklasse zu folgen (bis zu zwei Schuljahre). In der Praxis bedeutet dies, dass ein Übertritt im Durchschnitt nach eineinhalb Schuljahren möglich ist – also auch zum Halbjahr. Dieses Verfahren führt dazu, dass die Klassengemeinschaft kontinuierlich bestehen bleibt, da immer nur ein Teil der Schüler wechselt. Hierbei ist von großem Vorteil, dass der Lehrkraft ein mühsamer Aufbau von Strukturen und Hierarchien – wie es bei der Übernahme einer neuen Klasse immer der Fall ist – erspart bleibt. Die Neuankömmlinge gliedern sich sehr schnell in eine gefestigte Umgebung ein, in der die Grundregeln und gewünschten Verhaltensweisen etabliert sind. Dadurch treten lediglich wenige individuelle Positionierungskonflikte innerhalb der Klassengemeinschaft auf. Die Klassenleitung als solche bleibt dabei aber außen vor und muss sich nicht derart beweisen, wie es in einer neuen Klasse der Fall wäre.

Bewährte Strukturen aufrechterhalten

Nicht von der Hand zu weisen ist deshalb, „dass dem Professionswissen von Lehrkräften eine zentrale Bedeutung zur Steuerung von Lehr- und

Lernprozessen zukommt" (KÖLLER/MEYER, S. 3). Wenn also genügend Sicherheit im zu unterrichtenden Fach und ausreichend Arbeitsmaterial vorhanden sind, bleibt der Lehrkraft Raum und Energie, um auf sich entwickelnde Problemsituationen zu reagieren. Fehlen die gerade genannten Voraussetzungen, muss eventuell fachfremd bzw. ohne die notwendige Berufserfahrung unterrichtet werden, gerät man leicht „ins Schwimmen" und kann auf spontan auftretende Konfliktsituationen nicht flexibel genug reagieren.

Wirken statt werkeln – Konflikten durch die Wirkung der eigenen Persönlichkeit vorbeugen

Geduld, Empathie, Vorurteilslosigkeit, ein positives Menschenbild und Authentizität erscheinen als die wichtigsten Charaktereigenschaften, um einer multikulturellen Klasse gegenüberzutreten. In den Turbulenzen eines Unterrichtsalltags kann es passieren, dass man die Geduld und die Übersicht verliert. Umso wichtiger ist es dann, sich auf diese zentralen Eigenschaften zurückzubesinnen, den Unterrichtsinhalt hinter den aufkeimenden Konflikt zurückzustellen und sich auf die Kraft seiner Mitmenschlichkeit zu konzentrieren. Denn: „Persönlichkeit ist weder ein Attribut des ‚Habens' noch eins von ‚Sein', sondern ein solches von ‚Wirken'." (STUDIENSEMINAR KOBLENZ, S. 2)

Konzentration auf den Menschen im Gegenüber

Keine Rolle spielen

Authentizität ist das wichtigste Grundprinzip im Umgang mit Schülern, die über geringe Kenntnisse der deutschen Sprache verfügen. In einer multikulturellen Klasse verläuft ein nicht unbedeutender Teil der Kommunikation über nonverbale bzw. unbewusste, unterschwellige Ebenen. Zu Beginn eines Schuljahres ist dies ungleich mehr der Fall. Besonders zu diesem Zeitpunkt – aber natürlich auch später – ist es notwendig, authentisch, präsent und offen zu sein. „Die Art, in schulischen Konfliktsituationen zu handeln, hängt eng mit der Lehrer-Identität zusammen. Lehrende, die ihre Identität bewahren und der Wirklichkeit annähern, haben in Konfliktsituationen einen sicheren Stand. Die von ihnen ausgehende Echtheit (ROGERS 1983) erleichtert es, Problemsituationen zu klären und zu bearbeiten." (BUCHWALD/RINGEISEN 2007, S. 78) Damit ist durchaus gemeint, eigene Emotionen und Stimmungen klar zu zeigen, quasi das Herz auf der Zunge zu tragen bzw. dies auch auf nonverbaler Ebene zum Ausdruck zu bringen.

Die eigene Menschlichkeit zeigen

Da man als Lehrer in einer multikulturellen Klasse mit den unterschiedlichsten Erwartungen und Bildern konfrontiert wird, welche die Schüler aufgrund ihrer Herkunft von unserem Berufsstand haben, nützt es nichts zu versuchen, diese zu erfüllen und eine Rolle zu spielen. Denn: „Wenn Weltbilder und Persönlichkeitsbilder Konstrukte im Kopf des Betrachters sind, dann ist auch das eigene Persönlichkeitsbild ein solches. Dann stellen sich aber nicht mehr die Fragen nach richtig oder falsch, sondern nach angemessen, passend, kongruent, stimmig, abgerundet, eingängig usw." (STUDIENSEMINAR KOBLENZ, S.2).

PRAXIS

Checkliste „Authentizität":
- Ich achte auf meine Körpersprache.
- Ich verstecke Gefühle und Stimmungen nicht.
- Ich verbalisiere, was ich fühle, z.B.: „Heute fühle ich mich krank." oder „Ich ärgere mich über dich."
- Ich gestehe Fehler bzw. Fehlentscheidungen ein – mir selbst und auch gegenüber den Schülern.
- Ich verkleide mich nicht, sondern trage Kleidung, in der ich mich wohlfühle. Nicht die, von der ich glaube, dass sie von meinem Berufsstand erwartet wird.

Vorurteilslosigkeit und ein positives Menschenbild

Können Informationen Maßstab oder Vorurteil sein

Interkulturellen Konflikten und Missverständnissen kann man natürlich dadurch vorbeugen, dass man sich als Lehrkraft über die kulturellen Eigenheiten einer Nationalität eingehend informiert. Eine Einsicht kann dabei sein, zwischen individualistischen sowie kollektivistischen Kulturen zu unterscheiden und dabei entsprechend zuzuordnende Verhaltensweisen im Hinterkopf zu behalten. Aus der Praxis heraus betrachtet ist aber die Beurteilung einer Person nach ihrer „Nationalkultur" (MATTL 2005, S.206) häufig ein zu grobes Schema. Denn „kulturelle Systeme können [...] sowohl nationale als auch regionale, organisationale und professionelle Kulturen bzw. Subkulturen sein" (MATTL 2005, S.206).

So sind Minderheitenkonflikte im Herkunftsland häufig der wichtigste Migrationsgrund für Menschen, die nach Deutschland kommen. In manchen Fällen mischt sich die kulturelle Identität der Schüler mit den Rollen, die sich aus ihren persönlichen (Flucht-)Schicksalen ergeben, sodass sie einer anderen Beurteilung bedürfen, als es durch das Raster einer „Nationalkultur" gegeben wäre. Beispiele dafür sind:

PRAXIS

Hafid, der mit seiner Familie von Geburt an zwar in Syrien lebt, aber als Palästinenser offiziell staatenlos ist, fällt immer wieder dadurch auf, dass er sich nicht in eine Gruppe von Syrern eingliedern lassen will. In seiner Pubertät ist er auf der Suche nach Identität und feuert immer wieder Diskussionen über den Status quo zwischen Palästinensern und Israelis an.

Miriam, die irakische Muslima, sticht zum einen durch besondere Intelligenz und Englischkenntnisse, aber auch durch besonders starke körperliche Defizite heraus. Zusammen mit ihrem kleinen Bruder wurde sie von ihrer Mutter, einer Universitätsdozentin, jahrelang zu Hause beschult, da es in Bagdad zu gefährlich war, die Kinder auf den Schulweg zu schicken. Das Haus hatten die Kinder kaum verlassen.
Im Kontrast dazu steht die sportliche Sara, eine mandäische Christin aus dem Irak. Sie war als Dreizehnjährige erst zwei Jahre beschult, verbrachte den Tag wohl deshalb häufig draußen und entwickelte so ein völlig anderes Erscheinungsbild als ihre oben genannte Landsfrau.
Yuksel, der Bulgare mit guten Englischkenntnissen, stammt aus der türkischen Minderheit seines Heimatlandes. Mehmet, ebenso aus Bulgarien, versteht keinen Brocken Englisch, spricht aber Russisch. Beide stehen ihrem Landsmann Niki gegenüber, einem Sinti-Jungen, der noch nie kontinuierlich beschult wurde.
Adurahman stammt aus Äthiopien, grenzt sich aber von seinen Landsleuten ab. Er selbst bezeichnet sich als Angehöriger der Oromo. Dieser Volksstamm, der in Ostafrika etwa 50 Millionen Angehörige umfasst, wird in Äthiopien verfolgt und unterdrückt.

Die genannten Beispiele zeigen deutlich, dass man kaum zwei Schüler aus ein und demselben Land miteinander vergleichen kann, da deren persönliche Herkunft sowie die Entwicklung und das daraus resultierende Verhalten ganz unterschiedlicher Beurteilungskriterien bedürfen. Im Alltag ist es kaum möglich, sich mit Hilfe der uns zur Verfügung stehenden Medien so eingehend über ein Land und eine Kultur zu informieren, dass wir ein umfassendes und stimmiges Bild bekommen können. Gerade der zuletzt erwähnte Fall hat überrascht, da kaum ein Bericht über diesen Konflikt in die deutschen Nachrichten gelangte.

Sich eines unvollständigen Gesamtbildes bewusst sein

Demzufolge ist es wichtig, als Lehrkraft vorbehaltlos sowie mit einer positiven, offenen Grundeinstellung auf die Schüler zuzugehen, Stereotype auszublenden und in jedem Gegenüber das Sympathische und Besondere zu suchen.

PRAXIS

Checkliste „Vorurteilslosigkeit / positives Menschenbild":

- Ich urteile nicht nach dem Aussehen, sondern lerne die Schüler erst einmal kennen.
- Ich studiere nicht als Erstes die Schülerakten und schließe aufgrund dieser Informationen auf den sozialen Hintergrund, z. B. bezüglich der Wohngegend oder einem alleinerziehenden Elternteil.
- Ich urteile nicht nach schnellen, oberflächlichen Schwarz-Weiß-Kategorien, wie z. B. hübsch-hässlich, gepflegt-ungepflegt oder klug-dumm, sondern warte mit der Einstufung bzw. lasse „Graustufen" zu.
- Ich revidiere meine Urteile, wenn ich sie reflektiert habe.
- Ich gehe vom Besten aus, wenn ich einer Person gegenübertrete.
- Ich sehe das Kind, nicht die Eltern, die es erziehen.
- Für mich steht der Mensch im Vordergrund, nicht Hautfarbe, Nationalität oder Religion.
- Ich bin unpolitisch und neutral.

Empathie – mehr als Verständnis und Mitgefühl

Ein weiterer wichtiger Schlüsselbegriff ist in dieser Hinsicht die Empathie, die uns befähigt, den familiären Hintergrund und die persönliche Lebensgeschichte eines Schülers zu verstehen und mit ihm Mitgefühl zu haben.

Allerdings ist es aus professioneller Sicht nicht ratsam, zu tiefes Mitgefühl zu empfinden oder gar Mitleid mit persönlichen Schicksalen zu bekommen. In Einzelfällen mag dies natürlich nicht zu vermeiden sein. Dennoch gilt es, die Balance zwischen Nähe und Distanz zu wahren, da einerseits die eigene psychische Gesundheit zur Ausübung unseres Berufes oberste Priorität hat und andererseits alle gleich behandelt werden sollten.

Der Zusammenhang zwischen Würde und Würdigung

Ein weiterer Grund dafür, Mitleid zu unterbinden ist, die Würde des Schülers zu wahren. Oftmals will der Betroffene gar keine derartige Reaktion auf das persönlich Erlebte. Denn unser Mitleid resultiert aus einer Wertung, die wir nach unseren Maßstäben getroffen haben. „Eine wache Wahrnehmung des anderen, ohne sich mit ihm zu identifizieren" (Ortega 2016, S. 11), das Bemühen, seine Situation zu würdigen und zu versuchen, keine Wertung vorzunehmen, ist die richtige Voraussetzung, um innerhalb eines interkulturellen Rahmens zu wirken.

Im Gesamtzusammenhang bedeutet das Mitfühlen aber auch ganz banal, ein Bewusstsein dafür zu bekommen, welche Eindrücke auf Schüler mit anderem kulturellen Hintergrund einströmen und wie in der Wissenschaft demzufolge ein interkultureller Konflikt definiert wird.

Dies geschieht nämlich in einem sehr weit gefassten Rahmen: „Nicht erst der offene, feindliche Konflikt zwischen Interaktionspartnern verschiedener kultureller Orientierungen, sondern auch der intrapersonelle kognitive Konflikt, der entsteht, wenn kulturell Unvertrautes mit dem bisher Vertrauten nicht in Einklang gebracht werden kann, ist ein kultur-bezogener Konflikt." (Bender-Szymanski et al. 2000, S. 214). Folglich stehen – überspitzt betrachtet – Neuankömmlinge aus anderen Kulturkreisen permanent mit ihrer unvertrauten Umgebung im Widerstreit. Aus dieser Definition heraus ist es umso wichtiger, Verständnis zu zeigen sowie im Rahmen des Klassenzimmers einen geschützten Raum zu schaffen, in dem sich die Schüler sicher und angenommen fühlen.

PRAXIS

Checkliste „Empathie":

- Ich kann gut zuhören.
- Ich baue eine Vertrauensbasis auf.
- Ich bin in meinen Werten gefestigt, weiß, was mir wichtig ist.
- Ich kann Wertesysteme anderer Kulturen nachvollziehen, ohne sie zu beurteilen.
- Ich würdige die Lebensgeschichte/-erfahrung meines Gegenübers, ohne sie nach meinen Maßstäben möglicherweise geringzuschätzen.

- Ich vermeide Bloßstellungen.
- Es ist mir wichtig, die Würde meiner Mitmenschen zu wahren.

4.6.4 Konklusion

Aus der Erfahrung heraus ist festzustellen, dass es in einer multikulturellen Klasse, in der der Mensch und dessen Würde bzw. Würdigung vor der Vermittlung des Lerninhalts steht, zu einem harmonischen Miteinander kommt und interkulturelle Konflikte in den Hintergrund treten. Die Kommunikation miteinander, ein nach vorn gerichteter Blick und die Beschäftigung mit dem Menschen und dessen persönlichen Interessen tun ein Übriges.

Besinnung auf Elementares

Für die Lehrkraft bedeutet die Tätigkeit in einem interkulturellen Umfeld zum einen eine große Herausforderung, zum anderen aber auch eine immense Bereicherung, da der Blick vom beruflichen Alltag häufig auf das Wesentliche im mitmenschlichen Zusammenleben gelenkt wird. Die ständige Auseinandersetzung mit Fremdartigem und den Werten anderer Kulturen bildet beide Seiten – sowohl Schüler als auch die Lehrperson – in ihrer Persönlichkeit weiter und sorgt für gelingende Integration.

Literatur

AEBLI, H. (1983): Interview in „Beiträge zur Lehrerbildung“: „Wo ein guter Lehrer am Werk ist, wird die Welt ein bisschen besser“ – HANS AEBLI zum 60. Geburtstag. Beiträge zur Lehrerbildung, 1 (1983), 2–13.

BENDER-SYZMANSKI, D. et al. (2000): Akkulturation in der Schule. Kulturbezogene Konflikte und ihre Auswirkungen auf Denken und Handeln junger Lehrer in multikulturellen Schulklassen. In: GOGOLIN, I. / NAUCK, B. (Hrsg.): Migration, gesellschaftliche Differenzierung und Bildung. Opladen: Leske und Budrich, S. 213–244.

BUCHWALD, P. / RINGEISEN, T. (2007): Wie bewältigen Lehrer interkulturelle Konflikte in der Schule? Eine Wirksamkeitsanalyse im Kontext des multiaxialen Coping-Modells. Aus: Interculture Journal 2007/5, S. 71–98.

BUCHWALD, P. / VOGELSKAMP, V. (2016): Bewältigung interkultureller Konfliktsituationen an Schulen – eine empirische Pilotstudie. www.petra-Buchwald.de/EXAMENSARBEITVogelskamp.pdf (18. 10. 2016).

KÖLLER, O. / MEYER, H.: Was ist eine gute Lehrerin / ein guter Lehrer? www.cornelsen-stiftung-sommeruni.de.

LI-REIHE (2009): Beratung im System Schule – Beratung im interkulturellen Kontext. Heft 6, Juli 2009.

MATTL, C. (2005): Interkulturelle Konflikte? Aus: Perspektive Mediation 2005/4, S. 205–208.

MEYER, H. (2003): Zehn Merkmale guten Unterrichts. Aus: Pädagogik 10/2003, S. 36–43.

ORTEGA, V. (2016): Mehr als Wörter – Leitfaden für Sprachvermittler in der Flüchtlingshilfe. Flüchtlingshilfe Wald e. V.

STUDIENSEMINAR KOBLENZ (2016): Die persönlichen Vorlieben des Lehrers in der Persönlichkeitslandkarte. www.studienseminar-koblenz.de/medien/pflichtmodule_unterlagen/2009/223/3%20Pers%F6nlichkeitslandkarte.pdf (18. 10. 2016).

Fazit

Konflikte lassen sich im Schulalltag trotz aller pädagogischen Bemühungen nie ganz vermeiden. Immer wieder kommt es zu kleinen und größeren Ressentiments zwischen Schülern, die aufgrund der differierenden Persönlichkeitscharakteristika jedes einzelnen Menschen entstehen können oder auch aus den unterschiedlichen, nicht immer miteinander im Werteeinklang stehenden Herkunftskulturen unserer Schülerschaft resultieren. Dieser Umstand muss jedoch keinesfalls „entgleisen", wenn er mit der notwendigen Weitsicht und Offenheit sowie entsprechenden Maßnahmen eines kontinuierlichen interkulturellen Austausches begleitet wird. Grundlage hierfür ist eine gefestigte Persönlichkeit jedes einzelnen Schülers, ein echter Aufbau von Selbstbewusstsein auf der Basis der eigenen Kultur. Adressaten jeglicher Formen der Begegnung und friedlichen Konfliktbeilegung sind somit alle Schüler – egal welcher Couleur, Herkunftsregion, Religion oder Hautfarbe. Sie alle müssen im Rahmen einer harmonischen Klassen- und Schulgemeinschaft über gruppenstabilisierende und persönlichkeitsstärkende Maßnahmen ihre Menschenwürde erfahren dürfen. Über den bewussten Blick auf Gemeinsamkeiten, aber auch Unterschiede und einen gezielten Fokus auf mögliche personimmanente wie auch externe Schwierigkeiten und Problemsituationen lässt sich die kulturelle Vielfalt einer jeden Schule letztlich konstruktiv nutzen und als Basis eines lebenslangen und globalen Miteinanders für die gesamte Gesellschaft dauerhaft herausbilden.